纸质会计档案标准数字化研究

The Research on Digitization of Paper-based Accounting Archive Standards

赵 孟 刘 寻 ◎著

燕山大学出版社
·秦皇岛·

图书在版编目（CIP）数据

纸质会计档案标准数字化研究 / 赵孟，刘寻著.
秦皇岛：燕山大学出版社，2025.3. -- ISBN 978-7-5761-0797-5

Ⅰ．G275.9

中国国家版本馆 CIP 数据核字第 20253Z6S19 号

纸质会计档案标准数字化研究
ZHIZHI KUAIJI DANG'AN BIAOZHUN SHUZIHUA YANJIU

赵　孟　刘　寻著

出 版 人：陈　玉				
责任编辑：刘馨泽		策划编辑：刘馨泽		
责任印制：吴　波		封面设计：刘馨泽		
出版发行：燕山大学出版社		电　　话：0335-8387555		
地　　址：河北省秦皇岛市河北大街西段 438 号		邮政编码：066004		
印　　刷：涿州市般润文化传播有限公司		经　　销：全国新华书店		
开　　本：787 mm×1092 mm　　1/16		印　　张：13.5		
版　　次：2025 年 3 月第 1 版		印　　次：2025 年 3 月第 1 次印刷		
书　　号：ISBN 978-7-5761-0797-5		字　　数：240 千字		
定　　价：68.00 元				

版权所有　侵权必究

如发生印刷、装订质量问题，读者可与出版社联系调换

联系电话：0335-8387718

前　言

　　档案被喻为"铁皮柜里解放出来的生产力",在社会的各个领域都有着不可替代的作用,能够为社会发展创造出巨大的经济价值。在全球信息化日趋高速发展并逐步成熟的今天,档案数字化已成为国家的重大发展战略。国家档案局自2002年发布《全国档案信息化建设实施纲要》起,陆续发布多个规划,持续推动档案信息化建设。从2006年发布的档案事业发展"十一五"规划到2021年的"十四五"规划,从建设示范性数字档案馆到实现档案信息社会共享,再到加快数字档案馆建设并提供网络信息服务,档案数字化目标逐步升级。其中,"十四五"规划特别强调了完善档案标准体系、加速数字档案馆建设以及加强新一代信息技术在数字档案馆中的应用。这一系列规划在不断优化升级数字档案馆建设和推动档案事业持续发展上具有重大历史意义。

　　会计档案在所有类型的档案中占据相当大的比例,占比约45%,是馆藏档案的重要组成部分。同时,会计档案又具有高度的专业性、管理特殊性和对决策支持的重要性等特点。这些特点使得会计档案在档案管理中占据重要地位,需要采用专门的管理方法和制度规范来确保其完整、准确和可靠。随着互联网、大数据、云计算和区块链等新技术的发展成熟,会计档案电子化成为财务信息化建设的重要方向。尽管在财务核算和分析方面的信息化已取得长足进步,但会计档案电子化的步伐却相对滞后,已成为制约财务信息化快速发展的主要难题,阻碍了整体财务管理水平的提升。财政部和国家档案局2015年修订并发布《会计档案管理办法》,明确电子会计档案的法律效力,允许符合条件的会计资料仅以电子形式归档保存,对会计档案电子化产生深远影响。

　　会计档案电子化是未来的发展趋势,具有降低成本、提升效率、推动财务大数据发展和强化会计监督等多重意义。电子化能减少纸质档案耗材和归档成本,提升财务管理效率，促进大数据应用，同时方便会计监督和检查，防范财务风险，为实现"无纸化办公"和现代化财务管理奠定了基础。同时，纸质会计档案由于其原始性、法律效应等特性，在特定情况下仍具有不可替代的作用。当前，纸质会计档案与电子会计档案管理的融合表现为一种逐步过渡和互补的态势。在二者的融合过程中通常采取"双轨制"管理模式，即同时保留纸质会计档案和电子会计档案，以确保档案信息的完整性和可靠性。这种模式下，纸质档案和电子档案相互补充，共同构成企业完整的会计档案体系。

纸质会计档案与电子会计档案管理的融合是一个必然趋势，而纸质会计档案向电子会计档案的转化则是实现这一融合的关键步骤。纸质会计档案数字化作为纸质会计档案向电子会计档案转化的具体表现形式，已成为档案管理现代化的重要环节，其重要性和紧迫性日益凸显，已成为业界普遍关注和研究的焦点。

本书通过详细阐述档案管理的发展演变历程、档案数字化的重大意义、档案数字化的国内外发展情况，依据我国档案管理尤其是会计档案管理方面的大政方针及法律法规，总结归纳出纸质会计档案标准数字化方法。通过分析当前纸质会计档案数字化的问题与不足，提出了应对方法，并对纸质会计档案数字化未来的发展进行了展望。

目 录

第一章 绪论 ... 1
第一节 档案管理的发展历程 ... 1
第二节 档案数字化对档案管理发展的深远影响和重大意义 ... 9
第三节 档案数字化对档案学学科体系建设的重大影响 ... 11
第四节 会计档案在档案体系中占据重要地位 ... 34
第五节 会计档案数字化及其重要意义 ... 43

第二章 档案数字化及会计档案数字化研究 ... 47
第一节 档案数字化国外研究现状 ... 47
第二节 会计档案数字化国外研究现状 ... 60
第三节 档案数字化国内研究现状 ... 65
第四节 会计档案数字化国内研究现状 ... 82

第三章 纸质会计档案标准数字化方法 ... 119
第一节 纸质档案与电子档案的融合管理 ... 119
第二节 纸质档案数字化规范 ... 133
第三节 纸质会计档案数字化方法 ... 136
第四节 精益创业理论及其在纸质会计档案数字化中的应用 ... 141
第五节 纸质会计档案标准数字化方法 ... 158

第四章 纸质会计档案数字化方法应用实例 ······ 160

第一节 一种纸质财会档案标准数字化管理方法及系统 ······ 160
第二节 一种纸质财会档案高清晰度数字化转换方法及系统 ······ 172
第三节 一种纸质财会档案标准数字化设备 ······ 182

第五章 纸质会计档案数字化存在的问题及其应对方法和前景展望 ··· 192

第一节 纸质会计档案数字化存在的问题及其应对方法 ······ 192
第二节 纸质会计档案数字化前景展望 ······ 201

结语 ······ 207

第一章 绪 论

第一节 档案管理的发展历程

档案管理的发展历程可以分为四个阶段，分别是初创阶段、全面建设阶段、受挫和破坏阶段以及恢复和发展阶段。每个阶段都有其特定的历史背景和任务目标，它们共同构成了我国档案事业发展的宏伟篇章。

一、初创阶段

档案管理的初创阶段主要发生在 1949 年至 1956 年，这一时期标志着我国档案工作进入一个新阶段。中华人民共和国成立后，中国共产党和人民政府重视档案和档案管理工作，逐步建设起我国的社会主义档案事业。在初创阶段，档案管理的主要任务包括以下内容。

（一）接管、集中旧中国遗留下来的档案、资料

1949 年 10 月 25 日，中央人民政府政务院在其第二次会议上作出了重要决定，即组建一个由陈云副总理担任主任的政务院指导接收工作委员会。该委员会被赋予了统筹指导与处理一系列重要任务的职责，具体包括国民党政府中央各机关的人员安置、档案整理、图书管理、财产清算以及物资接收等相关事宜。这一决定标志着新中国政府在接管旧政权资产和事务方面迈出了重要一步。

为了更有效地推进这一工作，中国科学院近代史研究所于 1951 年 2 月成立了南京史料整理处。该机构成立的目的是接管国民党政府中央机关和国史馆的档案，

确保这些珍贵的历史资料得到妥善保管和利用。同时，南京史料整理处还承担了另一项重要任务，即陆续收集散存在全国各地的大量国民党政府档案。这些档案的收集与整理，对于研究中国近代历史、了解国民党政府的运作以及新中国初期的政权交接等都具有极其重要的价值。通过这一系列的努力，新中国政府不仅实现了对旧政权资产和事务的有效接管，也为后续的历史研究和国家建设奠定了坚实的基础。

（二）收集革命历史档案

1949年12月，中央军委正式发布了一项关于全面收集革命历史文件及其他重要史料的通令。这一举措不仅彰显了新政府对历史资料的高度重视，也为后续的历史研究与国家记忆构建奠定了基础。紧随中央军委的步伐，中共中央与中央人民政府亦相继发出了关于征集、收集档案资料的正式文件，这些文件明确指出了征集工作的范围、要求与重要性。

在全国范围内，一场轰轰烈烈的档案资料征集工作迅速展开。各级政府部门、军队单位以及社会各界积极响应，纷纷投身于这一具有历史意义的工作中。通过广泛的征集与细致的收集，国家得以获得了一大批珍贵的档案资料。这些档案不仅涵盖了革命战争时期的各类文件、电报、信函，还包括了许多珍贵的历史照片、实物以及口述历史资料。它们的发现与保存，不仅为我们今天研究中国革命历史提供了宝贵的第一手资料，也让后人能够更加深入地了解和感受那段波澜壮阔的历史岁月。

（三）建立机关、团体的档案工作

新中国成立初期，我国的档案工作基础相对薄弱，面临着诸多挑战，如档案管理制度不完善、档案管理混乱无序、随意销毁档案等问题。这些问题的存在，凸显了加强和改进档案工作的紧迫性和重要性。为了有效应对这些挑战，1951年3月，中共中央办公厅秘书处组织召开了中央一级党、政、军各机关和群众团体的首次档案工作座谈会。这次会议原则性地确定了党、政、军三大系统在文件保管方面的分工，提出了建立集中保管档案的档案室的构想，并探讨了制订统一的档案管理方法等一系列关键问题。

同年，中央人民政府政务院秘书厅召开的政府秘书长会议审议并通过了《公文处理暂行办法》，为政府机关的公文处理提供了明确的指导和规范。与此同时，中共中央办公厅召开的党委秘书处长会议也制定了《关于加强文书处理工作和档案工作的决定》，进一步强调了加强文书处理工作和档案工作的重要性和具体措施。

在政策的推动下，中央机关、各省、区、市纷纷响应，陆续制订了各自的文书、档案管理办法，并提出了建立健全机关文书工作和档案工作的具体意见。这些举措的实施，为推动我国档案工作的规范化、制度化奠定了坚实的基础，也为后续的历史研究和国家建设提供了有力的支撑。

（四）培训档案专业人员

1952年，中国人民大学率先创办了档案专修班，这一创举标志着我国高等教育领域对档案学专业教育的初步探索。次年，这一专修班进一步扩大规模，升级为专修科，显示了档案学教育在中国人民大学的逐步深化与发展。1955年，基于专修科的坚实基础，中国人民大学历史档案系正式成立，这一里程碑式的事件不仅标志着我国档案学教育迈入了新的阶段，也为国家培养了一大批专业的档案工作者，他们后来成了推动我国档案事业发展的重要力量。与此同时，全国各地也积极响应，陆续举办了各类档案干部培训班，进一步壮大了档案工作的专业队伍。

1954年11月，中华人民共和国国家档案局成立，是国家加强档案工作领导的一项重大措施，为有领导、有计划地建设社会主义档案事业，提供了有力的组织保证。1956年4月，国务院发出《国务院关于加强国家档案工作的决定》，有力地推动了全国档案事业的建设和发展。

初创阶段的努力为中国档案事业的发展奠定了坚实的基石。在这一时期，国家完成了对旧中国遗留下来档案的接管和集中工作，这一壮举不仅保障了历史档案的完整与安全，也为后来的档案利用和研究提供了宝贵且丰富的重要资源。此外，通过广泛的收集和整理，国家还积累了大量珍贵的革命历史档案，这些档案不仅丰富了国家档案资源的宝库，更对于传承红色基因、弘扬革命精神具有深远的意义。在这一阶段，我国还成功建立了覆盖机关、团体的档案工作体系，初步形成了集中统一的社会主义档案事业格局，为档案工作的规范化、制度化奠定了坚实的基础。同时，通过专业的教育和培训，国家培养了一批具备专业素养的档案专业人员，他们不仅为档案事业的长期发展提供了坚实的人才保障，也成了推动我国档案事业不断前进的重要力量。

二、全面建设阶段

档案管理的全面建设阶段大致处于 1957 年至 1966 年 4 月，这一时期，国家经济建设和各项事业蓬勃发展，对档案工作的需求日益增加。国家通过制定一系列方针、政策，为档案事业的全面建设提供了有力保障。

（一）机构设置

（1）国家档案局的成立与发展：国家档案局于 1954 年 11 月 8 日正式成立并不断完善其职能，成为全国档案工作的领导核心。它负责制定档案工作的方针政策，指导、监督、检查全国档案工作，推动档案事业的全面发展。

（2）地方各级档案行政管理机构的建立：随着国家档案局的成立，地方各级档案行政管理机构也相继建立。这些机构负责本地区档案工作的规划、指导、监督和检查，确保了档案工作在各地的顺利开展。

（3）各级各类档案馆的广泛建立：截至 1965 年年底，全国共建立各级各类档案馆 2483 个，其中中央级 4 个，省级 15 个，地级 106 个，县级 1509 个。这些档案馆的建立，为档案的集中保管和开发利用提供了重要场所。

（二）制度建设

（1）档案管理制度的完善：国家档案局及各级档案行政管理机构制定了一系列档案管理制度和规范，包括档案收集制度、档案整理制度、档案保管制度、档案利用制度及档案销毁制度等。这些制度的出台，为档案工作的规范化管理提供了依据。

（2）档案工作原则的明确：通过召开全国档案工作会议等方式，明确了档案工作的基本原则，即集中统一管理机关档案，维护档案的完整与安全，便利机关工作。这些原则的提出，为档案工作的顺利开展指明了方向。

（三）人员配置与培训

（1）档案工作人员的配备：各级档案馆和档案室根据工作需要配备了相应的档案工作人员，包括档案主管、档案管理员、档案保管员等。这些人员负责档案的收集、整理、保管、利用等各项工作。

（2）档案专业教育的发展：档案专业教育在这一时期迎来了新的发展篇章。各级档案部门积极响应时代需求，通过精心策划与组织，举办了多样化的培训班、进修班等教育活动。这些活动不仅覆盖了广泛的档案工作内容，还注重实践与理论的结合，从而有效地培训出了一大批具备专业素养和实践能力的档案工作者。他们不仅掌握了扎实的档案理论知识，还具备了丰富的实践经验和操作技能，为档案事业的持续发展注入了新的活力。与此同时，高等档案教育也在这一时期发挥了重要作用。各大高校纷纷设立了档案学专业，通过系统的课程设置和严谨的教学管理，为档案部门输送了大量高素质的人才。这些毕业生不仅具备深厚的档案学理论基础，还拥有较强的研究能力和创新意识，为档案工作带来了新的思路和方法。他们的加入，极大地提高了档案工作的专业化水平，推动了档案事业的快速发展。

（四）档案资源的开发利用

（1）档案收集与整理工作的加强：各级档案馆和档案室加强了对档案资源的收集与整理工作，不断丰富馆藏内容，提高馆藏质量。

（2）档案利用服务的提升：在做好档案保管工作的同时，各级档案馆和档案室积极开发档案信息资源，为社会各界提供档案查询、利用等服务。档案利用工作实现了从封闭到开放、从被动到主动的转变，满足了人民群众对档案信息的需求。

（五）技术引进与创新

在档案管理全面建设阶段，随着科技的进步，一些先进的档案管理技术开始被引进到实际工作中，同时，档案管理部门还积极开展技术创新工作，以适应档案事业发展的需要。主要包括以下技术。

（1）计算机技术：随着计算机技术的普及，一些档案管理部门开始尝试将计算机技术应用于档案管理工作中，如利用计算机进行档案目录的录入、档案检索等，提高了档案管理的效率和准确性。

（2）现代化存储技术：为了应对档案数量的不断增加，档案管理部门引进了现代化的存储设备，如硬盘、光盘等，这些设备具有存储容量大、易于保存和检索等优点，有效缓解了传统纸质档案存储空间的压力。

（3）档案保护技术：在档案保护方面，档案管理部门引进了一些先进的保护措施，如防虫、防潮、防尘等技术，并采用特殊材料对档案进行封装保护，以确保档案的长期保存和完整性。

档案管理全面建设阶段是一个充满活力和创新的时期。通过机构建设、制度建设、人员配置与培训、档案资源的开发利用以及技术引进与创新等多方面的努力，我国档案事业在这一阶段取得了显著成效，为后续的发展奠定了坚实基础。

三、受挫和破坏阶段

档案管理的受挫和破坏阶段主要发生在"文化大革命"期间，即1966年5月至1976年10月。这一时期，我国档案事业遭受了严重的破坏，具体情况如下。

（一）机构撤销与人员迫害

国家档案局以及各地方的档案管理机构遭遇撤销的重大变动，这一举措直接导致了全国档案工作与管理体系陷入了瘫痪的困境。原本井然有序的档案管理体系，失去了其应有的组织保障，使得档案工作的正常开展变得举步维艰。更为严重的是，这一变动给全国各级档案工作者带来了前所未有的冲击，大批的业务骨干被强行调离了他们深爱的档案部门。这种人才的流失，对于档案工作来说，无疑是一次巨大的损失。它不仅削弱了档案工作的专业力量，更严重影响了档案工作的连续性和专业性，使得许多宝贵的档案资料无法得到及时、有效的管理和保护。

（二）档案损毁与丢失

在"文化大革命"期间，大量的档案遭遇了被销毁或严重损坏的厄运，国家档案资源因此遭受了一场前所未有的浩劫。一些地方的情况尤为严重，被销毁的档案数量竟然高达全部档案的50%以上，这么大的损失令人深感痛心，更是无法用任何方式加以弥补的。这些档案中蕴含着丰富的历史信息和深厚的文化底蕴，是后人研究历史、传承文化的重要基石。然而，由于档案管理机构的撤销和人员的流散，这些宝贵的档案在混乱中不幸丢失，使得许多重要的历史事实和事件失去了原始的、确凿的记录。这一状况给后世的研究和利用带来了极大的困难。历史学家和研究者们在探寻历史真相的道路上，因为缺乏这些关键的原始档案，而不得不面临重重的挑战和阻碍。这不仅影响了我们对历史的深入理解和认识，也对文化的传承和发展造成了不可估量的损失。因此，这场档案浩劫的影响是深远而持久的，它时刻提醒着我们保护和珍视历史档案的重要性。

（三）工作停滞与倒退

在"文化大革命"期间，档案工作几乎处于停滞状态。档案的收集、整理、保管和利用等各个环节都无法正常进行，导致档案工作的整体水平大幅下降。由于管理混乱和人员流失，许多原本建立起来的档案管理制度和规范被破坏或遗忘，使得档案工作在一段时间内出现了倒退现象。

这一时期的破坏使得我国档案事业遭受了严重的打击和损失。档案工作的停滞和倒退不仅影响了档案事业的发展进程，也削弱了档案在国家治理和社会建设中的作用。大量档案的损毁和丢失，使得许多历史事实和事件失去了原始记录，给后世的研究和利用带来了极大的困难。这不仅影响了人们对历史的了解和认识，也削弱了档案作为历史记忆和文化传承载体的作用，为今后的档案工作提供了深刻的教训和警示。

四、恢复和发展阶段

档案管理的恢复和发展阶段发生在党的十一届三中全会之后，这一时期档案事业经历了从整顿恢复到快速发展的过程。该阶段的具体情况如下。

（一）机构恢复与重建

随着党的十一届三中全会的召开，国家档案局和各级档案管理机构逐步恢复和重建。这一举措为档案工作的重新开展提供了组织保障。被调离的档案工作者陆续回到工作岗位，同时补充了大量新鲜血液，形成了新的档案管理队伍。

（二）制度完善与规范

加强档案法律法规建设，如1987年首次颁布的《中华人民共和国档案法》，为档案工作的依法管理提供了法律依据。重新修订和完善了档案管理工作的各项制度，包括档案收集、整理、鉴定、保管、利用等方面的规章制度，确保档案管理工作的规范化运行。

2020年6月20日，《中华人民共和国档案法》修订，从战略和全局的高度对档案事业发展作出规划、指导和引领，提高了档案工作的制度化、规范化、科学化水平。

2024年3月1日，《中华人民共和国档案法实施条例》正式施行，为档案事业的现代化提供了更为坚实的法治保障。

（三）档案资源建设与利用

加大对历史档案、现行档案以及各类专门档案的收集力度，丰富了档案资源体系。积极开展档案资源的开发利用工作，为经济社会发展提供信息服务。同时，推动档案工作的社会化服务，提高档案的利用率和影响力。在民生档案与专业档案的建设方面，加强与群众生产生活密切相关的民生档案和专业档案资源建设，持续做好脱贫攻坚和疫情防控等"两类档案"的接收管理工作。

（四）技术革新与现代化

随着现代信息技术的发展，档案管理工作逐步引入计算机技术、网络技术等现代化手段，提高了档案管理的工作效率和管理水平，具体包括以下内容。

（1）推进档案馆建设，构建一套既系统完备又高效实用的档案信息化基础设施，同时确保其安全可靠，以全面提升档案信息化的整体能力与水平。

（2）加强电子文件归档和电子档案移交接收工作，完善政务服务数据归档机制。

（3）加快推进数字档案馆（室）建设，深化全国性和区域性档案信息资源共享平台建设。

（4）推动档案数字化建设，将传统纸质档案转化为数字档案，便于存储、检索和利用。

（5）利用大数据、人工智能、区块链等新一代信息技术，推动档案管理向信息化、智能化、现代化转变。

（6）加强数字档案的安全管理，确保数字档案的真实性和完整性。

（五）人才培养与队伍建设

这一时期加强档案专业人才培养，通过举办培训班、研讨会等方式提高档案管理人员的业务素质和专业技能。同时，注重档案队伍建设，培养了一支专业性强、素质高的档案管理队伍，为档案事业的持续发展提供了人才保障。

经过恢复和发展阶段的努力，档案管理工作取得了显著成果，档案资源体系更加丰富完善，档案服务能力大幅提升，档案事业在国家治理和社会建设中发挥了重要作用。档案管理恢复和发展阶段的成功经验为后续档案事业的发展提供了宝贵借鉴，对推动档案工作的现代化、信息化、社会化进程产生了深远影响。这一时期档案事业的发展为我国档案事业的长期稳定发展奠定了坚实基础。

第二节 档案数字化对档案管理发展的深远影响和重大意义

档案数字化是指随着计算机技术、扫描技术、OCR（光学字符识别）技术、数字摄影技术、数据库技术、多媒体技术、存储技术等的发展而产生的一种新型档案信息形态。它将各种载体的档案资源（如纸质档案、照片档案、录音档案、录像档案等）转化为数字化的档案信息，以数字化的形式存储，并通过网络化的形式互相连接，利用计算机系统进行管理，形成一个结构有序的档案信息库，以便及时提供信息和实现资源共享。

我国的档案数字化工作在 20 世纪 80 年代就已经开始，但全国范围内的档案信息化建设整体规划则是在后来逐步推进的。2002 年 11 月，国家档案局发布的《全国档案信息化建设实施纲要》明确提出了全国档案信息化建设的目标和主要任务，标志着国家层面开始了档案信息化建设的整体规划。此后，档案信息化开始整体推进，档案数字化工作也在全国范围内加速展开。

档案数字化对于档案管理发展具有深远的影响和重大的意义。随着信息技术的不断发展，档案数字化将成为档案管理领域不可逆转的趋势。

一、深远影响

（一）提高工作效率

在提高档案查阅与检索效率方面，数字化档案使得用户可以通过关键词、日期、作者等多种方式快速检索到所需信息，大大缩短了传统纸质档案翻阅查找的时间。这种即时检索的能力极大提高了工作效率，特别是在处理大量档案或紧急需求时更为明显。在简化档案管理流程方面，数字化档案管理系统可以自动化处理档案的收集、整理、鉴定、归档等流程，减少了人工干预和错误。这种自动化管理不仅提高了工作效率，还保证了档案管理的规范性和准确性。

（二）节省存储空间

传统纸质或模拟档案需要大量的物理空间进行存储，不仅占用宝贵的场地资源，还增加了管理成本和难度。而档案数字化通过将这些档案转换为数字格式，存储在计算机或云端服务器上，极大地减少了对物理存储空间的需求。

（三）增强档案保护

通过将纸质档案转化为数字格式，有效减少了对档案原件的频繁翻阅和物理磨损，从而延长了档案的保存寿命。此外，数字化档案还便于进行备份和灾难后恢复，大大降低了档案因自然灾害或人为因素而受损的风险。这些措施共同提升了档案的安全性和可持续性保护水平。

（四）实现资源共享

通过将传统纸质档案转化为数字格式，档案资源得以在网络平台上进行存储和传播，打破了传统档案利用的空间和时间限制。这使得档案资源能够更加便捷地被广大用户所访问和利用，极大地提高了档案的利用率和影响力。同时，数字化档案还便于进行跨地域、跨机构的共享与合作，促进了档案资源的整合与互通，为学术研究、政府决策、社会服务等领域提供了更加丰富和多样的档案资源支持。

二、重大意义

档案数字化的重大意义体现在多个层面：第一，它通过数字化手段更有效地保护历史资料，避免这些珍贵档案因自然或人为因素而受损或遗失，对于传承历史文化、维护国家记忆具有深远意义。第二，数字化管理极大地提升了档案查阅、检索等工作的效率，减轻了档案管理人员的工作负担，使他们能更专注于档案的开发与利用。第三，数字化档案打破了时间和地域的界限，使得利用者能随时随地通过网络获取所需信息，不仅提高了档案的利用率，也为档案的开发利用开辟了更多途径。第四，档案数字化作为档案管理现代化的重要标志，推动了档案管理的信息化、智能化和网络化发展，引领档案管理迈向更高水平。第五，数字化档案通过加密、备份等手段显著增强了档案的安全性，同时减少了原件的调阅和复印次数，有效降低了原件被盗、丢失或损坏的风险。

第三节　档案数字化对档案学学科体系建设的重大影响

　　档案数字化促使档案学理论研究从传统的纸质档案管理模式向数字化管理模式转变，拓展了档案学的研究领域和视野。数字化档案在管理、保存、利用等方面的问题成为档案学理论研究的新热点，推动了档案学理论的创新和发展。档案数字化涉及计算机科学、信息技术、管理学等多个学科领域，促进了档案学与其他学科的交叉与融合。这种交叉与融合有助于档案学学科体系的完善，形成更加全面、系统的档案学知识体系。同时，档案数字化实践也为档案学提供了丰富的案例和数据，促进了档案学实践研究的深入。通过数字化手段，档案工作者能够更高效地处理档案，提高档案管理水平，同时也为档案学实践研究提供了宝贵的经验。

一、档案学学科发展历程

　　中国档案学学科体系建设经历了三个阶段，包括：基本成型期、转型发展期、创新发展期。

（一）基本成型期（1952—1996年）

　　中国现代意义上的档案学学科体系创建于1952年。中国档案学学科体系的创建不仅意味着档案学研究在中国正式步入了系统化、规范化的轨道，也预示着档案管理与研究的崭新篇章的开启。自那时起，伴随着档案学界对档案学学科知识认识的不断深化与拓展，档案学作为一门独立学科的特性逐渐显现，其专业化和体系化的趋势也日益凸显。在这一过程中，档案学学者们不断探索与实践，致力于构建和完善档案学的理论框架与实践体系。他们深入研究档案的本质、功能、分类、管理、利用以及档案工作的规律与方法，推动了档案学从经验总结向科学理论的转变。同时，随着社会对档案信息需求的增长和信息技术的发展，档案学的应用领域也在不断拓宽，涉及档案管理现代化、档案信息化建设、档案保护与修复、档案法律法规等多个方面。截至1996年，经过40余年的积累与发展，中国档案学已经取得了显著成就，形成了由数十门分支学科紧密交织而成的学科体系。这些分支学科既包括档案管理学、档案文献编纂学、档案保护技术等传统领域，也涵盖了电子档案学、档案信息化、档案法学等新兴学科方向，充分展现了档案学学科的丰富性与多样性。这一完善的学科体系不仅为中国档案事业的发展提供了坚实的理论支撑，也为国际档案学的研究与交流贡献了中国智慧与中国方案。

1952年，伴随着新中国第一所档案学专业高等教育机构——中国人民大学专修科档案班和档案教研室的建立，中国档案学学科体系的创建进程由此正式拉开序幕。这一里程碑式的事件不仅标志着中国档案学教育从无到有，从零散的实践经验总结向系统化、理论化的高等教育转型，也预示着中国档案事业即将迎来一个全新的发展阶段。20世纪50年代初期，我国档案学学科建设的先驱们，怀揣着对档案事业的满腔热情，以文书、资料、档案等为核心研究对象，投身于档案学学科体系的建设进程中。他们通过深入的教学与研究，不断探索档案学的理论基础与实践应用，为档案学的独立成科奠定了坚实的基础。1956年，档案学作为一门独立学科首次获得国家层面的正式认可，这一标志性事件由两个重要文件的发布共同铸就：《关于加强国家档案工作的决定》与《1956—1967年哲学社会科学规划草案（初稿）》。前者明确要求"国家档案局和中国人民大学历史档案系对档案学及其他辅助科目应该加强研究工作，以提高科学水平"，为档案学的深入研究与发展指明了方向；后者则将档案学作为一门独立学科明确列入规划之中，并对其建设和发展作出了具体而明确的要求，进一步提升了档案学的学科地位。在此基础上，中国人民大学积极响应国家号召，充分发挥其在档案学教育与研究领域的引领作用，陆续建立了档案历史与组织教研室、国家机关史与文书处理学教研室、档案工作理论与实践教研室、文献公布学教研室、技术档案管理学教研室等一系列专业教研室，形成了涵盖档案管理学、文书学、科技档案管理学、档案保护技术学、档案文献编纂学、专门档案管理学、中国档案史、中国档案事业史、世界档案事业史等分支学科在内的完整档案学学科体系。这一体系的建立，不仅极大地丰富了档案学的学科内涵，也为我国档案事业的蓬勃发展提供了坚实的理论支撑与人才保障。

随着学科体系的不断发展和壮大，我国档案学学者以深厚的学术功底和敏锐的洞察力，将档案实务领域中积累的丰富经验进行了系统化的知识总结和理论提炼。这一过程不仅凝聚了众多学者的智慧与心血，也标志着我国档案学研究迈入了一个新的阶段。正是在这样的背景下，我国第一部由院系集体编著的档案学教材《档案学基础》于1960年应运而生，该教材全面而深入地阐述了档案学的基本原理和核心知识，为档案学的教学与研究提供了重要的参考。紧接着，1962年，第一部由专业教师独立编写的档案管理学教材《档案管理学》也顺利出版，这部教材进一步细化了档案管理的实践操作与理论应用，为档案管理人才的培养提供了有力的支撑。这两部教材的出版，不仅意味着档案学初步实现了由简单陈述经验向系统阐释原则与规律的知识跃迁，也正式开启了中国自主档案学知识体系构建的序幕，为我国档案学的后续发展奠定了坚实的基础。在以吴宝康等为代表的档案学拓荒者的带领下，中国档案学始终立足于档案工作实践和国家建设发展的需要，不断探索与创新。他们围绕学科的哲理、学理、道理进行了深入的研究与阐述，逐渐形成了具有鲜明自身特点的学科体系。这一体系不仅涵盖了档案管理、档案保护、档案利用等多个方面，还注重将档案学与历史学、社会学、信息科学等相关学科进行交叉融合，从而不断拓展档案学的研究视野和应用领域。20世纪70年代末，我国开始将计算机管理技术应用于档案管理领域，这一举措极大地提高了档案管理的效率和准确性。20世纪80年代，伴随着计算机辅助档案管理的快速发展，汉字信息处理、档案自动化、档案数据库等相关学科知识也逐渐得以形成和发展。这些新兴学科的出现，不仅进一步丰富了档案学的内涵与外延，也为档案学的现代化发展注入了新的活力。

档案学教育的发展无疑为学科体系的丰富与完善注入了强大的动力。自1983年以后，我国开办档案学高等教育的院校数量呈现出显著的增长趋势，这不仅标志着档案学教育在我国高等教育体系中的地位逐渐提升，也反映了社会对档案学专业人才的迫切需求。档案事业建设的旺盛需要和档案学高等教育规模的持续扩大，共同为学科体系的进一步丰富与完善提供了坚实的基础和广阔的空间。在这一背景下，以吴宝康为代表的档案学者，深刻洞察到中国国情和学科发展的独特需求，他们在既有档案学学科体系的基础上，进行了深入的思考和探索，最终形成并构建了一套涵盖理论档案学与应用档案学的完善学科体系。这一体系中的主干学科，如文书学、档案文献编纂学、档案馆学、档案事业史、档案管理学、档案事业管理学、档案技术应用学、科技档案管理学等，不仅涵盖了档案学的核心领域，也体现了档案学与其他学科的交叉与融合。与此同时，这一学科体系还包含了一系列分支学科，如档案统计学、档案法学、档案目录学、档案信息学、档案社会学、档案分类学、档案文献学、档案利用学、档案经济学、人事档案管理学、医务档案管理学、城建档案管理学、公安档案管理学、军事文书学等。这些分支学科的设立，不仅进一步丰富了档案学的学科内涵，也为档案学的深入研究提供了更为细化的视角和工具。更值得一提的是，随着档案工作实践的不断发展，这些学科内部体系也得到了极大的丰富和完善。在这一过程中，一些新的分支学科应运而生，如档案检索、档案信息化、电子文件管理等。尽管在初期，这些新的分支学科的内容处于还比较基础的阶段，主要侧重于对计算机辅助档案管理工作进行理论抽象后的介绍与思考，但它们的出现无疑为档案学的发展注入了新的活力。虽然这些新学科在当时尚且不完整、不系统、不成熟，但它们的诞生标志着档案学正在不断适应时代发展的需要，向着更加多元化、现代化的方向迈进。

　　进入 20 世纪 90 年代，随着我国档案学高等教育事业的蓬勃发展和档案学研究队伍的日益壮大，我国迎来了档案学学科发展的第一个高峰期。这一时期，档案学不仅在教育领域取得了显著进展，在学术研究和社会应用方面也实现了重大突破。截至 1996 年，我国已经成功构建了一个包括文书学、档案管理学、科技档案管理学、档案保护技术学、档案文献编纂学、中国档案事业史、外国档案事业史以及档案信息化等多个分支学科在内的、相对完整的档案学学科体系。与这些学科最初建立时相比，它们在内容构成、实践回应以及理论阐释等方面都得到了极大的丰富与深化。这一学科体系的完善，不仅提升了档案学的学术地位，也使得社会上关于档案学是否是一门独立学科的质疑逐渐消散。在此期间，我国档案学界在"开发档案信息资源为社会主义市场经济建设服务"的思想指引下，积极探索档案学的实践应用。随着计算机技术在档案管理领域和档案学研究中的广泛应用，一系列新的研究主题逐渐受到学术界的关注。例如，档案目录的计算机管理、档案原文的存储与检索、档案编研的计算机辅助管理以及档案保护的计算机管理等，都成为档案学研究的重要方向。同时，电子文件管理的兴起也使得档案学的分支学科开始呈现出信息化和数字化的转向。这一转向不仅丰富了档案学的研究内容，也为档案学的未来发展开辟了新的道路。在这一时期，我国档案学者积极借鉴国外先进经验和技术手段，结合我国实际情况进行创新与发展，使得我国档案学在国际化进程中不断迈出新的步伐。

（二）转型发展期（1997—2011 年）

　　中国档案学学科体系建设是一个不断演进的过程，它伴随着国家哲学社会科学的发展变化而处于动态调整之中。1997 年，国务院学位委员会和原国家教育委员会联合颁布了新修订的《授予博士、硕士学位和培养研究生的学科、专业目录》，在这一重要文件中，档案学的学科归属发生了显著变化。原先，档案学是作为"历史学"一级学科门类下的一个附属二级学科，隶属于"历史文献学"。而此次调整，则将档案学重新归类到"管理学"学科门类之中。这一改变不仅极大拓展了档案学学科的发展空间，为档案学的研究与实践提供了更为广阔的视野和平台，也为档案学与其他学科的交叉融合提供了难得的契机。同年，为了进一步规范和推动档案学教育的发展，全国高校档案学教学指导委员会在南京正式成立。这一机构的成立，有效规范了档案学的课程设置、教学大纲的制定和教材的建设工作，为档案学学科体系的丰富与发展提供了重要的制度保障和条件支持。在这一系列重大事件的影响和推动下，加之信息技术在档案工作中的广泛运用，档案学学科体系开始呈现出同本一级学科下的其他二级学科，以及哲学、历史学、法学、社会学、传播学、艺术学、国学、经济学、管理学、政治学、信息科学等多个学科初步交叉渗透的现象。这种交叉渗透不仅丰富了档案学的研究内容和方法，也为档案学的发展注入了新的活力。特别是电子文件管理和档案信息化等分支学科，在这一时期得到了迅速的丰富和发展。随着电子文件逐渐成为记录、传达、留存信息的重要工具，国家信息化建设的不断推进，这些分支学科逐渐从边缘走向中心，从分支学科发展成为档案学的主干学科。1997年，冯惠玲发表的博士学位论文《拥有新记忆——电子文件管理研究》，正是这一时代背景下的重要学术成果。该论文深入探讨了电子文件管理的理论与方法，应和了国家信息化建设的趋势，也为电子文件管理学科的发展奠定了坚实的基础。在此之后，随着越来越多的学者对档案管理新对象——电子文件的认识与研究的深入，电子文件管理理论与方法研究逐渐形成了一个完整的体系，成为档案学学科体系中不可或缺的一部分。

中国档案学学科的转型发展期是一个深刻变革的阶段，其核心特征在于档案学研究对象从传统的纸质文件向电子文件的过渡。这一转型并非一蹴而就，而是伴随着计算机技术和互联网技术在档案领域的日益广泛应用而逐渐显现。1997年以后，信息技术的迅猛发展如同一股强大的信息化浪潮，对传统档案工作的"收、管、藏、用"四大主体功能及其实现形式产生了巨大的冲击和挑战。在这一背景下，档案学学科的环境、研究对象和边界、知识结构、人才培养定位以及就业市场需求都发生了较大的改变。传统的档案学学科体系在面对这些新变化时，其解释力和应对力略显不足，难以完全适应信息化时代的需求。为了共同应对这一信息化挑战，国家作出了重要的学科调整，将档案学与图书馆学、情报学结为一级学科，这一举措为档案学学科的转型和发展提供了新的契机。受此影响，我国档案学专业的高等教育在教学环节上也进行了相应的调整和创新。为了适应信息化环境的需求，教学课程中增加了数据库管理系统、档案计算机管理、汇编语言等与信息技术相关的课程。这些课程的增设不仅提升了学生的信息素养和技术能力，还极大地促进了信息化环境下档案工作与图书、情报工作的一体化发展。这为档案学学科的信息化转型提供了有利的条件和支持。与此同时，中国档案学学科体系建设还迎来了走向世界的良好机遇。这一机遇的出现得益于多个因素的共同作用，包括国家改革开放事业的进一步发展、第十三届国际档案大会在中国的成功召开以及中国加入世界贸易组织对档案开放与利用提出的新需求等。在这些因素的影响下，中国档案学学科体系建设开始更加注重结合国情，"以我为主"，同时立体化吸纳欧美档案学中的有益元素。例如，企业档案管理学、科技档案管理学、档案信息化等分支学科领域逐渐融入境外档案管理、涉外档案管理等相关元素。这种融合不仅丰富了我国档案学学科体系的内容，还在一定程度上促进了中外合资、中外合作以及境外企业档案管理工作的变革与发展。

进入 21 世纪以来，信息技术的迅猛发展及其在档案领域的进一步扩大应用，极大地激活了档案信息以及蕴藏在档案资源中的丰富知识。随着信息技术的不断进步，光盘档案、磁介质档案、电子档案、数字档案等新载体形式的档案如雨后春笋般大量涌现，为档案工作带来了前所未有的机遇与挑战。在这一背景下，档案工作逐渐迈向了从聚焦信息资源建设向档案管理全流程信息化的新阶段。传统的档案管理方式已经无法满足新时代的需求，档案工作必须紧跟信息化步伐，实现全流程的数字化转型。这不仅包括档案信息的数字化存储和检索，更涉及档案管理流程的重新设计和优化，以确保档案信息的准确、完整和可用。在这一时期，国家档案事业发展规划起到了重要的指导作用。在国家层面的规划和推动下，我国逐步推进了存量档案数字化、电子文件归档、电子档案管理等方面的工作。这些工作的推进不仅提升了档案管理的效率和质量，也为档案信息的深入开发和利用打下了坚实的基础。与此同时，档案学学科建设也伴随着档案工作的发展趋势，走向了信息化建设和数字化转型的新阶段。档案学不再是一个孤立的学科，与其他学科的交叉与融合日益明显。例如，与计算机科学、数据科学、信息管理等学科的交叉融合，为档案学带来了新的理论和方法，推动了档案学的不断创新和发展。这种跨学科的融合不仅丰富了档案学的研究内容，也为档案工作的实践提供了新的思路和工具。

（三）创新发展期（2012年至今）

党的十八大以来，随着党和国家对档案工作重视程度的日益提升，档案学学科体系建设迎来了历史上最好的发展时期。这一时期，党和国家不仅加大了对档案工作的政策支持和资金投入，还积极推动档案学理论与实践的创新发展，使得档案学学科体系建设迈入了一个新的发展阶段。鉴于新一代信息技术对档案领域的全方位影响，档案工作逐渐实现了从基于文献资源的管理向基于信息资源管理、数据资源管理的跃迁。这一转变不仅体现在档案管理手段和方法的更新上，更体现在档案管理理念和模式的根本性变革上。档案工作的重心逐渐从传统的实体档案管理转向数字化、网络化、智能化的信息资源管理，以适应信息时代对档案管理的新要求。随着档案工作重心的转变，档案学研究对象也逐步实现了从"纸与墨"向"数与网"的转变。传统的档案学研究主要关注纸质文献的整理、保护和利用，而现在的档案学研究则更加注重数字信息资源的组织、管理和利用。这种研究对象的变化加速了档案学学科体系的整体性数字转型与创新发展，并使得以数据为对象的学科设置逐渐成为档案学学科建设的重要内容。在此背景下，档案学与信息科学、数据科学等领域的交叉融合日益深入和丰富。档案学不仅借鉴了信息科学和数据科学的理论和方法，还积极与信息科学、数据科学等领域的专家学者进行合作研究，共同探索档案管理的新模式和新方法。这种交叉融合不仅拓展了档案学的研究视野，也丰富了档案学的理论体系和实践应用。同时，档案学学科体系建设还呈现出外部衔接与内部融贯相结合、理论构建与实践演进相结合、人文驱动与技术驱动相结合等特征。在外部衔接方面，档案学积极与其他学科进行对接和交流，吸收借鉴其他学科的优秀成果和先进经验；在内部融贯方面，档案学注重学科内部的逻辑性和系统性，努力构建完整、科学的学科体系；在理论构建与实践演进相结合方面，档案学既注重理论研究的深度和广度，又关注实践应用的实效性和创新性；在人文驱动与技术驱动相结合方面，档案学既强调人文关怀和社会责任，又注重技术创新和智能化发展。

2012年至今，我国档案学学科体系建设展现出了最为显著的趋势和特征，即学科全面迈入了数字转型与创新发展的新时期。在这一时代背景下，数字环境的迅速演变以及信息技术的不断迭代与演进，对档案工作产生了前所未有的冲击与挑战，迫使其进行深刻的变革与适应。特别是以互联网、云计算、大数据、人工智能为代表的一系列先进技术，它们不仅重塑了档案工作的外部环境，更深刻地影响了档案工作的核心理念与运作模式，推动了档案工作从传统模式向现代化、智能化模式的转型。随着新一代信息技术的日趋成熟，它们为档案资源的优化配置提供了全新的手段与途径。档案对象的管理空间，在这一技术浪潮的推动下，实现了以"模拟态—数字态—数据态"为主要表现形态的三态演化发展。这一演化过程不仅标志着档案形态的根本性转变，也反映了档案工作在数字时代下的深刻变革与创新。在这一进程中，学科体系建设也取得了显著的进展。档案数据库建构、数字文化遗产保护、数字档案记忆等实践项目，不仅在实践中取得了丰硕的成果，也在知识提炼与理论提升方面实现了重要的突破，为档案学的理论发展注入了新的活力。同时，数字档案馆、智慧档案馆等实践工作经验的总结与提炼，也为学科体系建设提供了宝贵的实证基础与理论支撑。更为重要的是，这一时期还促进了档案多元论、档案后保管理论、档案记忆观等新兴学科元素的发展。这些新兴元素不仅丰富了档案学的理论体系，也为档案工作的实践创新提供了新的思路与方向。它们强调档案的多元价值、后保管时代的挑战与机遇，以及档案在记忆构建与社会发展中的重要作用，进一步推动了档案学学科体系的完善与发展。

在创新发展期，档案学界积极响应时代变革的呼唤，紧密跟随经济环境、社会环境、国际环境以及技术环境的深刻变迁，在档案学学科建设中融入动态性与开放性理念。这一理念的实施，不仅推动了档案学基础理论体系、应用理论体系、应用技术体系等的进一步发展，还极大地丰富了学科研究的视角，具体表现在以下三个方面：第一，档案学界在基础理论研究体系中，科学合理地吸收和借鉴了国外档案学的研究内容和知识，创造性地增加了比较档案学这一分支。通过对比国内外档案学的理论与实践，不仅拓宽了研究视野，还为档案学的基础理论研究注入了新的活力和创新元素。第二，面对学科交叉融合的发展趋势，档案学界在应用技术研究体系中，适时地融入了文献信息管理学、档案数据管理学等新兴学科内容。这一举措不仅促进了档案学与信息科学、数据科学、管理科学、图书馆学、情报学等相关学科的深度交叉与融合，还使得档案学学科体系的发展逐渐与数字人文学术思潮紧密相连。这种跨学科的融合与交叉，不仅引发了档案学在更大跨度、更多线索、更广知识容量上的学科交叉和领域交叉，如档案学与新文科建设、国家文化数字化战略、数字中国建设的紧密结合，还深刻影响了档案学的教育理念、教育教学结构、教育功能以及教学组织等多个层面，推动了档案学教育体系的全面革新。第三，根据档案管理工作实践的不断发展和变化，档案学界在档案管理学这一分支学科中，适时地增加了"档案信息资源开发利用""专门档案管理""档案数据管理"等新的研究内容。这些新增内容不仅紧密贴合了档案管理工作的实际需求，还实现了理论性与应用性、综合性与专业性、社会性与服务性的有机统一，为档案学的实践应用注入了新的活力和动力。值得一提的是，2022年国务院学位委员会、教育部印发的《研究生教育学科专业目录（2022年）》中，档案学所在的一级学科更名为信息资源管理。这一更名不仅打通了文献、数据、大数据、信息、知识等概念体系之间的壁垒，还进一步加快了档案学学科体系的信息化、数字化、智能化发展趋势，为档案学的未来发展开辟了新的道路和广阔的空间。

二、一级学科"图书情报与档案管理"更名的历史过程

2021年12月10日，国务院学位委员会办公室发布了关于《博士、硕士学位授予和人才培养学科专业目录》及其管理办法征求意见的函（学位办便字20211202号）。这份函件中明确提出了一项重要的草案内容，即将现有的"图书情报与档案管理"一级学科更名为"信息资源管理"。这一变化犹如一石激起千层浪，迅速在学术界和业界引发了广泛的关注和热烈的讨论。各方观点纷呈，争议不断，有的认为这是学科发展的必然趋势，有的则对这一变化持保留态度。实际上，将一级学科从"图书情报与档案管理"调整为"信息资源管理"，并非一时兴起之举，而是基于学科和行业发展的深刻洞察与必然趋势。随着信息技术的飞速发展和信息社会的全面到来，传统的图书情报与档案管理已经难以完全涵盖和适应当前复杂多变的信息环境和需求。因此，这一调整不仅仅是一个简单的名称变更，更是学科内容和体系的一次深刻变革，它标志着学科从传统的"图书情报与档案管理"向更符合时代发展趋势的"信息资源管理"的全面转型和升级。

这一变革要求我们从学科理论体系到实践应用的角度，重新认识和定位信息资源管理。我们需要深入探索信息资源管理的本质和内涵，明确其在新形势下的学科定位和发展目标。同时，我们还需要加快推动信息资源管理在更广泛范围内的认同和接受，通过教育改革、学术研究、实践应用等多方面的努力，共同推动学科的改革与创新。只有这样，我们才能更好地适应信息时代的发展需求，为社会的进步和发展贡献更多的智慧和力量。

（一）信息资源与信息资源管理的诞生背景

20世纪70年代，后工业社会的西方国家迎来了一个全新的时代，这为信息资源的崛起提供了前所未有的契机。在这个时代背景下，人们逐渐认识到，信息不仅仅是一种抽象的概念，它如同金融、材料和人力等资源一样，具有可管理性，并且能够显著提升组织的生产力、竞争力和整体效能。这种认识的转变，标志着信息资源在社会经济发展中的地位得到了前所未有的提升。与此同时，现代信息技术的迅猛发展，特别是综合性信息系统和网络技术的日新月异，不仅推动了人们观念的深刻转变，也极大地促进了信息资源管理活动的集成化。信息技术的进步使得信息的存储、检索、传播和利用变得更加便捷高效，为信息资源管理提供了新的工具和手段。在这一时期，信息资源管理（IRM）领域的先驱霍顿（F. W. Horton）于1979年对"信息资源"进行了深入剖析，并提出了一个具有创新性的观点：他区分了信息资源的单数与复数形式。他认为，当"资源"为单数时，指的是具体的信息内容，这是狭义的信息资源；而为复数时，则涵盖了支持这些信息的系统、环境、人力和资金等更广泛的要素，这是广义的信息资源。

随着时代的不断变迁，人们对信息资源的理解也在持续深化和拓展。由于信息本身的复杂性和多样性，其定义和解释也呈现出多元化的特点。霍顿的研究之所以得到广泛认可，是因为他以狭义和广义的双重视角定义了信息资源，使其能够涵盖各种形态、来源和用途的信息。按照他的观点，图书情报机构中的信息内容属于狭义的信息资源，而机构本身，包括其人员、设施、资金等，则属于广义的信息资源。这一区分不仅丰富了信息资源的内涵，也为信息资源管理学科的边界界定提供了重要基础。

信息资源管理的初衷在于有效管理信息，以满足各种信息需求。其核心理念在于确保在正确的时间、以正确的形式、将正确的信息传递给正确的人。这一理念与图书馆学中的阮冈纳赞五定律有着异曲同工之妙，都强调了信息服务的准确性和时效性。怀特（M. S. White）将信息资源管理定义为高效识别、获取、整合和应用信息以满足需求的过程，这一定义强调了信息资源管理的实践性和应用性。而罗伯茨（N. Roberts）和威尔逊（T. D. Wilson）则进一步强调了管理效率与信息获取使用的紧密联系，认为信息资源管理的核心在于提高信息的利用效率和价值。

在我国，对信息资源管理的研究始于20世纪80年代中后期。孟广均先生是国内最早引入和使用"信息资源"概念的学者，他的研究为我国信息资源管理学科的发展奠定了重要基础。在 20 世纪 90 年代中期以前，国内学者多从各自专业或个人理解出发使用这一术语，而缺乏深入的探讨和系统的研究。但到了 20 世纪 90 年代中期以后，随着信息技术的快速发展和社会信息化进程的加速推进，一些学者开始从科学的角度抽象地定义"信息资源"，并涌现出了一批重要的理论研究成果。其中，卢泰宏教授和程焕文教授在信息资源管理领域的研究工作尤为突出，他们的研究成果不仅丰富了我国信息资源管理的理论体系，也为实践应用提供了有益的指导。

（二）信息资源管理的理论与实践探索

信息资源管理是一个跨学科的概念，它广泛涵盖了与信息管理相关的多个研究领域，体现了信息在现代社会中的重要性和复杂性。萨维奇（D. Savic）在其研究中，将 IRM 细分为文件管理、数据管理和信息管理三个重要维度。文件管理这一维度，其根源可以追溯到图书馆学、档案管理等传统学科，它的核心目标是实现组织内部文件的有效存储、检索和利用，确保信息的准确性和可追溯性。数据管理则进一步推动了 IRM 的数字化进程，随着信息技术的快速发展，数据管理成为 IRM 中不可或缺的一部分，它关注于如何高效地处理和利用大量的数字化信息。而信息管理这一维度，更是强调了信息作为一种资产和资源的价值，它不仅仅关注信息本身，更关注信息如何被组织、利用和管理，为 IRM 理论提供了核心理念和指导思想。史密斯（A. N. Smith）和梅德利（D. B. Medley）则提出了对 IRM 的双重层次理解，这一理解深化了我们对 IRM 的认识。从哲学层面看，IRM 不仅仅是一种技术或方法，更是一种指导原则，它强调信息在组织和社会中的重要性，以及有效管理信息的必要性。而从实际操作层面看，IRM 则将传统的信息服务，如信息传播、办公系统、记录管理、图书馆功能技术规划等，统一为一个完整的管理过程，这一过程涵盖了信息的全生命周期，从信息的产生、存储、处理到利用和销毁。霍顿在其研究中进一步指出，IRM 是一个高度融合的概念，它融合了信息系统、文件管理、数据处理和数据网络等多方面的技术和学科。在这些学科中，图书馆学、档案学、管理学和信息系统学等对 IRM 的理论发展产生了重要影响，它们为 IRM 提供了丰富的理论基础和实践经验。伯杰龙（P. Bergeron）则从两种视角审视了 IRM，为我们提供了更为全面的理解。一种是信息技术视角，这一视角强调计算机为基础的信息系统，是信息的主要来源，将 IRM 视为解决信息问题的一种方法，它关注于如何利用信息技术来提高信息管理的效率和效果；另一种是整合视角，这一视角多见于情报信息领域，它侧重于 IRM 的管理方法和功能，目的是通过整合和协调信息源、服务和系统，实现内外部信息资源的协同效应，从而提高组织的整体竞争力和创新能力。

自 IRM 概念诞生以来，其实践活动便层出不穷，这些实践活动不仅验证了 IRM 理论的有效性，也推动了 IRM 理论的进一步发展。最为人熟知的实践之一是美国在 1980 年提出的《文书削减法案》，该法案首次将信息和数据视为可管理和预算的资源，这一创新性的理念推动了组织中信息资源的高效和经济管理。然而，在实践中，往往存在先于理论的现象，许多活动虽未明确标注为 IRM，但实质上已在进行 IRM 的实践。以图书馆为例，其所有服务和活动都围绕馆藏资源展开，从 IRM 的视角看，这些服务和活动都可视为 IRM 的实践活动，它们都在有效地管理和利用信息资源，以满足用户的需求。

因此，以"信息视为资源"为核心，IRM 在多学科研究的理论背景下，已在多个领域得到实践和应用。这些实践可能在理论形成之前并不为人所知，导致人们有时错误地将某些实践（如政府文书管理）视为 IRM 的起源，从而限制了对 IRM 概念及其相关理论的全面理解。因此，我们需要更加深入地研究和实践 IRM，以更全面地理解和应用这一重要的管理理念和方法。

（三）信息资源管理作为一级学科名称的曲折过程

图书情报与档案（简称：图情档）管理这一学科的发展之路并非一帆风顺，其作为一级学科名称的确立经历了多次的变革与争议，充分反映了学科发展的复杂性和多样性。自国务院学位委员会发布第一版（1983 版）学科目录以来，该学科的名称、归属以及构成都发生了显著的变化，这些变化不仅记录了学科的发展历程，也折射出了学术界对该学科认识的不断深化和拓展。从最初的 1983 版目录到现行的 2011 版目录，再到即将推出的最新版目录，每一次的调整都深刻地反映了学科发展的不同阶段以及学术界共识的变化。在 1983 版目录中，图书馆学、情报学（当时还被称为科技情报）和档案学分别属于不同的学科门类，彼此之间并未形成统一的学科体系。这种状况在一定程度上限制了学科间的交流与融合。到了 1990 版目录，情报学首次被单独列出，并与图书馆学合并成为"图书馆与情报学"，这一变化标志着情报学在学科体系中的地位得到了提升。然而，档案学在这一版目录中仍然被纳入历史文献学的范畴，这显示出档案学在当时还未完全获得与图书馆学和情报学同等的学科地位。1997版目录则是图书情报与档案管理学科发展的重要转折点。在这一版目录中，图书馆学、情报学和档案学被正式整合为一个一级学科，即"图书馆、情报与档案管理"，并归属于新设立的管理学门类。这一调整不仅标志着该学科体系的基本格局得以确立，也预示着学科发展的新阶段即将到来。随后的2011版目录对一级学科名称进行了微调，将其简化为"图书情报与档案管理"，但这一调整并未改变其核心结构和归属。然而，这一名称在学术界一直存在争议，因为它仅仅是三个二级学科名称的简单叠加，缺乏概括性和前瞻性，难以充分反映学科的核心特征和未来发展趋势。

近年来，随着信息技术的迅猛发展和信息资源管理理论的不断完善，越来越多的学者开始呼吁将一级学科名称更改为"信息资源管理"。他们认为，这一名称更能准确地反映学科的核心特征和未来发展趋势，也更有利于学科的长期发展和国际交流。这一观点在学科内部已经争论了30多年，并在2021年国务院学位委员会发布的《博士、硕士学位授予和人才培养学科专业目录（征求意见稿）》中得到了体现。这一建议的采纳，是对该学科长期发展历程的总结和肯定，也预示着学科将迎来新的发展机遇和挑战。

回顾学科目录的演变过程，我们可以清晰地看到图书情报与档案管理这一学科是如何在争议和变革中逐渐成熟和发展的。每一次的目录调整都体现了学术界对该学科认识的深化和拓展，也预示着未来学科发展的新方向。我们有理由相信，在未来的发展中，这一学科将继续保持其独特的学术魅力和实践价值，为信息社会的发展和进步作出更大的贡献。

三、一级学科更名为"信息资源管理"的理性认识

（一）图情档学科具有从事信息资源管理研究的基础与优势

1. 信息资源管理拥有稳固的学科发展基础

回顾历史的进程，信息资源管理的理论研究在国际舞台上早已展现出其独特的魅力与影响力，其学术探索的起点可以追溯到20世纪70年代末至80年代初。而在国内，这一领域的研究热潮则是在20世纪90年代中后期逐渐兴起，并持续发展至今。在过去的20多年里，图书情报与档案管理学科在学科发展的道路上不断追求卓越与创新，特别是在信息管理领域进行了深入而细致的探索与研究。尽管在这一过程中面临着多重挑战和复杂的考量因素，导致一级学科并未能直接更名为"信息管理"，

但"信息资源管理"这一名称的选定，无疑是对该学科深厚历史底蕴与独特学术优势的充分认可与肯定。同时，这一名称也精准地把握了学科未来的发展方向，预示着其将在信息资源管理领域继续发挥重要作用，并为推动信息管理理论与实践的进步作出更大贡献。

2.大多数图情档院系已改名为"信息管理"或"信息资源管理"

1992年9月，为了积极回应国际上日益兴起的信息化浪潮，国家科委（现已更名为科技部）率先迈出了关键一步，将"科技情报"这一术语正式调整为"科技信息"，并据此将"中国科学技术情报研究所"的名称更改为"中国科学技术信息研究所"。这一变革犹如一块巨石投入平静的湖面，激起了层层涟漪，引发了学术界的广泛关注和热烈讨论。在此背景下，北京大学图书馆学情报学系以其敏锐的洞察力，迅速捕捉到了这一时代趋势，并率先将其系名更改为"信息管理系"（1992年），以此彰显学科发展的新方向。这一举措如同风向标，引领了其他相关院系的更名潮流。随后，众多高校纷纷跟进，将原有的图书情报学院（系）更名为信息管理学院（系）或信息资源管理学院（系），以更加贴合信息化时代的发展需求。

这些学院（系）的更名举措主要呈现出两种明显的趋势。一种趋势是倾向于"信息管理"，如武汉大学信息管理学院（于2000年更名）、南京大学信息管理学院、南京农业大学信息管理学院、中山大学信息管理学院、郑州大学信息管理学院、黑龙江大学信息管理学院等，均毅然选择了"信息管理学院"这一命名方式，凸显了学科在信息管理领域的专业性和前瞻性。而吉林大学、东北师范大学等则选择将系名更名为"信息管理系"，同样体现了对信息管理学科的重视和发展。另一种趋势则是倾向于"信息资源管理"，如中国人民大学信息资源管理学院（于2003年更名），以及南开大学、浙江大学、四川大学、天津师范大学、西北大学、广西民族大学等，这些高校均选择以"信息资源管理系"或"信息资源管理学院"命名，彰显了学科在信息资源管理领域的独特定位和深远影响。这些更名举措不仅深刻反映了学科发展的方向和趋势，也充分体现了学术界对信息化时代知识管理需求的积极响应和主动适应。通过更名，这些学院（系）进一步明确了自身的学科定位和发展方向，为培养更多适应信息化时代需求的高素质人才奠定了坚实的基础。

3.信息资源管理与信息管理之间存在的关联性

信息资源管理与信息管理这两个概念，尽管在表面上看起来极为相似，且经常被当作相同或相近的范畴来一同探讨，但实际上，它们各自所承载的内涵和侧重点却存在显著的差异。从字面意义上来分析,"信息"这个词相较于"情报"而言,显得更为宽泛和包容。它不仅全面涵盖了情报的特定含义,还能够容纳更为丰富的内涵和多元化的内容,展现出更为广阔的适用范畴和应用场景。

尽管多年前,相关机构与教学单位就已经纷纷进行了名称的更新与调整,以适应这一学科领域的发展变化,但值得注意的是,在图情档学科基础上衍生出的信息管理,与计算机领域所强调的"技术"导向的信息管理,以及管理学领域所侧重的"管理"导向的信息管理,仍然存在着明显的差异和区别。

具体来说,图情档学科中的信息管理更倾向于"信息资源"的导向。这一倾向与其深厚的学科背景和独特的学术视角密不可分。在图情档学科中,信息管理不仅仅关注信息的处理和利用,更注重对信息资源的全面管理和优化配置,以满足不同领域和场景下的信息需求。这种以信息资源为导向的管理理念和方法,使得图情档学科中的信息管理在实践中展现出独特的优势和价值。

4. 国内外信息资源管理方面的学术期刊

学术期刊的设立与繁荣,无疑是学科成立与走向成熟的重要标志之一。在信息资源管理这一蓬勃发展的领域,国际学术期刊如 *Information Resources Management Journal* 和 *International Journal of Information Resource Management* 等,凭借其专业的学术水准、严谨的研究态度以及广泛的影响力,为该学科的发展提供了坚实的支撑和源源不断的学术滋养。这些期刊不仅发表了大量高质量的学术论文,还积极推动了学术界的交流与合作,为信息资源管理领域的学者和研究人员提供了一个展示研究成果、交流学术思想的重要平台。

而在国内,武汉大学信息管理学院主办的《信息资源管理学报》同样在学术界享有盛誉。该期刊致力于为该领域的研究者提供高质量的学术交流平台,推动信息资源管理理论与实践的深入结合。此外,众多信息管理或图书、情报、档案领域的期刊,如《中国图书馆学报》《情报学报》等,也频繁发表关于信息资源管理的深入探讨和研究成果,为学科知识的累积与传播作出了重要贡献。这些期刊不仅关注信息资源管理的理论创新,还积极探讨其在实践中的应用与效果,为学科的发展注入了源源不断的活力。

特别是《图书情报工作》(1956年创刊,原名为《中国科学院图书馆通讯》),这份由中国科学院文献情报中心主办的期刊,在学术界具有广泛的影响力和深厚的学术底蕴。近年来,该期刊已明确其定位,面向信息资源管理这一一级学科,致力于推动该学科的发展与进步。为了更准确地反映期刊的研究方向与学科定位,该期刊曾在创刊66周年之际,正式向国家新闻出版署提交了更名为《信息资源管理》的申请。这一举措不仅是对期刊66年来坚守学术使命、推动学科发展的致敬,更是对未来学术发展方向的坚定承诺和展望。

(二)信息资源管理具有更高的学科站位与领域视野

1. 信息资源管理具有更高的学科站位

自2012年起,信息资源管理作为图书情报与档案管理学科下的一个新兴二级学科,在众多高校的本科教育中开始崭露头角,逐渐受到学术界的关注和重视。这一新兴学科以其独特的研究视角和广泛的应用前景,为学生提供了丰富的学习内容和实践机会。然而,随着一级学科正式被命名为信息资源管理,原先的二级学科设置也将进行相应的调整。这意味着,信息资源管理作为二级学科的地位将随之取消,它将被纳入更广泛、更深入的一级学科体系中。这一调整不仅基于学术逻辑的严谨考量,更是信息资源管理作为一级学科深入发展的必然趋势和内在要求。相较于传统的图书情报与档案管理以及信息管理学科,信息资源管理更侧重于凸显信息资源作为战略资源的核心价值。它被视为社会的基石和发展的重要驱动力,需要得到全面的审视、深入的研究和系统的建设。因此,信息资源管理被赋予了前所未有的学科价值和社会使命,它要求学者和研究人员从更高的层次和更广的视角来审视和利用信息资源。

信息资源管理的核心理念在于将信息资源置于与生产资源、能源资源、资本、人才资源等同等重要的位置,从战略资源的高度来审视和利用信息。这一理念强调信息资源的战略价值,认为它是支撑社会与经济发展的重要基石。因此,信息资源管理学科的发展将更加注重对信息资源的全面管理、优化配置和有效利用,以满足社会和经济发展的多样化需求。

2. 信息资源管理具有基础性、战略性作用

若谈及信息的特性,它无处不在,无时不有,如同一股无形的力量渗透于我们生活的方方面面,展现出鲜明的泛在性。然而,当我们深入探究信息的更深层次——信息资源时,会发现它不仅仅是一种泛在的存在,更独特地展现了其无可比拟的专有价值与实际应用价值。对于一个国家、一个机构乃至个人而言,信息资源都有着不可或缺的基础性与战略性地位,它如同血液般滋养着各个层面的运作与发展,其

重要性不言而喻。

进一步谈及信息的价值，其核心并不仅仅在于信息本身，更在于其作为一种资源的价值。只有当信息被真正地视作一种资源，并纳入机构的顶层设计之中时，它才能发挥出其最大的效用。信息资源通过精心策划的采集过程、深入的关联分析、精准的技术挖掘、细致的数据分析、高效的信息萃取以及创新的利用方式，得以在机构内部流转并转化为具有深远影响的经济价值与社会价值。这些价值不仅为机构的发展提供了坚实的支撑与辅助，更为社会的进步注入了源源不断的动力，推动着我们在信息化的浪潮中不断前行。

3. 信息资源管理具有跨领域、多维度的学科特点

在当今社会的各行各业中，普遍存在着一个共同的挑战，那就是如何高效管理海量的信息资源。管理的本质并不仅仅局限于数据的积累和存储，更重要的是如何将这些宝贵的信息资源转化为实际的价值，为组织的决策和发展提供有力的支持。因此，信息资源管理需要图书馆学、情报学、档案学、管理学、传播学、计算机科学、通信技术等多个领域的专家学者共同携手，形成合力，共同应对这一挑战。从基础设施的搭建和完善，到日常业务的顺畅运营，再到高层决策的精准支持，信息资源管理在每一个环节都扮演着至关重要的角色。它如同一个高效运转的中枢系统，统筹全局，协调各方，规划未来的发展方向，并合理配置各种资源，确保组织的整体运行保持高效和稳定。可以说，没有信息资源管理的精准把控和有力支撑，任何组织或系统的运行都将变得低效且质量难以保证，甚至可能陷入混乱和无序的状态。

信息资源管理的跨学科性和多维度特性尤为显著，它打破了传统学科的界限和壁垒，融合了现代科技的前沿理念和先进技术，更加符合"新文科"的发展趋势和时代要求。这种综合性、创新性的管理模式不仅为我们打开了新的视角和思维方式，也为社会的发展和进步注入了新的活力和动力。它促使我们不断探索和创新，以更加科学、高效的方式来管理和利用信息资源，为人类的进步和发展贡献更大的力量。

4. 信息资源管理具有更加广阔的学科发展前景

信息资源管理，这一历经岁月洗礼的概念，其研究历程已经跨越了至少四十年的漫长时光。在这四十载春秋里，国内外的学术界与业界始终携手并进，共同推动着信息资源管理理论与实践的不断深化与拓展。这一过程中，信息资源管理逐渐从最初的萌芽状态发展成为一门拥有独特理论体系和实践应用的独立学科。

然而，随着数智时代的到来，信息资源管理也迎来了前所未有的发展机遇。作

为一个焕发着勃勃生机的新概念，我们需要重新审视其在当今社会中的核心作用，以及作为一门独立学科的定位。信息资源管理领域蕴含着众多值得深入探究的课题，其学科潜力尚待我们进一步挖掘和释放。

作为一门独立的学科，信息资源管理不仅拥有坚实的理论体系，更涵盖了广泛的实践应用。在学科名称确立之际，我们应更加深入地探究其内在的深刻内涵，包括其核心理念、方法论以及应用领域等。同时，我们还需要将信息资源管理与各行各业的需求紧密联结起来，以实现学科与社会的深度融合，推动信息资源管理在更多领域的应用与发展。

展望未来，信息资源管理学科的发展前景不可估量。随着技术的不断进步和社会的快速发展，信息资源管理将在更多领域发挥关键作用，为人类社会带来更加深远的影响。我们有理由相信，在未来的日子里，信息资源管理将继续发挥其独特的学科优势，为人类社会的进步和发展贡献更大的力量。

（三）信息资源管理是图书情报与档案管理的传承与发展

1. 信息资源管理的概念提出者是图书情报学者

在国内，中国科学院文献情报中心的孟广均先生于1992年在《国外图书情报工作》（中国科学院文献情报中心主办的期刊）第三期中，与另一位主编携手，共同推出了"信息资源管理专辑"，首次将信息资源管理的概念和学科领域引入国内，这一创举为我国的学术研究开辟了新的方向，也为后续的信息资源管理研究奠定了坚实的基础。1997年，孟广均先生出版了题为《从科学管理到信息资源管理（IRM）——管理思想演化史的再认识》的学术著作。同年，霍国庆教授也发表了《信息资源管理的起源与发展》一文。这两篇著作的发表，极大地推动了信息资源管理领域的认知深度与研究广度，为学者们提供了更为丰富的理论视角和实践指导。

至今，我国学术界已围绕"信息资源管理"这一主题发表了超过1000篇学术期刊论文，完成了近200篇学位论文，这些丰硕的学术成果充分显示了该领域的广泛研究兴趣和深厚学术积累。孟广均先生等人合著的《信息资源管理导论》于1998年首次出版，并在2003年和2008年相继再版，这些专著因其深入浅出的内容、独到的见解以及丰富的实践指导，在学术界产生了巨大的影响力，成为信息资源管理领域不可或缺的学术参考。

此后，我国还积极引进了大量关于信息资源管理的国外专著和译著，进一步丰富了该领域的学术资源。例如,2005年由麦迪·克罗斯蓬主编、沙勇忠等人翻译的《信息资源管理的前沿领域》(*Advanced Topics in Information Resources Management*)由科学出版社出版。这些著作的引进为我国学者提供了与国际接轨的学术视角和前沿理论,极大地促进了我国信息资源管理领域的国际化发展。

2. 图情档界有关信息资源管理的学术活动非常活跃

武汉大学在学术探索的道路上再次迈出了坚实的一步,成功创建了教育部人文社科重点研究基地——武汉大学信息资源研究中心。这一研究中心的创立,标志着武汉大学在信息资源管理领域的研究进入了一个新的发展阶段。该中心的历史可以追溯到1984年成立的武汉大学图书馆学情报学研究所,经过1999年2月的深度改制与重组,如今已经发展成为一个拥有专业研究团队、课题资金充裕的新锐研究机构。在信息资源管理领域,该中心的研究工作不仅取得了丰硕的成果,更对学术界产生了深远的影响,推动了该领域理论的创新和实践的发展。

与此同时,中国人民大学在推动信息资源管理领域的学术交流方面发挥了举足轻重的作用。该校举办的"中国信息资源管理论坛"已经成为年度性的学术盛会,自创办以来(截至2021年)已成功举办了18届,成为学术界备受瞩目的品牌会议。这一论坛的持续举办,极大地促进了信息资源管理领域的研究与发展,为国内外学者提供了一个宝贵的交流平台。在这里,学者们可以分享研究成果、探讨学术问题、碰撞思想火花,共同推动信息资源管理领域的进步与发展。可以说,"中国信息资源管理论坛"已经成为信息资源管理领域学术交流的重要窗口和推动力量。

3. 图情档期刊是信息资源管理研究的主体

早在2008年,邱均平教授等人便对国内外信息资源管理的研究进行了全面而深入的对比、分析。他们精心挑选了1998年至2006年间发表的340篇中文论文和199篇英文论文作为研究对象,通过细致入微的研究,揭示了这些论文的发表平台和学术背景。研究发现,图书情报档案等领域的期刊是信息资源管理研究论文的主要发表阵地,这一发现深刻揭示了该领域的研究者群体构成特点,即主要由图书情报领域的学者构成,他们在信息资源管理的研究中发挥着中流砥柱的作用,是该领域学术研究的坚实力量。

然而,值得注意的是,信息资源管理的研究并非局限于图书情报领域。计算机科学、经济学等其他学科的期刊的研究者和学者也积极投身于信息资源管理的研究之中,他们从不同的学术视角和研究方法出发,为这一领域的发展注入了新的活力和多元化的思考。这种跨学科的参与和融合，不仅丰富了信息资源管理的研究内容，也推动了该领域在更广泛学术背景下的创新与发展。

从图书情报与档案管理向信息资源管理的转变，不仅仅是学科发展的自然演进过程，更是时代进步的必然产物。信息资源管理作为图书情报与档案管理领域的延伸和拓展，其诞生和发展与前者有着千丝万缕的联系。可以说，没有图书情报与档案管理领域长期以来的深厚积淀和学术积累，信息资源管理这一新兴领域便无法形成和发展。因此，我们在探讨信息资源管理的现在与未来时，必须深刻认识到其与图书情报与档案管理领域的紧密联系和历史渊源。

四、一级学科更名后的学科建设

（一）信息资源管理的学科发展呼唤对原一级学科边界与领域的拓宽

信息资源管理作为一个完整且系统的学科体系与学术体系，其一级学科与二级学科之间相互依存、相互支撑，共同构筑了坚实的知识领域基础。作为一级学科，它不仅需要拥有明确的学科定位和独特的学术价值，更需展现出广泛的学科包容性，能够容纳并整合多样化的学术观点和研究方法。在经历重新定名之后，对图书情报与档案管理这一传统学科的边界与领域进行深度的拓展与重新界定显得尤为重要，这是为了形成一个更为广阔、富有活力且更具时代特色的新学科边界。原先的图书情报与档案管理在名称上的局限性，已经导致它仅仅被限定在图书馆学、情报学、档案学这三个相对狭小的学科框架内，难以容纳出版、数据、信息、文化等多元化的内涵，也无法充分展现其在新时代的学术价值和应用潜力。

更为重要的是，传统的学科定位无法与时俱进地吸纳更多的二级学科，也无法有效地构建不同子学科之间的逻辑联系和学术桥梁，这无疑成了一级学科进一步发展的重大障碍。多年来，新兴的二级学科在寻求自身发展的过程中，往往只能依附于图书馆学、情报学、档案学的既有框架下，艰难地寻找自己的生存空间和学术定位。特别是情报学，其研究领域被过度泛化，信息安全、网络舆情、短视频营销等都被纳入其中，使得情报学看似无所不包，但实际上却失去了其独特的学科特色和核心研究价值。图书馆学也同样面临着这样的困境，其概念的泛化和虚化不仅导致了学界与业界的严重割裂，也影响了学科的长远发展和学术影响力的提升。

而信息资源管理的更名，为这一学科体系的发展注入了新的活力和契机。它赋予了学科更大的自由度和灵活性，使得学科能够根据环境变化和社会发展需求，灵活地拓展自己的边界与领域，更好地适应时代的需求和挑战。这不仅有助于推动学科的持续进步和创新发展，也为学界和业界提供了更为广阔的学术视野和实践平台。

（二）信息资源管理亟待寻求更广泛的学科认同

在过去的几十年里，尽管图书情报与档案管理领域的研究者、教育工作者和从业者倾注了无数的心血与热情，致力于学科的探索与发展，但在学科自信与职业自信方面，他们仍然面临着不小的挑战。这种挑战部分源自于学科自身的复杂性以及外界对其认知的有限性。而对于图情档领域之外的人们来说，这一学科往往笼罩在些许的质疑与不解之中，他们可能难以充分理解该领域的独特价值和深远意义。在这一背景下，"信息资源管理"这一概念的提出，无疑为学科的发展带来了新的契机和活力。相较于传统的"图情档"称谓，信息资源管理以其更为广泛和深入的内涵，更易于被专业内外的人所理解和接受。它突破了传统学科界限，将文献、情报、数据、知识、文化等多个维度都纳入其研究范畴，并强调信息的采集、挖掘、分析与利用等关键环节的重要性。实际上，信息资源管理是一项在社会各领域都不可或缺的研究与开发活动。它对于推动社会进步、促进知识创新具有极其重要的意义。在当今信息化、数字化快速发展的时代，信息资源的有效管理和利用已经成为衡量一个国家或组织竞争力的重要指标之一。

因此，我们需要逐步增强信息资源管理的学科认同，让更多的人认识到其学科价值和应用价值。这不仅需要学科内部的不断努力和探索，还需要通过广泛的学术交流、合作研究和实践应用来加以推动。通过这些努力，信息资源管理有望成为连接各个领域的桥梁和纽带，为社会发展贡献更大的力量。它将不再仅仅是一个学术领域的专有名词，而是成为推动社会进步和发展的重要力量之一。

（三）"信息资源管理"亟待重塑学科地位与话语体系

在宏大的信息资源管理框架之下，信息资源管理学科致力于构建一个丰富多彩、多元并蓄的学科群落。为了支撑起这一庞大而复杂的体系，我们必须围绕信息资源管理的核心要素，精心构建一套全新的话语体系与核心能力体系。首先，针对图书馆学、情报学、档案学这三个拥有悠久历史的二级学科，我们应深入挖掘其深厚的学术根源，凸显各自独特的学科特色与优势。同时，加强与相关行业的对接与互动，明确并坚守各自的学科规范与标准。这不仅是对学科历史的深刻尊重，更是对学科未来发展的高度负责。其次，对于那些在信息资源管理领域内崭露头角的新兴二级学科，我们应在传承传统学科精髓与核心价值的基础上，勇于探索新的学科方向与发展路径。这些新兴学科应敢于突破传统界限与束缚，积极与新兴行业进行深度融合与对接，通过与其他学科的交叉融合与协同创新，寻找学科发展的新增长点与突破口，并努力在学术界争取更多的话语权与影响力。最后，信息资源管理学科应通过持续深入的专业研究、高质量的人才培养输出以及对行业和社会的卓越贡献与影响力，重新确立并巩固自身的学科地位与影响力。这将使我们在信息时代的大潮中更加自信地引领学科的发展方向，为社会进步与发展贡献更多的智慧与力量。

（四）信息资源管理的崛起需筑牢核心能力与竞争之基

信息资源管理若想在学术之林中屹立不倒，其核心在于构建一套独特且难以被替代的核心能力与竞争力。这种核心能力并非仅仅停留在空洞的言辞上，而是切实体现在通过精准高效的管理手段，使信息资源实现价值的最大化增值，进而为各类机构的管理优化、科学决策与长远发展提供坚实有力的支撑。信息资源管理学科不应仅仅满足于被贴上"软学科"的标签，而应积极致力于构建一个全新的、坚实的学科理论、方法和技术体系。这个体系既要充分彰显其深厚的学术价值，在教育教学领域发挥重要作用，培养出高素质的信息资源管理人才；同时也要凸显其广泛的实用价值，通过深入行业实践，塑造和推动行业的创新发展。为了实现将信息资源管理塑造为一门备受社会认可与尊敬的"硬学科"这一宏伟目标，我们需要学界与业界的紧密合作，共同投入智慧和努力。本学科的师生们应携手并进，将理论教学与实践创新深度融合，相互促进，形成一个良性循环。只有这样，我们才能不断淬炼和提升信息资源管理的核心能力，确保其在激烈的学术竞争中始终保持领先地位，立于不败之地。

（五）信息资源管理引领行业创新发展的核心动力

在行业和业界的视角下，信息资源管理或许时常被视为一个相对抽象、不易触及的概念。然而，作为一门一级学科，其真正的价值和意义在于促进并推动各个二级学科之间的深度互动与有机融合。这种二级学科内部及其与行业之间的紧密联系，构成了信息资源管理学科不断发展的坚实基础与强大动力。一级学科的设立，并不意味着对二级学科所服务的行业产生削弱或空心化的影响。相反，它更像是一股强劲的改造和强化力量，为这些行业带来新的发展机遇和提升空间。一级学科作为顶层设计，为二级学科提供了清晰明确的发展方向和框架体系，而二级学科则在这一设计的指引下，成为支撑和推动整个学科体系发展的坚实基石。在一级学科的宏观指导和引领下，二级学科之间的交叉融合将变得更加顺畅和高效。它们将共同探索新的学术领域，开创新的实践模式，为信息资源管理学科的发展注入新的活力和动力。这种互动和融合不仅有助于学科自身的不断完善和提升，更将对二级学科所对应的相关行业产生积极的推动作用，为行业的创新发展注入新的活力和灵感。

因此，信息资源管理不仅是学科建设的核心和灵魂，更是引领行业创新发展的关键动力和源泉。通过不断推动学科与行业的深度融合与发展，我们可以共同构建一个充满活力、富有创新精神的信息资源管理学科与实践的良好生态。这将为行业的持续发展和社会的全面进步提供有力的支撑和保障。

综上所述，随着时代的不断演进和知识的日益积累，如果说二十多年前我们曾满腔热情地呼吁社会各界关注"文献信息管理学"这一学科领域，那么在当今这个信息爆炸的时代，我们更应该坚定不移地为信息资源管理这一学科的蓬勃发展"摇旗呐喊"。追溯信息资源管理的学科根源，我们可以发现它源自图书情报与档案管理这一传统学科领域，曾经作为其中的一个细分领域，信息资源管理在不断发展壮大后，如今已经独立成为一级学科，并承担起更加重要的学术责任和社会使命。因此，我们必须加大对信息资源管理作为一级学科的全面认知与研究力度，深入探索其丰富的概念与内涵、深远的意义与价值、清晰的范畴与边界、科学的方法与技术、系统的学科与理论、广泛的应用与成效以及前瞻的规划与未来。这一系列的探索与研究工作，不仅是为了推动信息资源管理学科实现从名义性到实质性的根本性转变，更是为了加强其学科建设，扩大其在学术界和社会中的影响力，使其成为一个备受瞩目的新兴学科。通过持续的学科建设，我们可以培养出更多符合社会需求、具备专业素养的信息资源管理专业人才，为相关行业带来更加深远的影响，作出更为卓越的贡献。同时，这种学科与行业之间的互动与反哺机制，将进一步巩固信息资源管理学科的根基，促进学科与行业的良性互动与共同发展。我们相信，在不久的将来，信息资源管理学科将以其独特的魅力和强大的实力，引领相关领域走向更加辉煌的未来。

第四节 会计档案在档案体系中占据重要地位

会计档案是指会计凭证、会计账簿和财务报告等会计核算专业资料,是记录和反映企事业单位经济业务发生情况的重要史料和证据,属于单位的重要经济档案,也是国家档案的重要组成部分。这些档案不仅记录了一个单位的经济活动,还能反映其是否遵守财经纪律,有无弄虚作假、违法乱纪等行为。同时,会计档案还可以为国家、单位提供详尽的经济资料,为国家制定宏观经济政策及单位制定经营决策提供参考。

会计档案在档案中的地位非常重要,它不仅是国家档案的重要组成部分,也是单位档案的核心内容。同时,法律法规的明确要求以及会计档案自身的特点都进一步巩固了其在档案体系中的重要地位。会计档案具有专业性、广泛性、严密性等特点,这些特点使得会计档案在记录和反映经济活动方面具有独特的优势和作用。

一、会计档案特点

(一)专业性

会计档案是通过会计核算这种特有的专业手段完成的,以数字记录和反映企事业单位的经济活动。会计凭证、账册和报表等具有特定的格式及要求,反映了经济业务和财务收支的详细情况。会计档案的内容需要遵循会计法规和会计制度的规定,确保会计信息的真实性、完整性和准确性。例如,会计凭证必须附有原始凭证,会计账簿必须按照规定的格式和内容进行登记,财务报告必须按照会计准则进行编制等。会计档案的管理也具有相应的专业要求,包括档案的收集、整理、保管、利用和鉴定销毁等各个环节,都需要遵循相关的档案管理规定和标准。同时,会计档案的装订和保管也有相应的专业要求,如使用符合规定的装订材料和保管条件等。

（二）广泛性

会计档案是一种普遍存在的专门档案，其形成范围非常广泛。无论是国家机关、社会团体、企事业单位，还是按规定应当建账的个体工商户和其他组织，只要它们具备独立会计核算的功能，都会产生会计档案。会计档案不仅存在于传统的工业、商业、财政、税务等领域，还随着经济的发展和社会的进步，逐渐渗透到社会生活的各个方面，这使得会计档案成为反映社会经济活动的重要载体。会计档案是对单位经济活动进行完整、连续、系统的记录和计算的产物。它涵盖了单位经济活动的各个方面，包括资金筹集、运用、耗费、收入和分配等全过程。这种全面性使得会计档案成为了解单位经济活动状况的重要窗口。会计档案不仅记录了单位的经济活动结果（如财务报表），还记录了经济活动的具体过程和细节（如会计凭证和账簿）。这种多维度反映使得会计档案具有更高的信息价值和利用价值。

（三）严密性

会计档案的形成过程是一个环环相扣、联系紧密的过程。从原始凭证的取得、审核、编制记账凭证，到登记账簿、编制报表，每一个环节都紧密相连，缺一不可。这种严密性确保了会计信息的真实性和完整性。会计档案中的数字是经济活动结果的量化表现，必须准确无误。任何数字的错误或遗漏都可能导致会计信息的失真或误导，进而影响决策的正确性。在涉及经济纠纷或法律诉讼时，会计档案可以作为重要的证据材料使用，其严密性体现在法律效力的确认和证据的真实可靠性上。

二、会计档案分类

（一）会计凭证

会计凭证是会计核算的基础，其种类多样，主要包括以下几种。

（1）原始凭证：也被称作业务单据，涵盖了诸如收据、发票、支票以及存款单等多种类型。这些凭证作为经济业务实际发生情况的直接体现，构成了会计核算不可或缺的原始依据。根据来源的不同，原始凭证可以进一步划分为外来原始凭证和自制原始凭证两大类。外来原始凭证指的是从其他单位或个人处直接获取的原始凭证，如采购过程中收到的增值税专用发票，或是银行转来的各类结算凭证等。而自制原始凭证，则是由本单位内部经办业务的部门或个人，在执行或完成某项经济业务时自行填制的，仅供本单位内部使用的原始凭证，诸如领料单、产品出入库单等。

（2）转账凭证：用于将一笔业务的借方和贷方分别记录在两个不同的账户中，反映资金在不同账户之间的转移情况。转账凭证是用来记录不涉及现金和银行存款收付的各项经济业务的记账凭证。在企业的会计工作中，当发生除现金和银行存款收付以外的经济业务时，如生产车间领用原材料、应收账款的增加等，会计人员会根据相关的原始凭证编制转账凭证，以反映这些经济业务的发生和变化。

（3）记账凭证：用于记录某一笔业务的借方和贷方，通常包括会计科目、金额、日期等信息。记账凭证是根据原始凭证填制的，是会计核算的基础和核心。记账凭证是记录经济业务、明确经济责任，并作为记账依据的书面证明，是会计业务流程中不可缺失的重要环节，是会计记录的有效性及真实性、准确性和可证明性的有力证据。

（4）汇总凭证：又称原始凭证汇总表，是指根据许多同类性质的原始凭证汇总起来而编制的凭证。这种凭证可以简化烦琐的记录过程，提高会计核算的效率。通过汇总凭证，会计人员可以集中处理某一类经济业务，使得账务处理更加条理清晰。同时，汇总凭证提供了某类经济业务的总量指标，有助于会计人员了解企业经济活动的某个侧面。

（5）调整凭证：用于纠正账务错误或调整账务，如计提折旧、调整预收账款等。这些凭证通常用于更正账目错误、调整账务不平衡或反映未记录的经济业务。调整凭证可能涉及修改、删除或新增凭证，以确保会计信息的真实性和准确性。一般来说，调整凭证建议在月末进行装订，以确保所有的调整凭证都已经完成并经过审核。这样做有助于对整个月的财务状况进行汇总和分析。同时，企业需要建立完善的会计档案管理制度，确保调整凭证等会计档案的安全、完整和可追溯性。

（6）结转凭证：在会计核算过程中，为了记录企业在结转成本、支出、收入、利润等方面的会计处理过程而填制的凭证。它是会计处理的一个重要内容，通常在会计期末进行，涉及成本、支出、销售收入、本年利润等多个方面的结转。结转凭证通过编制记账凭证、汇总、平行登记总账和明细账等具体的会计业务来完成，以确保会计信息的准确性和完整性。结转凭证提供了详细的财务数据，支持企业进行财务分析，如成本分析、收入分析等。同时，它也为预算控制提供了基础数据，有助于企业制定合理的预算计划并监控执行情况。

（7）其他凭证：收入凭证、支出凭证、借贷凭证、结存凭证等。这些凭证分别用于记录企业的收入、支出、借贷情况以及资产和负债的变动情况。

（二）会计账簿

会计账簿是由具有一定格式而又互相联系的账页所组成，用以全面、系统、连续记录各项经济业务的簿籍，是编制财务报表的依据，也是保存会计资料的重要工具。会计账簿的种类可以根据不同的分类方式进行划分，在企业的会计工作中，常见的有以下几种。

1. 按用途分类

（1）序时账簿：又称日记账，是按照经济业务发生时间的先后顺序逐日、逐笔登记的账簿。它详细记录了企业每一项经济业务的发生时间、内容、金额等详细信息，是反映企业经济活动连续性和系统性的重要工具。常见的序时账簿包括现金日记账和银行存款日记账。

（2）分类账簿：是一种特殊的账簿形式，其核心功能是对企业发生的全部经济业务，依据会计科目的不同，进行分类并分别进行登记。这种账簿的设计和使用，极大地便利了企业对经济业务的细致管理和核算。分类账簿还可以细分为总分类账簿和明细分类账簿两种类型。总分类账簿，通常也被称为总分类账或总账，它是基于总分类科目来开设账户的。这种账簿的主要作用是登记企业发生的全部经济业务，进行总分类的核算，并提供概括性的核算资料。通过总分类账簿，企业可以宏观地了解和掌握自身的经济状况和运营成果。而明细分类账簿，也被简称为明细账，它是基于明细分类账户来开设的。这种账簿的主要功能是详细登记某一类经济业务的具体情况，并提供详细的核算资料。通过明细分类账簿，企业可以更加深入地了解和掌握某一类经济业务的详细情况和变动趋势，为企业的决策提供更为精准的数据支持。

（3）备查账簿：也称辅助账簿，是指对某些在序时账簿（如日记账）和分类账簿（如总账和明细账）中未能记载或记载不全的经济业务进行补充登记的账簿。它作为会计账簿体系中的辅助性账簿，主要起补充和说明作用，为经营管理提供必要的参考资料。备查账簿的种类繁多，根据企业的实际需要和管理要求进行设置。常见的备查账簿包括应收账款备查簿、应收票据备查簿、分期收款发出商品备查簿、受托加工来料备查簿、代管商品备查簿、在用低值易耗品备查簿等。对于需要特别关注的经济业务事项，如大额应收款项、长期未结清的应收票据等，备查账簿提供了详细的记录，便于企业进行监督和跟踪。企业在设置备查账簿时，应根据国家统一会计制度的要求，结合管理需要和填报会计报表附注的需要进行规范设置。设置内容应科学、完整，设置格式应简洁、明了。在登记管理上，应建立相应的责任制度，明确何时登记、谁登记、谁保管、谁配合、谁检查等事项，做到责任分明。

2.按账页格式分类

（1）三栏式账簿：设有借方、贷方和余额三个基本栏目的账簿。

（2）多栏式账簿：在账页上设置多个栏目，用于登记同一类经济业务的增减变动情况的账簿。

（3）数量金额式账簿：在账页中设有借方、贷方、数量和金额四个栏目，用于登记需要同时反映数量和金额的经济业务。

3.按外形特征分类

（1）订本式账簿：是一种在启用前就将若干账页按顺序编号并牢固装订成册的账簿形式。这种账簿的设计特点是账页固定不变、不能随意增加或减少，这样的结构既能够有效防止账页的意外散失，也能够避免账页被恶意抽换，因此，订本式账簿在保障会计信息的完整性和安全性方面展现出了显著的优势。订本式账簿因其独特的结构和特性，通常被应用于那些具有统领性、重要性，且按照规定只应该或只需要由一个人进行登记的账簿，如总分类账、现金日记账以及银行存款日记账等。这些账簿记录了企业经济活动的核心信息，因此，对它们的安全性和完整性有着极高的要求。由于订本式账簿的账页是固定且按顺序编号的，因此它能够清晰地反映出经济业务的连续发生过程，这对于保证会计信息的连续性和可追溯性至关重要。同时，订本式账簿通过将账页固定装订成册，有效地防止了账页的散失和抽换，进一步确保了会计信息的安全性。这种特性对于防止会计信息被篡改或伪造具有极其重要的意义，它为企业提供了一个可靠且安全的会计记录环境，有助于维护企业的经济秩序和财务稳定。

（2）活页式账簿：是指将一定数量的账页置于活页夹内，账页可以随时取出和增加，并且账页在启用前没有编写页码，在使用过程中由记账人员按顺序摆放，拴扎成册的账簿。活页式账簿最大的特点是灵活性高。当经济业务增加，需要更多账页时，可以随时添加；而当某些账页不再需要时，也可以方便地抽出，从而避免了账簿的浪费。由于账页可以灵活增减，活页式账簿特别适用于需要分工记账的情况。不同的会计人员可以负责不同的账页，从而提高记账效率。由于活页式账簿的账页可以随意取出和增加，因此必须加强对账页的管理，防止账页散失或被抽换。在使用过程中，应采取对空白账页进行连续编号并在账页上加盖相关人员印章等安全防范措施，确保账簿的安全性和完整性。

（3）卡片式账簿：卡片式账簿是将分散的卡片作为账页组成的账簿，如固定资产登记卡、低值易耗品登记卡等。这些卡片通常具有一定的格式和内容，用于记录特定的经济业务或资产信息。使用时应将卡片连续编号，以便于管理和查找。当卡片上的信息记录完毕后，可以将其存放在专设的卡片箱中保存。在填写卡片时应遵循一定的规范和要求，确保信息的准确性和可读性。例如，使用统一的字体、字号和格式等。在记录经济业务或资产信息时，应确保卡片的完整性。不要遗漏任何重要信息或细节，以免影响后续的管理和分析工作。由于卡片式账簿的账页容易散失和被抽换，因此在使用时应注意加强安全性措施。例如，在卡片上连续编号、定期核对卡片数量等。

（三）财务会计报告

在企业的会计工作中，财务会计报告作为企业向相关使用者传递关于企业财务状况、经营成果以及现金流量等核心会计信息的重要书面文件，它不仅承载着翔实的财务数据，还深刻反映了企业管理层对其责任的履行实况。这份报告可以根据不同的分类维度进行细致的划分，每一种分类方式都对应着一系列具体的报告种类，从而满足不同使用者对会计信息的多样化需求。在常见的分类方式中，我们可以根据报告的时间范围将其划分为年度财务会计报告、半年度财务会计报告以及季度财务会计报告等，这些不同时间跨度的报告为使用者提供了企业不同时间段内的财务状况和经营成果。此外，根据报告的内容侧重点，财务会计报告还可以细分为资产负债表、利润表、现金流量表以及所有者权益变动表等，每一种报表都从不同角度全面揭示了企业的财务状况和经营实绩。不仅如此，财务会计报告还可以根据编制主体进行分类，如个别会计报表和合并会计报表，这样的分类有助于使用者了解单个企业或集团整体的财务状况。同时，按照服务对象的不同，财务会计报告也可以区分为对外会计报表和对内会计报表，前者主要满足外部投资者、债权人等的需求，后者则更多服务于企业内部管理层和决策层。

1. 按编报时间的长短分类

（1）中期财务会计报告：简称中期财务报告，是以短于一个完整的会计年度报告期间为基础所编制的财务报告。这个"中期"的概念，涵盖了诸如月度财务报告、季度财务报告、半年度财务报告，以及从年初至本中期末的财务报告等多种时间段。中期财务报告的编制内容，至少需要包含资产负债表、利润表、现金流量表以及附注等关键组成部分，以确保报告的全面性和详尽性。在编制中期财务报告时，报告中的会计要素确认和计量原则应与年度财务报告所采用的原则相一致，以确保财务数据的一致性和可比性。这意味着，中期财务报告应以年初至本中期末为基础进行编制，确保数据的连贯性和准确性。根据《企业会计准则》的相关规定，企业在编制中期财务报告时，不得随意变更会计政策，以确保报告的稳定性和可靠性。对于季节性、周期性或偶然性收入，以及不均匀发生的费用，企业应在中期财务报告中予以确认和计量，而不得进行预计或递延处理。这一规定目的是确保中期财务报告能够真实、准确地反映企业在中期内的财务状况和经营成果，为投资者和其他利益相关者提供有价值的信息。

（2）年度财务会计报告：是一份全面展现企业在整个会计年度内财务状况、经营成果以及现金流量状况的报告。这份报告作为综合反映企业全年财务运营状况的关键文件，其编制和披露对于企业内部管理层和外部利益相关者而言都具有极其重要的意义。年度财务会计报告的内容构成相当丰富，主要包括会计报表、会计报表附注以及财务情况说明书等多个部分。其中，会计报表是报告的核心内容，至少应当涵盖资产负债表、利润表、现金流量表及相关附表，以确保报告的全面性和详尽性。资产负债表作为会计报表的重要组成部分，能够清晰地反映出企业在某一特定日期，如会计年度末的财务状况，包括企业的资产、负债以及所有者权益等关键信息。利润表则详细解释企业在一定会计期间内的经营成果，如收入、成本和利润等，为评估企业的盈利能力提供重要依据。而现金流量表则揭示企业在一定会计期间内现金和现金等价物的流入和流出情况，对于评估企业的现金流动性和资金运营状况具有重要意义。会计报表附注对会计报表中的关键项目进行详细解释和补充，提供更多关于企业财务状况和经营成果的背景信息。而财务情况说明书则对企业的财务状况、经营成果和现金流量进行全面、系统的分析和解释，帮助使用者更好地理解和评估企业的财务状况和经营绩效。

对于上市公司而言，其年度财务会计报告的编制和披露要求更为严格。除包含上述内容外，上市公司的年度财务会计报告还需包括注册会计师出具的审计报告。这份审计报告对上市公司的财务报告进行独立、客观的审计和评估，为其财务报告的真实性和准确性提供重要保障。同时，审计报告还能够揭示上市公司在财务报告编制和披露过程中存在的问题和风险，为投资者和其他利益相关者提供更为全面、准确的信息。

2. 按报送对象分类

（1）对外财务会计报告：是企业对外提供的，目的是全面、系统、连续地反映企业在一定时期内的财务状况、经营成果和现金流量等会计信息的书面报告。它主要包括会计报表、会计报表附注和财务情况说明书等部分。其中，会计报表是财务会计报告的主体和核心，能够直接反映企业的财务状况、经营成果和现金流量；会计报表附注则对会计报表起到解释说明的作用，有助于报表使用者更好地理解会计信息；财务情况说明书则是对企业一定时期内的财务、成本等情况的分析总结，为报表使用者提供更全面的信息支持。

（2）对内财务会计报告：对内财务会计报告可以视为企业内部管理所需的、用于评估企业运营状况、制定经营决策和监控内部绩效的财务报告。这些报告可能包括但不限于内部管理报表、成本分析报告、预算执行情况报告、部门业绩报告等。这些报告通常基于企业的会计账簿记录和有关资料编制，但可能更加注重于满足企业内部管理的特定需求。需要注意的是，对内财务会计报告的具体内容和格式可能因企业的行业特点、管理需求和内部规章制度而异。因此，在实际应用中，企业应根据自身情况灵活设计和编制对内财务会计报告。

3. 按编报主体分类

（1）单位财务会计报告：指由企业在自身会计核算的基础上，对账簿记录进行加工而编制的，反映单一企业本身的财务状况、经营成果及现金流量的财务会计报告。

（2）合并财务会计报告：指根据企业所属单位或者企业集团所控制的成员企业报送的报告，连同本单位的财务报告汇总编制的，全面反映企业集团的财务状况、经营成果和现金流量的财务会计报告。

（3）汇总财务会计报告：指由上级主管部门或总公司将所属单位或子公司的财务会计报告汇总编制的报告，主要用于反映整个系统或集团的财务状况和经营成果。

4. 按报告内容分类

（1）会计报表：如资产负债表、利润表、现金流量表、所有者权益变动表等，用于反映企业的财务状况、经营成果和现金流量等信息。

（2）会计报表附注：用于对会计报表中的某些重要事项进行补充说明，以便报

表使用者更好地理解会计报表的内容。

（3）财务情况说明书：包括企业生产经营的基本情况、利润实现和分配情况、资金增减和周转情况以及对企业财务状况、经营成果和现金流量有重大影响的其他事项。

（四）其他会计资料

其他会计资料：是一个综合性的范畴，它涵盖了多种重要的财务文件与记录。具体来说，这一类别包括了银行存款余额调节表、银行对账单、纳税申报表等日常财务操作所必需的文件。此外，会计档案移交清册、会计档案保管清册以及会计档案销毁清册等，也都在此列。这些清册详细记录了会计档案的流转、保管和销毁情况，对于确保会计信息的准确性和完整性至关重要。会计档案鉴定意见书，作为对会计档案价值的专业评估，同样属于这一类别。除了上述文件，任何具有保存价值的会计资料，都应被归入"其他会计资料"之中。

随着信息技术的快速发展，会计档案的形式也在不断更新。如今，通过计算机等电子设备形成、传输和存储的电子会计档案，已成为会计资料的重要组成部分。这些电子档案以其便捷、高效的特点，在现代财务管理中发挥着越来越重要的作用。为了加强会计档案管理，确保会计信息的真实、完整、可用和安全，国家制定了《会计档案管理办法》（2016年1月1日起施行）。《会计档案管理办法》明确了财政部和国家档案局在全国会计档案工作中的主导地位，共同负责制定统一的会计档案工作制度，并对全国会计档案工作实行全面的监督和指导。对于各单位而言，加强会计档案管理工作是义不容辞的责任。这要求各单位必须建立和完善会计档案的收集、整理、保管、利用和鉴定销毁等管理制度，确保会计档案的每一步操作都有章可循、有据可查。同时，各单位还应采取可靠的安全防护技术和措施，以应对可能的信息泄露、数据丢失等风险。通过这些措施的实施，我们可以更有效地保护和利用会计档案，为企业的稳健发展和国家的经济建设提供有力的信息支撑。

第五节 会计档案数字化及其重要意义

会计档案数字化是指将传统的纸质会计档案转化为电子形式的过程，这一过程借助了计算机技术和信息技术手段，以实现会计档案的电子化、智能化管理。随着信息技术的飞速发展和会计制度的不断改革，传统的纸质会计档案管理方式逐渐暴露出诸多弊端，如占用空间大、维护成本高、调阅查找速度慢、检索效率低等。同时，纸质档案还容易受到自然或人为因素的破坏，导致信息丢失或损坏。因此，会计档案数字化成了现代会计工作的必然趋势。

一、会计档案数字化与档案数字化的关系

会计档案数字化是档案数字化在会计领域的具体应用。档案数字化是一个广泛的概念，它指的是将各种载体的档案资源转化为数字化的档案信息，以数字化的形式存储、网络化的形式互相连接、利用计算机系统进行管理。会计档案作为档案的一种类型，其数字化过程也遵循这一基本框架。两者都依赖于计算机技术、扫描技术、OCR 技术、数据库技术、多媒体技术等现代信息技术手段，将传统的纸质档案转化为数字档案。

会计档案数字化专注于会计领域的档案管理，主要涉及会计凭证、账簿、报表等会计资料的数字化处理。而档案数字化则是一个更广泛的概念，它涵盖了企业、机关、团体等各个领域的档案管理，包括但不限于会计档案。会计档案数字化除了遵循档案数字化的基本规范外，还需要满足会计工作的特定要求。例如，会计档案需要保持其原始性、完整性和准确性，因此在数字化过程中需要特别注意数据的安全性和可靠性。会计档案数字化需要遵循国家关于会计档案管理的相关法律法规和规章制度，如《中华人民共和国会计法》《会计档案管理办法》等。而档案数字化则需要遵循更广泛的档案管理规范。

无论是会计档案数字化还是档案数字化，其目的都是提高档案管理效率、降低

成本、增强信息安全性、便于共享和协作以及加强数据分析能力。这些目的和意义在两者之间具有共通性。

二、会计档案数字化的必要性

会计档案数字化在提高工作效率、降低成本、提高信息安全性、便于共享和协作、加强数据分析能力以及满足政策合规要求等方面具有显著优势。因此，推进会计档案数字化建设是企业现代化管理和会计工作发展的必然趋势。

（一）提高工作效率

传统的纸质会计档案需要手动整理、存储和检索，这一过程耗费大量的时间和人力资源。而数字化档案则可以通过电子系统进行自动化管理，大大地提高工作效率。会计人员可以更快速地查找和处理信息，减少烦琐的手工操作，从而有更多时间用于核算和分析，进一步提升整体工作效率。

（二）降低成本

纸质档案需要大量的物理空间来存储，还需要购买文件柜、文件夹等办公用品，这些成本随着档案数量的增加而不断上升。数字化档案则只需要相对较小的存储空间，并且可以通过云存储等方式进行备份和共享，大大地节省了办公空间和相关设备的成本。同时，数字化档案可以减少纸张和印刷材料的消耗，从而进一步降低企业的运营成本。

（三）提高信息安全性

纸质档案容易受到灾害（如火灾、水灾）、盗窃等因素的影响，一旦遭受损失，很难恢复。而数字化档案可以通过加密、权限控制等技术手段保护信息的安全性。此外，数字化档案还可以进行定期备份，即使出现数据丢失或损坏的情况，也可以通过备份数据进行恢复，确保会计信息的完整性和安全性。

（四）便于共享和协作

数字化档案打破地域限制，可以通过网络进行共享和协作。会计人员可以远程访问和编辑档案，方便多人协同工作。此外，数字化档案还可以与其他系统进行集成，实现信息的自动传输和共享，提高工作效率和准确性。这种便捷性使得会计档案能够更好地服务于企业的整体运营和管理。

（五）加强数据分析能力

数字化档案为数据分析提供丰富的数据源。通过数据分析工具对数字化档案进行深度挖掘和分析，可以帮助会计人员发现潜在的业务问题和机会。通过对大量数据的分析，可以提供更准确的财务报告和预测，为企业的决策提供有力支持。这种数据分析能力是现代企业管理中不可或缺的一部分。

（六）满足政策合规要求

近年来，国家和地方政府出台了一系列关于会计档案管理的政策法规，明确了电子会计档案的法律地位和管理要求。例如，《会计档案管理办法》和《关于规范电子会计凭证报销入账归档的通知》等文件，为电子会计档案的应用提供了政策依据。企业推进会计档案数字化建设，有助于满足政策合规要求，降低合规风险。

三、会计档案数字化发展概况

随着信息技术的飞速发展，特别是大数据、人工智能、云计算等技术的广泛应用，会计档案数字化已成为不可逆转的趋势。这些技术不仅提高了会计档案的处理效率，还降低了存储和管理成本。电子会计档案以其高效、便捷、安全等优势逐渐取代了传统的纸质会计档案。企业纷纷采用电子化的方式存储和管理会计档案，实现了会计资料的全面数字化。

目前，市场上已经涌现出众多专业的电子会计档案管理系统和解决方案，如开灵科技、百望云等企业的产品。这些系统不仅实现了会计档案的全生命周期管理，还提供了便捷的检索、借阅、统计等功能，极大地提升了企业的财务管理效率。越来越多的企业开始采用这些系统来管理自己的会计档案，实现了会计工作的数字化转型和升级。

最重要的是，国家层面出台了一系列政策法规，为会计档案数字化提供了坚实的法律基础和政策支持。2015年财政部会同国家档案局修订了《会计档案管理办法》，首次提出了电子会计档案的管理要求，为电子会计档案的推广实施提供了法律保障。该办法明确了电子会计档案的定义、管理要求、保管期限等内容，为企业开展会计档案数字化工作提供了明确的指导。2020年财政部、国家档案局联合印发了《关于规范电子会计凭证报销入账归档的通知》（财会〔2020〕6号），从制度层面认可了电子会计凭证的有效性。该通知提出了电子会计凭证的报销入账归档要求，包括电子会计凭证的接收、传输、存储、查阅等环节的管理规定，为企业开展电子会计凭证的报销入账归档工作提供了具体指导。2024年第十四届全国人大常委会第十次会议表决通过了《关于修改〈中华人民共和国会计法〉的决定》，首次将会计信息化写入会计法。新会计法在第八条提出"国家加强会计信息化建设，鼓励依法采用现代信息技术开展会计工作"，为加快推进会计工作数字化转型提供了坚实的法律基础。

四、会计档案数字化的重大意义

随着信息技术的飞速发展，数字化已经成为信息处理和传递的主要方式，会计档案作为企业财务信息的重要组成部分，其数字化进程是推动企业全面数字化转型的关键一环。在档案数字化发展的整体框架中，会计档案数字化不仅是档案管理现代化的重要标志，也是企业实现财务管理智能化、提升工作效率和降低成本的必然选择。因此，会计档案数字化在档案数字化发展中占据举足轻重的地位。

数字化档案为数据分析提供了丰富的数据资源。通过数据分析工具对会计档案进行深度挖掘和分析，可以帮助会计人员发现潜在的业务问题和机会，提供更准确的财务报告和预测，为企业的决策提供有力支持。会计档案数字化不仅仅是技术上的革新，更是企业内部管理制度的一次深刻变革。它要求企业根据数字化档案的特点和管理需求，优化组织职责分工、业务流程和模式以及核算标准化等方面，从而推动企业内部管理制度的全面升级。

我国档案工作一直在倡导"存量数字化、增量电子化"的信息化战略。会计档案数字化作为这一战略的重要组成部分，对于落实国家政策要求、推动档案事业全面发展具有重要意义。

第二章　档案数字化及会计档案数字化研究

第一节　档案数字化国外研究现状

档案数字化在国外的研究现状已经相对成熟，不仅在技术上不断创新，而且在服务体系、内容资源等多个方面也有所发展。以下从技术层面、应用层面和具体案例三个方面进行说明。

一、技术层面

（一）数字化技术

国外在档案数字化方面采用了多种先进的技术手段，包括扫描技术、OCR 技术、数字摄影技术等，这些技术的应用大大提高了档案数字化的效率和准确性。

1. 扫描技术

国外扫描技术已经实现了非常高的扫描精度，能够满足各种高精度需求的应用场景。例如，在工业制造领域，高精度的三维扫描仪被广泛应用于逆向工程、质量检测等方面，精度可达到微米级甚至更高。随着硬件和算法的不断优化，扫描速度也得到了显著提升。高速扫描仪能够在短时间内完成大量数据的采集，提高了工作效率。除传统的二维扫描技术外，国外还发展了多种三维扫描技术，如激光扫描、结构光扫描、光栅扫描等。这些技术各有优缺点，适用于不同的应用场景和需求。

扫描技术在国外已经广泛应用于各个领域，包括工业设计、医疗保健、科学研究、航空航天、建筑工程等。这些领域对扫描技术的需求推动了该技术的不断发展和创新。

许多企业和机构都配备了先进的扫描设备，用于日常工作和研究。国外有许多知名的扫描设备厂商和品牌，如 Hexagon、Trimble Navigation、Faro Technologies 等。这些厂商在扫描技术领域积累了丰富的经验和技术储备，不断推出具有创新性和竞争力的产品。美国、英国和日本在扫描技术的发展方面均取得了显著成果。这些国家通过技术创新、市场应用和政策支持等措施，推动了扫描技术的快速发展和广泛应用。

2. OCR 技术

随着深度学习技术的广泛应用，OCR 的识别准确率得到了显著提升。现代 OCR 系统通过深度神经网络和大规模数据训练，能够更精准地识别各种字体、大小和风格的文字，甚至在复杂背景下也能实现较高的识别准确性。另外，OCR 技术在多语言处理方面也取得了重大突破。现代 OCR 系统不仅能够处理拉丁字母文字，还能识别中文、日文、韩文、阿拉伯文等多种语言文字，以及手写文字、印刷体、混合文字等，这大大扩展了 OCR 技术的应用范围。

随着计算能力的提升和算法的优化，OCR 技术更加注重实时识别能力，实现对图像信息的快速处理和分析。这使得 OCR 技术在移动支付、自动驾驶、实时翻译等领域的应用变得更加广泛和深入。OCR 技术正在与自然语言处理、计算机视觉等前沿技术深度融合，形成更为综合和高效的解决方案。例如，结合自然语言处理技术，OCR 系统可以对识别出的文本进行语义分析和情感分析，为决策提供更加有价值的信息。

国外有许多知名的 OCR 技术提供商和服务商，如 ABBYY、Adobe、Microsoft 等。这些厂商提供了多样化的 OCR 解决方案，能满足不同行业和用户的需求。OCR 技术在国外已经广泛应用于多个领域，包括文档管理、自动化办公、金融、医疗、物流等。例如，在金融领域，OCR 技术被应用于银行卡识别、票据识别等场景，大大提高了业务处理效率和准确性。美国、日本以及欧洲的一些国家在 OCR 技术的发展方面均取得了显著成果。这些国家通过技术创新、市场应用和政策支持等措施，推动了 OCR 技术的快速发展和广泛应用。

3. 数字摄影技术

数字摄影技术不断追求更高的分辨率和成像质量，以满足专业摄影和影像分析的需求。现代数码相机能够捕捉到更多的细节和色彩，使得图像更加清晰、逼真。传感器是数码相机的核心部件，其性能直接决定了相机的成像质量。国外在传感器技术方面取得了显著进展，不断推出新型传感器材料和设计，提高了相机的感光度和动态范围。随着计算机视觉和人工智能技术的发展，数字摄影的图像处理算法也在不断优化。这些算法能够自动校正图像畸变、去除噪点、增强色彩和对比度等，从而进一步提升图像的视觉效果。

数字摄影技术在专业摄影领域得到了广泛应用，包括新闻摄影、广告摄影、时尚摄影等。专业摄影师借助先进的数字相机和镜头，能够创作出高质量、富有创意的摄影作品。数字摄影技术也被广泛应用于影视制作领域。高清、4K、8K 的数字电影摄影机成为影视制作的标准设备，为观众带来了更加震撼的视觉体验。在科学研究领域，数字摄影技术被用于各种微观和宏观现象的观测和记录。例如，在生物学、物理学、天文学等领域，数码相机甚至能够捕捉到微小的细胞结构、复杂的物理现象以及遥远的宇宙景象。国外数字摄影技术市场上存在着众多知名品牌，如 Canon、Nikon、Sony 等。这些品牌通过不断推出新产品、提升产品质量和服务水平来争夺市场份额和消费者青睐。美国、日本和德国在数字摄影技术的发展方面均取得了显著成果，这些国家通过技术创新、产品创新和市场应用等手段，推动了数字摄影技术的不断进步和普及。

（二）数据处理与分析

国外研究机构还注重档案数据的处理与分析，通过大数据、云计算等技术手段，对数字化档案进行深度挖掘和分析，以发现其中的价值信息和规律。

1. 大数据技术

国外档案机构利用大数据技术广泛收集各类档案数据，包括结构化数据（如文本、数字）和非结构化数据（如图像、音频、视频）。通过建立统一的数据标准和格式，实现不同来源数据的整合，为后续处理与分析奠定基础。采用分布式存储系统（如 Hadoop、HDFS）和 NoSQL 数据库等技术，解决海量数据的存储问题。实施数据治理策略，确保数据质量、安全性和合规性。

在数据挖掘与分析方面，通过应用数据挖掘算法（如分类、聚类、关联规则挖掘等）发现档案数据中的隐藏模式和关联关系，利用机器学习技术（如支持向量机、神经网络）对档案数据进行智能分析和预测。在文本分析方面，针对大量文本档案，采用自然语言处理技术（NLP）进行文本分析，提取关键信息、主题和情感倾向，并能够实现档案内容的自动分类、摘要生成和索引编制。在可视化分析方面，利用数据可视化工具（如 Tableau、Power BI）将复杂的档案数据转化为直观的图表和图形，便于理解和决策。

在具体应用场景中,档案鉴定与分类环节通过应用机器学习模型,实现了对档案的自动鉴定和分类,这一做法极大地提高了鉴定的效率和准确性。同时,为了确保鉴定结果的可靠性,还会结合专家知识库和规则引擎进行辅助判断。在档案检索与利用方面,构建了智能检索系统,该系统支持模糊查询、全文检索以及跨库检索,显著提高了档案检索的便捷性和准确性。此外,通过利用数据关联分析技术,实现了档案之间的关联推荐和智能推送,进一步提升了档案利用的效率。至于档案编研与出版,则是基于大数据分析的结果,深入挖掘档案中的历史价值和研究热点,为档案编研提供有力的选题依据。同时,利用数字出版技术,实现了档案研究成果的快速传播和共享,有效扩大了档案的影响力。

美国、英国和日本在档案应用大数据技术方面均取得了显著成效。这些国家通过利用大数据技术进行档案深度挖掘和分析等方式,提高了档案资源的利用效率和价值。

2. 云计算技术

国外通过云计算技术手段对档案数据进行处理与分析已经取得了显著成效。美国、英国和日本等国家在这方面应用得比较好,具体体现在以下几个方面:首先,通过云计算平台提供的海量存储能力,档案数据能够集中存储在云端,实现了数据的统一管理和便捷访问。通过利用虚拟化技术,云计算平台能够动态地分配和扩展计算资源、存储资源和网络资源,有效满足档案数据处理与分析的多样化需求。其次,云计算平台还提供了丰富的数据处理和分析工具,可以对档案数据进行清洗、转换、挖掘等操作,从而提取出有价值的信息。这些工具还支持并行处理和分布式计算,显著提高了数据处理效率,缩短了分析周期。最后,在云计算技术的支持下,可以构建智能检索系统,实现模糊查询、全文检索和跨库检索等功能,极大提升了档案检索的便捷性和准确性。同时,通过可视化技术,可以将复杂的档案数据以图形、图表等形式直观展示,帮助用户快速理解数据背后的信息和趋势,为档案数据的深入分析和利用提供了有力支持。

(三)标准化与互操作性

为了实现档案数据的共享和互操作,国外在档案数字化过程中注重标准的制定和实施,包括数据格式标准、元数据标准等,以确保不同系统之间的数据能够无缝对接和共享。

1. 数据格式标准

国际标准化组织（ISO）和国际电工委员会（IEC）等国际机构在档案数字化标准制定中扮演重要角色。这些机构通过集中国际一流专家、广泛吸取各国最佳实践，制定了一系列高质量的标准。例如，ISO 制定的《ISO 15489 信息与文献——文件管理》等标准，被广泛应用于国际文件管理领域，成为国际排名前十的标准之一。同时，专业性的文件/档案组织，如国际档案理事会（ICA）、国际文件管理者联合会（ARMA）等，也积极参与档案数字化标准的制定工作。这些组织制定的标准通常具有很强的专业性和针对性。

各国在档案数字化标准的制定上，通常会结合国际标准和自身的实际需求，制定出适用于国家层面的具体规范。在这一进程中，美国国家档案与文件署（NARA）扮演着至关重要的角色。它不仅制定了多项关键标准，如涉及电子文件安全的《文件管理指南——公共密钥架构（PKI）特定管理文件》和《文件管理指南——PKI 数字签名真实、安全处理文件》，还积极参与了美国国家数字图书馆项目（NDLP），并与美国国会图书馆携手，共同研究音频及视频的数字化和存储技术。特别是在视频档案数字化方面，NARA 制定了一系列详细的规定，并采用了 MPEG 压缩编码等先进格式进行视频档案的数字化处理。截至目前，美国已经初步构建了一个基于文件生命周期理论的标准体系，该体系涵盖了与档案信息直接相关的 60 余项各类标准，并且其制定速度和规模仍在不断增长和扩大。这一体系全面覆盖了文件的整个生命周期，并广泛应用于民用和军用等多个领域。

与此同时，英国国家档案馆在其"数字化战略 2017"中也着重强调了标准规范建设的重要性。他们要求与其他相关机构紧密合作，共同建立起国家层面的政府数字连续性管理标准体系。这一体系对政府电子文件的产生、保管、发布、共享、处置和开放利用等全过程进行了统一规定，涵盖了数字格式标准、技术标准以及管理标准等多个方面。为了进一步规范数字文件的格式，英国国家档案馆还开发了 PRONOM 这一在线注册表，专门用于提供关于文件格式的技术信息。此外，英国还在积极探索文件格式标识、创建签名、验证和使用的新方法，以期扩大档案工作的覆盖面和范围，涵盖更多类型的档案。

在档案数字化标准的制定方面，澳大利亚国家档案馆（NAA）同样发挥了重要作用。他们颁布了数字化档案保存新标准，该标准严格遵循国际最佳实践，明确规定了数字化档案的技术要求。其主要目标是确保生成的数字复本能够作为原件的长期有效替代品，并有效减少实体档案的物理损坏。澳大利亚的标准还详细规定了不同类型档案的保存格式，例如非视听文件的保存格式统一为 TIFF，而 JPEG 和 PDF 文件格式则用于访问衍生产品。对于视听格式文件，虽然其保存标准因音频、视频、电影胶片的不同而有所差异，但都必须符合行业标准。为了确保标准的持续有效性和先进性，NAA 每年都会对数字保存标准进行审查，以确保其符合相关国家标准以及国际 GLAM（Gallery, Library, Archive and Museum）机构的标准。

2. 元数据标准

元数据标准的制定是一个系统而细致的过程。首先，进行需求分析，明确元数据在档案数字化过程中的具体需求，这包括全面描述数字档案的内容、结构、背景特征等关键方面，以确保元数据能够有效地支持数字档案的管理和利用。其次，基于这一需求分析，组织专家团队或委托专业机构着手制定元数据标准，这一制定过程可能涉及广泛借鉴国际标准、充分考虑国内实际情况以及积极吸纳利益相关方的意见和建议。制定完成后，元数据标准需要经过相关机构的严格审议和批准，随后正式发布，并通常会配套提供详尽的标准文档和使用指南，以便指导实施。最后，发布后的元数据标准需要制定具体的实施计划，积极推动其在档案数字化项目中的广泛应用，并通过培训、宣传等多种方式提高利益相关方对标准的认识和接受度，从而确保标准的有效实施和广泛应用。

国外在档案数字化过程中元数据标准的制定和实施方面积累了丰富的经验和技术手段。美国、英国和澳大利亚等国家在元数据标准的制定和实施方面表现出色，通过制定详细的标准、提供使用指南、推动标准普及和应用等方式提高了数字档案的可访问性和可管理性。美国档案界广泛采用 EAD（Encoded Archival Description）标准来描述档案和手稿资源。EAD 是基于 XML 的元数据标准，具有结构灵活、扩展性强等特点。EAD 标准在美国得到了广泛应用，许多大型档案馆和图书馆都采用了 EAD 来描述其数字档案资源。此外，美国还通过培训和宣传等方式推动 EAD 标准的普及和应用。英国国家档案馆在制定和实施元数据标准方面发挥了重要作用。该馆制定了一系列元数据标准，用于描述不同类型的数字档案资源。英国国家档案馆不仅制定了元数据标准，还通过项目实践和推广活动等方式推动这些标准的广泛应用。该馆在数字档案项目中积极采用元数据标准来描述和管理数字档案资源，提高了数字档案的可访问性和可管理性。澳大利亚国家档案馆制定了详细的元数据标准,用于指导数字档案的描述和管理。这些标准涵盖了数字档案的基本属性、技术信息等多个方面。澳大利亚国家档案馆通过培训和宣传等方式推动元数据标准的普及和应用。同时,该馆还建立了完善的数字档案管理系统,支持元数据的自动生成和批量处理等功能,提高了数字档案的管理效率和质量。

二、应用层面

(一)广泛的应用领域

档案数字化在国外具有广泛的应用领域,涉及政府机构、图书馆与档案馆、教育与科研、文化遗产保护、商业与法律服务等多个方面。随着技术的不断进步和应用场景的不断拓展,档案数字化势必会发挥更加重要的作用。

1. 政府机构

国外许多国家的政府机构已经建立了完善的档案数字化体系,将大量纸质档案转化为数字形式,以便于长期保存、高效管理和便捷利用。例如,美国国家档案与文件署(NARA)积极推动档案数字化工作,通过制定相关标准和政策,指导各级政府机构开展档案数字化项目。

2. 图书馆与档案馆

图书馆与档案馆是档案数字化应用的主要场所,拥有大量的历史文献和珍贵档案,通过数字化手段可以实现对这些资源的有效保护和广泛传播。国外许多著名的图书馆和档案馆,如英国国家档案馆、法国国家档案馆等,都开展了大规模的档案数字化项目,将馆藏资源数字化并对外开放访问。

3. 教育与科研

档案数字化为教育和科研领域提供了丰富的资源支持。数字化档案不仅便于研究者随时随地访问,还促进了跨学科的研究合作和知识共享。国外许多高校和研究机构都建立了专门的档案数字化平台或数据库,为学校师生和研究人员提供便捷的档案检索和利用服务。例如,JSTOR 是一个非营利性的学术期刊存储系统,涵盖了人文科学、社会科学、艺术和科学等多个领域的学术期刊和图书。与全球数千家图书馆、学术机构和出版商合作,收集了数百万篇学术论文和图书章节并将其数字化。同时,支持跨学科的学术资源访问,具有高级检索和浏览功能,方便用户查找和获取所需信息。ProQuest 是全球最大的学位论文数据库和学术资源提供商之一,收录了全球各地的学位论文、期刊文章、会议论文等。除档案数字化服务外，还提供电子书、报纸、视频等多种类型的信息资源，能满足不同用户的研究需求。拥有先进的检索系统和用户界面，具有多语言检索和个性化推荐功能，提升了用户体验。HathiTrust Digital Library 由多个北美研究图书馆共同创建和维护，目的是通过数字化手段保存和传播知识资源。拥有数百万册图书的数字化副本，涵盖历史、文学、科学等多个领域。部分资源对公众开放访问，具有文本搜索、下载等功能，促进了学术资源的共享和利用。Europeana 作为欧洲档案馆和图书馆联盟的数字化文化遗产平台，目的是将欧洲的文化遗产数字化并向公众免费开放。收录了大量的书籍、档案、照片、艺术品等数字资源，覆盖欧洲多个国家和地区。采用先进的数据挖掘和可视化技术，提升了用户体验和资源利用效率。

4. 文化遗产保护

档案数字化在文化遗产保护方面发挥着重要作用。通过数字化手段，可以实现对文化遗产的全面记录和永久保存，避免因自然灾害、人为破坏等因素导致的损失。同时，数字化档案还可以通过网络平台向全球公众展示和传播文化遗产信息，增强公众对文化遗产的认知和保护意识。美国的 Google Arts & Culture（GAC）作为全球最有影响力的数字文化平台之一，通过网站、手机 App 等平台进行多元呈现，致力于"上线全世界的文化艺术，带给每一个人"。它已收录了八十多个国家超过两千多家博物馆和艺术机构的逾六百万件艺术藏品，提供了极为丰富的文化遗产数字资源。GAC 利用包括 Google Vision AI、Gigapixel AI（超高像素处理）、Google AR Core、Google VR Cardboard 等技术，革新了线上观看和展览的技术与潮流，能为用户提供沉浸式的艺术体验。

5. 商业与法律服务

在商业和法律服务领域，档案数字化也具有广泛的应用价值。数字化档案可以为企业提供便捷的文档管理和检索服务，提高工作效率和准确性。同时，在法律服务中，数字化档案可以作为电子证据使用，为法律诉讼和仲裁提供支持。美国作为数字化技术的先驱之一，在档案数字化及其在商业与法律服务领域的应用方面表现尤为突出。在商业领域，美国企业充分利用数字化档案进行信息检索与利用，通过高级搜索功能快速找到所需信息，从而提高工作效率和决策质量，支持企业的日常运营和战略规划。同时，数字化档案也为企业提供了便捷的知识产权管理和保护手段，确保专利、商标等知识产权文档的安全性和完整性。此外，通过对数字化档案中的商业数据进行分析和挖掘，企业可以获取有价值的商业洞察，支持市场预测、客户行为分析等决策过程。在法律服务领域，美国的法律服务平台利用人工智能技术提供在线法律咨询和智能问答服务，能通过自然语言处理技术理解用户的法律问题并给出相应建议。数字化档案在电子合同和诉讼过程中也发挥着重要作用，可以确保合同的合法性和有效性，并为诉讼提供重要的法律依据。此外，美国的司法系统还利用大数据技术对司法数据进行深入分析和挖掘，为法官和律师提供智能化的判决支持和法律研究参考，推动司法领域的现代化和智能化发展。

（二）数字化平台与资源建设

国外许多档案馆和图书馆都建立了自己的数字化平台，其中美国、英国和澳大利亚在档案馆和图书馆数字化平台建设方面表现突出，通过技术创新和资源整合等手段，实现了档案和图书资源的数字化、网络化和便捷化访问。

美国在数字化档案馆建设方面起步较早，早在20世纪50年代就开始尝试用计算机管理档案，60年代建立维护档案信息数据库，70年代开始在国家级的档案馆应用档案自动化系统。NARA在数字化档案馆建设中扮演了重要角色，其电子档案馆项目目的是向公众提供联邦政府最重要的档案资料，并通过数字化手段实现了对档案的长期保存和便捷访问。NARA利用智能搜索引擎和数据管理系统，提高了档案的检索效率和易用性。此外，NARA还与其他机构合作，共同推进档案数字化工作，如与加州大学伯克利分校合作开展的"伯克利检索工具研究项目"和"加利福尼亚遗产数字图像访问工程"。美国在数字图书馆建设方面也取得了显著成果，如美国国会图书馆开展的"美国记忆项目"，将馆藏图书数字化并在网络上发布供用户访问。该项目为数字图书馆的建设提供了宝贵经验，并推动了全球数字图书馆的发展。

英国档案信息资源整合门户网站对多所高校档案信息资源进行整合，以数据库和检索工具为支撑，为高校教学研究以及公众档案查询提供便捷服务。英国国家档案馆的数字化平台在档案管理领域树立了典范，该平台将档案馆的海量文献数字化存储，并通过智能搜索引擎和高效的数据管理系统，实现快速检索和共享。英国公共档案馆还注重人文服务，如与国家统计局联合设立了"家庭档案中心"，为公众提供家庭历史咨询服务。英国图书馆在数字化建设中注重资源的丰富性和多样性，通过采购电子书籍、数据库等资源，为读者提供便捷的数字化阅读体验。英国图书馆同样注重技术创新，如利用虚拟现实（VR）、增强现实（AR）等技术提升读者的阅读体验和服务质量。

澳大利亚国家档案馆成功创建了数字档案馆（SODA），这一创新平台使得广大民众能够便捷地通过网络渠道获取到最新的数字化档案资源。这些精心挑选的档案源自档案馆的全面馆藏，每一份都经过了细致的扫描处理，并被上传至 SODA 网站，以供公众在线查阅。值得一提的是，SODA 网站的数据内容保持着每日更新的频率，及时发布澳大利亚国家档案馆收集并保存的、在过去 24 小时内完成数字化的各类档案记录。这些珍贵的数字化档案涵盖了丰富多样的历史资料，其中包括具有历史价值的照片、详尽的军人服役记录、移民和入籍申请的相关文件、承载历史记忆的重要文件以及乘客名单等宝贵信息。通过这样的数字化方式，澳大利亚国家档案馆极大地拓宽了民众接触和利用这些档案资源的途径。不仅如此，SODA 平台还提供了便捷的分享功能，使得利用者们能够轻松地在各大社交媒体平台（如推特、脸书等）上分享这些数字档案，与更多的人共享历史的魅力。同时，用户还可以通过电子邮件将感兴趣的档案发送给他人，或者根据需要进行打印，甚至导出为 PDF 文件，以便进行更为深入的研究和保存。这些贴心的功能设计，无疑进一步提升了数字档案馆的实用性和用户友好度。

（三）国际合作与交流

在档案数字化领域，国外还注重国际合作与交流，通过共享数字化档案资源和经验，推动全球档案数字化事业的发展。在荷兰与苏里南的档案合作项目中，两国通过视频会议签署谅解备忘录，就历史档案的保存、数字化和在线利用达成重要协议。这一合作不仅推动了档案资源的共享与高效利用，还进一步加深了两国在档案领域的友好关系。另外，美国伊沃犹太研究所与立陶宛通过数字化项目成功解决了长期存在的档案权属争议。伊沃犹太研究所启动了大规模的在线收藏项目，对数百万页档案资料进行了数字化整合，并实现在线开放访问，这一举措暂时缓和了与立陶宛之间的档案纷争。

三、具体案例

（一）美国国家档案馆

美国国家档案馆（National Archives of the United States）是美国保管联邦政府档

案文件的机构，其建设历程体现了美国对档案保存和利用的高度重视。美国国家档案馆的建立可追溯至 1934 年 6 月 19 日，这一天，罗斯福总统签署了《国家档案馆法令》，从而正式创立了这一机构。在成立之初，它隶属于美国总务管理局，作为其下属部门运作。然而，随着时间的推移和机构的发展，美国国家档案馆于 1985 年 4 月 1 日迎来了一个重要的转折点，它正式脱离了总务管理局，成了一个独立的机构。这一转变不仅体现了档案馆在国家机构中的重要地位，也为其未来的发展奠定了坚实的基础。档案馆的馆长由总统亲自任命，这一任命机制进一步凸显了其在国家层面的重要性和影响力。美国国家档案馆的体系庞大而复杂，它包括了多个重要的组成部分。其中，华盛顿哥伦比亚特区老馆和马里兰新馆是两大核心设施。老馆位于华盛顿的核心区域，以其独特的历史和文化价值成了华盛顿市区最具代表性的建筑之一。而新馆则坐落在马里兰大学内，占地面积广阔，建筑面积达到了约 15 万平方米，为档案馆提供了充足的存储和研究空间。除这两大核心场馆外，美国国家档案馆还拥有 14 个总统图书馆、22 个地区文件中心以及多个办公和服务机构。这些分支机构遍布全国，共同构成了一个庞大而完善的档案馆网络，为公众提供了广泛而便捷的历史档案查询服务。在档案保存方面，美国国家档案馆拥有着丰富而珍贵的历史档案资源。这些档案涵盖了纸质档案、图片、表格、电影胶片等多种形式，总量巨大且种类繁多。以老馆为例，它保存了大约 100 亿页的纸质档案、2500 万张的图片和表格以及 30 万盘的电影胶片。这些珍贵的档案不仅记录了美国的历史和文化，也为后人提供了宝贵的研究和学习资源。

美国国家档案馆在档案数字化方面取得了显著成就。该馆注重数字化基础设施的建设，引入了先进的数字化技术和设备，并建立了完善的数据库系统，以确保档案的数字化存储和管理的高效性与安全性。在数字化过程中，该档案馆注重引入开放式的数字化档案标准和技术，以确保档案的长期可持续性和互操作性，这有助于实现档案数据的共享和交流，进而提升档案资源的利用价值。通过数字化工作，美国国家档案馆已经实现了大量历史档案的数字化转换，并将这些数字档案开放给公众和研究机构使用，这不仅极大地方便了用户的检索和利用，也有效促进了学术研究和社会交流。除基础的数字化存储外，该档案馆还利用人工智能等技术对档案进行智能分类、标注和检索，从而大大提高了档案管理和利用的效率。用户可以通过多种渠道和方式访问数字档案资源，享受便捷的档案服务。面对数字化转型的浪潮，美国国家档案馆积极制定和实施相关战略计划，以推动档案管理的全面转型。例如，该档案馆提出了向电子化或无纸化政府过渡的目标,并通过一系列政策和法规来确保这一目标的实现。

(二)日本国立公文书馆

日本国立公文书馆,作为日本内阁府直接管辖的"国家档案馆",承载着保管行政机关所产生的公文、资料等一系列重要档案的重任,是日本历史不可或缺的见证者。这一机构拥有两个馆址,其中主馆坐落在东京都千代田区北之丸公园内,也被大家熟知为"北之丸主馆"。而另一个分馆则位于筑波市,被命名为"筑波分馆"。特别值得一提的是,北之丸主馆的建筑规模颇为宏大,其建筑面积达到了11550平方米,地上部分有4层,而地下部分更是深达5层。令人惊讶的是,地下面积占据了总面积的80%,这里主要被用作库房,存放着大量的珍贵档案。为了确保这些档案的安全与完好,库房内安装了先进的自动化调控和监测设备,可对温度、湿度、光照等环境因素进行严格的控制。在馆藏方面,日本国立公文书馆的藏品总量按排架长度计算达到了4万米,其中包括了1003万卷的档案和53万册的图书资料。这些珍贵的藏品全部采用电动密集架进行保存,既节省了空间,又提高了管理效率。更为引人注目的是,这座档案馆内还保管着诸如《日本国宪法》等一系列国宝级的档案。这些档案不仅见证了日本历史的重要时刻,也是研究日本历史、政治、文化等领域不可或缺的宝贵资料。

日本国立公文书馆在档案数字化方面的具体表现十分突出。首先,该馆注重数字化基础设施的建设,通过引入先进的数字化技术和设备,为档案数字化工作提供了有力的支撑。其次,在数字档案馆建设方面,日本国立公文书馆于2010年3月1日上线了试运行的数字档案馆网站,提供馆藏历史公文目录的免费搜索服务,无需登录即可阅览和下载馆藏档案资料。该网站资料全面,搜索功能便捷强大,涵盖了公文书、重要文化遗产、彩色绘卷等多种类型的档案资料,用户还可以查看配有注释的高清晰图像,并享受高质量数字图像的下载功能。此外,网站还提供了多种检索方式和工具,如"省厅组织变迁图"和"辞典功能"等,使得档案利用更加快速和便捷。在数字化成果与开放利用方面,日本国立公文书馆已经实现了大量历史档案的数字化转换,并将这些数字档案通过官方网站等平台向公众开放,大部分档案的目录和原文都可以通过互联网查到,用户也可以在线下载打印,到馆利用还可以对档案进行拍照和免费复印。同时,该馆还积极举办网上档案展览,如"日俄战争特别展——从档案看日俄战争""明治宰相列传"等,通过数字化手段将实体展览内容呈现在互联网上,方便公众访问和利用,且网上展览设计注重用户需求,提供了多种观展角度与图文解说,增强了用户体验。

(三)欧洲档案馆和图书馆联盟

欧洲在档案馆和图书馆联盟建设以及档案数字化方面取得了显著的成就。这些成就不仅得益于各国政府和相关机构的重视与支持,也得益于国际间的合作与交流。欧洲档案馆和图书馆联盟虽然没有一个统一的组织,但欧洲各国之间以及欧盟层面上的合作与协调,促进了档案馆和图书馆资源的共享与利用。欧洲各国档案馆和图书馆之间通过签订合作协议、开展联合项目等方式加强合作,共同推动文化遗产的保护与传承。欧盟通过制定相关政策、提供资金支持等方式,促进成员国之间档案馆和图书馆的合作与交流。例如,欧洲数字图书馆计划就是欧盟支持下的一个重要项目,目的是为用户提供丰富的历史文化资源。

在档案数字化方面,欧洲各国档案馆和图书馆展现出了积极的态度和显著的成果。它们普遍注重数字化基础设施的建设,包括引进先进的数字化设备、建立完善的数字化管理系统等,为档案数字化工作提供了有力的支撑。在数字化过程中,这些机构注重引入和制定统一的数字化标准与规范,确保数字化档案的质量与互操作性,从而有助于实现档案数据的共享与交流,并提升档案资源的利用价值。通过持续的数字化工作,欧洲各国档案馆和图书馆已经实现了大量历史档案的数字化转换,并将这些数字档案通过欧洲数字图书馆等平台向公众开放。这些数字档案涵盖了政治、经济、文化等多个领域,为学术研究和社会交流提供了丰富的资源。此外,一些先进的档案馆和图书馆还利用人工智能等技术对档案进行智能分类、标注和检索,进一步提高了档案管理和利用的效率。用户可以通过多种渠道和方式方便地访问和利用这些数字档案资源。值得一提的是,在档案数字化领域,欧洲各国档案馆和图书馆还积极开展国际合作与交流,共同应对数字化过程中的挑战和问题,这种合作与交流无疑将推动全球档案数字化事业的发展。

第二节　会计档案数字化国外研究现状

会计档案数字化在国外的研究现状呈现出积极且深入的趋势，随着技术的不断进步和政策法规的完善，会计档案数字化将在更广泛的范围内得到应用和推广。以下从理论研究、创新发展、政策与法规的支持、成功案例及经验四个方面对国外研究现状进行说明。

一、理论研究

国外学者们从档案管理流程、体制和模式等多个角度对会计档案数字化进行了深入分析，为这一领域的持续发展提供了坚实的理论基础。

（一）档案管理流程角度

从档案管理流程的角度来看，数字化扫描与转换是会计档案数字化的首要步骤。学者们深入研究了如何将传统的纸质会计档案通过高精度的扫描设备和先进的数字化技术转换为电子文件。这一转换过程不仅包括选择适合会计档案特点的扫描设备，还需要设置合理的扫描参数，如分辨率、色彩模式等，以确保转换后的电子文件能够清晰、完整且不失真地呈现原始档案的所有信息。在数字化会计档案的存储与管理方面，学者们探讨了多种存储方式和管理策略。他们研究了不同存储介质的优缺点，如硬盘、云存储等，并提出了选择适当存储介质的建议。同时，为了便于档案的长期保存和高效利用，学者们还强调了建立科学的分类和归档体系的重要性，以及实施有效的索引和检索机制的必要性。安全与备份是数字化会计档案管理中不可忽视的重要环节。学者们分析了数字化会计档案面临的各种安全风险，如数据泄露、非法访问等，并提出了相应的安全措施和备份策略。这些措施包括数据加密、严格的权限控制、防火墙设置以及定期备份等，以确保数字化会计档案的安全性和完整性。在数字化会计档案的检索与利用方面，学者们研究了如何通过电子文档管理系统或专业的搜索工具快速、准确地检索和查找所需的会计档案信息。他们关注如何提高检索效率、准确性和用户友好性，以便更好地满足用户的需求，提升会计档案管理工作的效率和质量。

（二）档案管理体制角度

从档案管理体制的角度来看，政策与法规的制定为会计档案数字化提供了重要的法律支持和保障。各国政府纷纷出台相关政策和法规，明确了电子会计档案的法律效力、管理要求等，为会计档案的数字化工作奠定了坚实的法律基础。同时，档案管理机构在会计档案数字化中扮演着至关重要的角色。学者们深入分析了这些机构在数字化工作中的具体职责和角色，包括机构的设置、专业人员的配备以及职责的明确划分等，以确保数字化工作能够顺利进行并实现有效管理。此外，对会计档案数字化工作的监督和评估也是档案管理体制中的重要环节。学者们研究了如何建立有效的监督机制、制定科学的评估标准以及实施定期的检查和评估，以确保数字化工作的质量和效果达到预期目标。

（三）档案管理模式角度

从档案管理模式的角度来看，集中式管理在会计档案数字化中占据重要地位。该模式强调所有数字化档案都集中存储在中央服务器上，由专门的机构进行统一管理和维护。这种管理方式不仅促进了资源的集中利用，还有助于实现档案管理的标准化，提高管理效率。与此同时，分布式管理模式在会计档案数字化中也展现出其独特优势。它允许档案在不同的地点或部门存储和管理，通过网络实现档案信息的共享和协作，极大地提高了档案的可访问性和灵活性，适应了多部门、跨地域的档案管理需求。随着云计算技术的不断发展，云管理模式逐渐成为会计档案数字化的新趋势。学者们深入研究了这一模式的特点和优势，如弹性扩展、按需付费等，同时也关注了其面临的挑战，如数据安全性、隐私保护以及成本效益等问题，为云管理模式在会计档案数字化中的应用提供了理论支持和实践指导。

在国外众多知名学者中，Ashutosh Deshmukh 对档案管理体制和档案管理方法进行了深入研究，指出了档案管理在知识管理中的重要性，并强调了档案管理本身的研究意义。同时他还提出了会计档案数字化的演化过程，并指出"尽管会计档案的形式发生了变化，但其原始形式和功能并未发生本质改变"。这一观点为会计档案数字化的理论研究提供了重要视角。另外，Ceri Hughes 研究了在全球互联网环境下企业资源规划（ERP）技术在电网企业会计工作中的应用，指出了 ERP 技术在会计核算中以电子档案形式出现的重要性，为会计档案数字化的技术实现提供了实践案例和理论支持。

二、创新发展

随着云计算、大数据、人工智能等技术的不断进步，会计档案数字化在国外得到了快速发展。这些技术的应用不仅提高了会计档案处理的效率和准确性，还推动了会计档案管理模式的创新，主要体现在管理模式的多元化、技术应用的前沿性以及政策与法规的不断完善上。

（一）会计档案管理模式的多元化

国外会计档案管理模式展现出显著的多元化特点，主要体现在集中式管理、分布式管理和云管理模式并存与互补。在集中式管理模式下，所有数字化档案被集中存储在中央服务器上，由专业机构进行统一管理和维护，这种模式极大促进了资源的集中利用和管理的标准化。与此同时，分布式管理也备受青睐，它允许档案在不同的地点或部门存储和管理，通过网络实现档案信息的共享和协作，显著提高了档案的可访问性和灵活性，特别适合跨国企业或拥有多个分支机构的大型组织。近年来，随着云计算技术的迅猛发展，云管理模式逐渐成为会计档案数字化的新趋势。云管理模式充分利用云计算平台提供的强大存储、处理和分析能力，实现了会计档案的远程访问、在线备份和快速恢复，同时大幅降低了企业的 IT 成本和运维难度，为会计档案管理带来了前所未有的便捷和高效。

（二）技术应用的前沿性

国外会计档案数字化进程中的技术应用展现出了显著的前沿性。学者和企业不断致力于数字化扫描与转换技术的探索和优化，不断提高扫描速度及识别准确率，以确保纸质会计档案能够高效且准确地转换为电子文件。同时，大数据与人工智能技术的运用也为会计档案管理带来了革新，通过对会计档案中的数据进行深入挖掘和分析，为企业决策提供了更加精准的数据支持。除此之外，一些国家还开始尝试将区块链技术应用于会计档案管理中，利用区块链的去中心化、不可篡改等特性，进一步提升会计档案的安全性和可信度，为会计档案的数字化管理开辟了全新的路径。

三、政策与法规的支持

国外政府在推动会计档案数字化方面发挥了重要作用。通过制定一系列政策和法规，为会计档案数字化提供了有力的支持和保障。一些国家明确规定电子会计档案的法律效力，鼓励企业采用数字化方式管理会计档案。这些政策和法规的实施，为会计档案数字化的普及和深入发展创造了良好的环境。

美国政府在推动会计档案数字化方面采取了一系列措施，虽然没有专门针对会计档案数字化的单一法规，但其广泛的数据保护、电子记录和档案管理政策为会计档案的数字化提供了法律框架。例如，美国《联邦信息安全管理法》（FISMA）要求联邦机构采取适当的安全措施来保护电子记录和信息。此外，美国还制定了一系列与电子签名、电子记录和电子归档相关的法规，如《全球和国内商务电子签名法》（ESIGN Act），这些法规为会计档案的数字化提供了法律认可和支持。欧盟在推动会计档案数字化方面同样表现突出。欧盟通过制定严格的数据保护法规，如《通用数据保护条例》（GDPR），对处理个人数据的组织提出了严格的要求，包括会计档案中可能包含的个人信息。这些法规虽然不直接针对会计档案数字化，但间接促进了企业在处理会计档案时采用更加安全、合规的数字化方式。此外，欧盟还鼓励成员国采用电子发票和其他电子会计记录，以减少纸质文件的使用，提高档案管理的效率。英国国家档案馆致力于数字化国家历史档案和文化遗产以及会计档案等，通过制定数字化转型战略并推动档案数字化，以提供更广泛的公众访问和更好的信息保护。丹麦国家档案馆在推动会计档案数字化方面制定了具体的政策，如《数字存档政策》。该政策阐明了丹麦国家档案馆在存档原生数字数据方面的愿景和政策框架，规定了数字存档应当遵守的原则，明确了实现该愿景需要采取的行动措施。这为丹麦国家档案馆以及公共和私营部门在会计档案数字化方面提供了指导和支持。

四、成功案例及经验

国外在会计档案数字化方面涌现出了一批成功的案例和经验。这些案例不仅展示了会计档案数字化的实际效果和优势，还为其他国家提供了有益的借鉴和参考。

（一）美国国家档案与文件署（NARA）的会计档案数字化项目

美国政府在会计档案数字化方面起步较早，NARA 自 1970 年就开始接收电子文件，并于 1988 年建立了电子文件中心，专门用于收藏具有永久保存价值的联邦电子文件。美国政府通过制定一系列政策和法规，如《联邦信息安全管理法》（FISMA）和《全球和国内商务电子签名法》（ESIGN Act），为会计档案的数字化提供了法律框架和认可。NARA 在数字化过程中注重引入先进的技术，如大数据、云计算等，对档案数据进行深度挖掘和分析，为学术研究和社会决策提供了重要支持。

（二）英国国家档案馆的会计档案数字化项目

英国国家档案馆通过引入先进的数字化技术，将大量的历史会计档案、文件、地图和图片进行数字化存储，并建立了完善的数据库系统，实现了档案的智能化管理和检索。该档案馆还利用人工智能技术，对大规模的历史文献进行自动分类和标注，大大提高了档案检索和利用的效率。

（三）荷兰 GLOBALISE 项目

该项目以开发荷兰东印度公司档案为目标，通过改进手写文本识别模型、构建历史参考数据集和开发多功能查询工具等手段，目的是解锁珍贵档案资源，促进对档案内容的深度开发、利用。这对于会计档案中可能包含的大量手写或历史文件尤其具有价值。项目利用自然语言处理、知识图谱等技术，提高档案数据的可计算化和结构化程度，为研究者提供更加智能化和多样化的查询和分析工具。该项目通过招纳志愿者和实习生等方式，鼓励公众参与档案数据化开发过程，增强了项目的社会影响力和公众认可度。

第三节　档案数字化国内研究现状

随着技术的不断进步和市场需求的持续增长,档案数字化在国内的研究现状呈现出政策推动、法规遵循、技术融合、市场需求旺盛等积极态势。

一、政策推动与规划指导

近年来,国家出台了一系列政策法规来推动档案数字化进程。这些政策为档案数字化提供了明确的方向和有力的支持。各级档案主管部门切实履行指导、监督职责,加大力度推进区域内数字档案馆(室)建设,新增了12家全国示范数字档案馆、26家国家级数字档案馆,并开展了一系列电子文件归档与电子档案管理工作试点。

(一)《档案事业发展"十一五"规划》档案数字化要求

2006年12月27日,《档案事业发展"十一五"规划》经国家发展和改革委员会审核同意,正式施行,目的是通过数字化、信息化和法治化手段,全面提升档案工作质量和效率,加强档案资源的数字化管理、信息发布与共享、电子文件管理以及法治建设,并特别注重服务民生,以满足经济和社会发展的需求。

《档案事业发展"十一五"规划》明确指出:全面整合各类档案资源,促进档案信息资源总量增加,质量提高,结构优化;加强多形式多层次共享平台建设,推进服务机制创新,促进档案信息资源的公开、共享和再利用,全面提升档案信息资源开发利用水平和能力;加快优化档案信息资源开发利用工作的保障环境,建立长效发展机制。根据"统一领导、标准先行、利用优先、分步实施"的原则,有序推进传统载体档案数字化进程。充分利用信息化手段,对国家综合档案馆馆藏档案进行数字化加工和数据资源整合。制定统一标准,规范档案数字化与网络化建设,按照共建共享、互联互通的要求,建立与完善国家档案信息目录数据库、纸质档案全文数据库和多媒体档案数据库等各类档案数据库,适时启动数字档案建设与社会化服务工程。规范电子文件归档、管理与接收工作，建立健全电子档案接收机制和相关规章制度。利用电子政务网络平台进行政府公开信息的网上数据传输、采集和档案发布。进一步推进电子文件中心和数字档案馆建设。该规则体现了档案事业在信息化时代的发展趋势和方向，目的是通过利用现代信息技术手段，提高档案管理效率和水平，实现档案信息资源的共享和利用，为社会各界提供更加便捷、高效、优质的档案服务。该规则中明确了推进传统载体档案数字化进程的基本原则，具体包括以下四个方面。

第一，统一领导。在推进传统载体档案数字化进程中，首要原则是"统一领导"。这意味着整个数字化过程需要在统一的管理和指导下进行，确保各个环节之间的协调性和一致性。为实现这一目标，需成立一个由高层管理人员亲自挂帅、亲自主导的档案数字化领导小组。该领导小组负责制定档案数字化的整体战略方向，监督整个实施过程，并协调各方资源。领导小组下设多个职能明确、分工精细的部门，如技术部、数据部和档案部等。每个部门都承载着特定的职责与使命，它们将在领导小组的统筹下，协同作战，形成强大的合力。基于组织的长远战略和当前的业务需求，领导小组将精准地制定档案数字化的目标、任务和时间表，确保每一步都稳健而有力。同时还需要制定档案数字化的统一规划，确保整个数字化过程有条不紊、高效有序。

第二，标准先行。在数字化过程中，标准化是确保数据质量和可持续性的关键。必须严格遵循国家和行业所制定的相关标准，精心制定档案数字化的技术标准体系。这一体系应涵盖文件格式的统一、数据编码的规范以及元数据标准的明确等关键要素，从而确保档案数据在各个环节都能保持高度的准确性和一致性。与此同时，还需要建立起一套完善的档案数据收集、整理、存储、传输和使用的规范流程。这些规范不仅是对数据质量的严格把控，更是对档案数字化工作严谨性和专业性的体现。此外，为了确保所有参与数字化工作的员工都能深刻理解并严格执行这些标准，需要组织一系列有针对性的培训。通过培训，员工们将能够熟练掌握档案数字化的各项技术标准，并在实际工作中严格按照标准执行，从而确保档案数字化工作的顺利进行和质量的稳步提升。

第三，利用优先。在数字化进程中，应优先考虑档案资源的利用价值，确保数字化成果能够满足业务需求。为此，需要对档案资源进行全面而细致的评估，根据其利用价值和重要性进行合理排序，优先对价值高的档案进行数字化处理。同时，还应深入了解用户的实际需求，根据他们的期望和偏好制订精确的数字化计划。这不仅能确保数字化成果能够精准地满足用户需求,还能提升用户体验,增强用户满意度。此外,还需要积极利用数字化手段,不断拓展档案资源的利用渠道。例如,可以建立在线档案查询系统,方便用户随时随地查阅所需档案;还可以提供数字化档案下载服务,满足用户离线查阅和保存的需求。通过这些举措能够进一步提升档案资源的利用效率和价值。

第四,分步实施。考虑到资源和技术条件的限制,档案数字化工作应分阶段、分步骤进行。基于整体规划和当前资源状况,需要精心制定详尽的实施计划,明确界定每个阶段的具体目标、任务以及时间表。在实施过程中,应优先关注价值高、利用率高的档案资源,确保这些关键资源能够优先得到数字化处理,以便快速转化为数字化成果并服务于业务需求。随着重要档案数字化的逐步完成,应逐步拓展数字化的范围,直至最终实现全部档案的全面数字化。同时,在数字化的整个过程中,应不断总结经验教训,对工作流程和技术手段进行优化调整,以提升数字化工作的整体效率和质量。通过持续的努力和改进,确保档案数字化工作的顺利进行,为组织的长远发展提供坚实的档案支撑。

另外,该规划还强调"充分利用信息化手段,对国家综合档案馆馆藏档案进行数字化加工和数据资源整合"。通过数字化加工,包括设备准备、档案整理、扫描、图像处理、数据转换和质量检查,以及通过数据资源整合,包括数据标准化、分类标签、关联整合、安全保障和利用服务,实现对馆藏档案的数字化管理和高效利用,提升档案管理效率和公众服务质量。

(二)《全国档案事业发展"十二五"规划》档案数字化要求

《全国档案事业发展"十二五"规划》明确指出:贯彻落实国家有关电子文件管理、数字档案馆建设的文件精神,加强以计算机网络设备和数据库为主要内容的档案信息化基础建设;根据电子文件管理和数字档案馆建设的功能要求,配备和开发档案数据库管理系统、电子文件归档管理系统、电子档案移交管理系统、数字档案信息发布利用系统等;加快推进传统载体档案数字化、电子文件接收、重要数字信息采集等数字档案资源建设;制定文书类档案长期保存格式标准,研发文书类档案长期保存格式产品和转化工具并组织试点和示范;实施公共档案信息资源共享服务工程项目,打造"一站式"档案信息资源共享和服务平台,为社会提供全方位的档案信息服务;搞好电子文件(档案)备份中心建设,落实电子文件的异质、异地备份制度。

各级国家档案馆加快数字档案馆建设步伐,有条件的要完成数字档案馆建设,并提供网络信息服务。其中,加快推进传统载体档案数字化强调了档案数字化在档案事业发展中的重要性,并提出了具体的建设内容和目标。档案数字化主要集中在推动档案信息化建设和数字档案馆建设方面,具体包括以下内容。

第一,建设数字档案馆。规划提出加强以计算机网设备和数据库为主要内容的档案信息化基础建设,加快推进传统载体档案数字化、电子文件接收、重要数字信息采集等数字档案资源建设。这意味着数字档案馆将成为档案数字化的重要载体,通过建设数字档案馆,可以实现档案信息的数字化存储、管理和利用。

第二,实施公共档案信息资源共享服务工程。规划要求实施公共档案信息资源共享服务工程项目,打造"一站式"档案信息资源共享和服务平台,为社会提供全方位的档案信息服务。这有助于打破档案信息的孤岛现象,实现档案信息的互联互通和共享利用。

第三,拓展档案数字化的范围。档案数字化工作的迅速发展,使档案数字化的规模不断扩大,档案数字化对象也不断丰富。除了纸质档案外,照片、图像、录音、录像、电影胶卷、微缩胶片等各种不同种类载体档案也被纳入数字化的范围。

(三)《全国档案事业发展"十三五"规划》档案数字化要求

在《全国档案事业发展"十三五"规划》中,档案数字化被赋予了更加重要的战略地位,目的是进一步提升档案管理现代化水平,更好地服务于国家治理体系和治理能力现代化。该规划明确提出:持续推进数字档案馆建设。积极响应数字中国建设,加快推进信息技术与档案工作深度融合。到2020年,全国地市级以上国家综合档案馆要全部建设成具有接收立档单位电子档案、覆盖馆藏重要档案数字复制件等功能完善的数字档案馆;全国50%的县建成数字档案馆或启动数字档案馆建设项目;全国省级、地市级和县级国家综合档案馆馆藏永久档案数字化的比例,分别达到30%~60%、40%~75%和25%~50%。编制数字档案馆业务系统功能需求标准;采用大数据、智慧管理、智能楼宇管理等技术,提高档案馆业务信息化和档案信息资源深度开发与服务水平。开展企业示范数字档案馆建设,建成一批具有国际先进水平的企业数字档案馆;适时启动国家级电子(数字)档案馆系统项目建设。要加快档案信息化建设,推进档案数字化进程,构建数字化档案资源体系,以信息化引领档案事业创新发展。这表明档案数字化已经成为档案事业发展的重要方向,是推动档案事业现代化、智能化的关键举措。该规划中档案数字化的主要任务包括以下三个方面。

第一，建设数字化档案资源体系。通过推进档案数字化工程，实现档案信息的数字化存储、管理和利用。这包括将传统载体档案进行数字化转换，以及加强对电子文件、数字档案等新型档案资源的管理和利用。

第二，提升档案数字化质量。在档案数字化过程中，注重保障数字化档案的质量，确保数字化档案的准确性、完整性和可用性。这要求采用先进的技术手段，制定科学的数字化标准，确保数字化档案的质量达到要求。

第三，加快档案数字化进程。在保障质量的前提下，加快档案数字化进程，扩大数字化档案资源的规模和范围，具体要求全国省级、地市级和县级国家综合档案馆馆藏永久档案数字化的比例，分别达到30%～60%、40%～75%和25%～50%。这必然需要加强档案数字化基础设施建设，提高档案数字化处理能力，以及加强档案数字化人才培养等方面的工作。

要完成以上任务，需要加强统筹规划，制定档案数字化发展规划，明确档案数字化的目标、任务和措施，确保档案数字化工作的有序推进；需要加强档案数字化基础设施建设，包括数字化设备、存储设施、网络环境等方面的建设，为档案数字化提供有力支撑；需要加强档案数字化人才培养，提高档案管理人员的数字化素养和技能水平，为档案数字化提供有力的人才保障。

（四）《"十四五"全国档案事业发展规划》档案数字化要求

《"十四五"全国档案事业发展规划》明确指出：加快档案资源数字转型。加强国家档案数字资源规划管理，逐步建立以档案数字资源为主导的档案资源体系。大力推进"增量电子化"，促进各类电子文件应归尽归，电子档案应收尽收，市地级以上国家档案馆全部具备电子档案接收能力，电子档案在档案资源体系中占比明显提升。继续做好"存量数字化"，中央和国家机关传统载体档案数字化率达到80%，中央企业总部传统载体档案数字化率达到90%，全国县级以上综合档案馆应数字化档案数字化率达到80%。加快推进对重要档案数字化成果进行文字识别和语音识别。该规划中档案数字化转型具体包括以下几个方面。

第一，加强国家档案数字资源规划管理，这意味着在档案数字化过程中，需要有一个全局性的规划和管理策略，确保数字资源的有序增长和高效利用。通过规划管理，可以避免资源的重复建设和浪费，实现资源的优化配置。

第二，逐步建立以档案数字资源为主导的档案资源体系。在转型过程中，应逐步减少对传统载体档案的依赖，增加数字档案资源的比重，使其成为档案资源体系的主导力量。

第三，大力推进"增量电子化"，促进各类电子文件应归尽归，电子档案应收尽收，这意味着在档案生成和收集阶段，就应采用电子化手段，确保电子文件的完整性和安全性，避免后期再进行数字化处理时产生麻烦。

第四，市地级以上国家档案馆全部具备电子档案接收能力，这要求各级档案馆加强基础设施建设和技术培训，确保能够接收和处理各类电子档案。

第五，电子档案在档案资源体系中占比明显提升，通过大力推进"增量电子化"，电子档案在档案资源体系中的比重将逐渐增加，成为档案资源的重要组成部分。

第六，继续做好"存量数字化"，对中央和国家机关、中央企业总部以及全国县级以上综合档案馆提出了具体的档案数字化比率要求。这要求中央和国家机关的传统载体档案（如纸质档案）数字化率达到80%，中央企业总部则需达到90%，而全国县级以上综合档案馆的数字化档案比例也应达到80%。通过不断提高历史存量档案数字化的比率，逐步实现档案资源的全面数字化，提高档案管理和利用的效率，确保档案信息的完整性和安全性。

第七，加快推进对重要档案数字化成果进行文字识别和语音识别。在档案数字化过程中，应加强对重要档案数字化成果的文字识别和语音识别处理，提高档案信息的智能化水平。同时，还需要加强对这些技术的研发和应用，确保其在实际工作中的有效性和可靠性。

从2006年发布的《档案事业发展"十一五"规划》到2022年印发的《"十四五"全国档案事业发展规划》，从建设示范性数字档案馆到实现档案信息社会共享，再到加快数字档案馆建设并提供网络信息服务，目标逐步升级。其中，《"十四五"全国档案事业发展规划》特别强调了完善档案标准体系、加速数字档案馆建设以及加强新一代信息技术在数字档案馆中的应用。这一系列规划在不断优化升级数字档案馆建设和推动档案事业持续发展上具有重大历史意义。

二、法律法规明确

档案管理方面的法律法规对档案数字化提出了明确的要求和规定，主要体现在《中华人民共和国档案法》及其配套的实施条例中，同时也有相关的行业标准进行具体指导。这些规定的目的是保障档案数字资源的安全保存和有效利用，推动档案管理向现代化、信息化方向发展。

（一）《中华人民共和国档案法》档案数字化规定

1987年9月5日《中华人民共和国档案法》由第六届全国人民代表大会常务委员会第二十二次会议通过并颁布。这是档案法的最初版本，为档案管理提供了基本的法律框架。1996年7月5日根据第八届全国人民代表大会常务委员会第二十次会议《关于修改〈中华人民共和国档案法〉的决定》进行了第一次修正。这次修正可能针对档案法实施过程中出现的问题进行了调整和完善。2016年11月7日根据第十二届全国人民代表大会常务委员会第二十四次会议《关于修改〈中华人民共和国对外贸易法〉等十二部法律的决定》进行了第二次修正。这次修正可能是随着国家法律体系的整体调整，对档案法中的相关条款进行了同步修改。2020年6月20日由第十三届全国人民代表大会常务委员会第十九次会议修订通过，并于2021年1月1日起施行。这是档案法的一次重大修订，目的是更好地适应档案管理的新形势和新要求，提升档案管理的现代化水平。

最新修订的《中华人民共和国档案法》中对档案数字化提出明确要求和规定的内容有以下几条。

第二十四条 档案馆和机关、团体、企业事业单位以及其他组织委托档案整理、寄存、开发利用和数字化等服务的，应当与符合条件的档案服务企业签订委托协议，约定服务的范围、质量和技术标准等内容，并对受托方进行监督。受托方应当建立档案服务管理制度，遵守有关安全保密规定，确保档案的安全。

第三十五条 各级人民政府应当将档案信息化纳入信息化发展规划，保障电子档案、传统载体档案数字化成果等档案数字资源的安全保存和有效利用。档案馆和机关、团体、企业事业单位以及其他组织应当加强档案信息化建设，并采取措施保障档案信息安全。

第三十六条 机关、团体、企业事业单位和其他组织应当积极推进电子档案管理信息系统建设，与办公自动化系统、业务系统等相互衔接。

第三十八条 国家鼓励和支持档案馆和机关、团体、企业事业单位以及其他组织推进传统载体档案数字化。已经实现数字化的，应当对档案原件妥善保管。

《中华人民共和国档案法》对档案数字化提出了明确的要求和规定，目的是多方面强化档案管理效能。其首要目的在于，通过档案数字化手段，提升档案管理的效率和科学性，确保档案资源得到更为妥善的保护和有效利用。同时，该法也致力于规范档案的收集与整理工作，明确档案数字化的标准和流程，以保障档案信息的准确无误和完整无缺。此外，档案数字化还能有效减少对原件的依赖和磨损，进而延长档案的使用寿命，并极大便利档案的远程访问和利用。档案法的这些规定，意在提高档案信息化建设水平，推动档案部门积极采用现代信息技术手段，以全面提升档案管理和服务的整体水平。更深层次地来说，档案数字化作为国家治理体系和治理能力现代化的重要一环，对于提升政府决策的科学性和民主性也具有积极意义。

《中华人民共和国档案法》对档案数字化提出的明确要求和规定意义深远且重大。第一，它极大地促进了档案资源的共享，使得数字化后的档案可以通过网络实现远程访问和共享，从而打破了地域和时间的限制，让档案资源的利用效率得到显著提升。第二，档案数字化也极大地提升了档案服务的水平，数字化档案便于检索和查询，能够快速响应用户的需求，进而提升了档案服务的质量和效率。第三，档案数字化还有助于保障档案的安全，通过数字化副本的异地保存和备份，可以有效防止档案原件的丢失和损坏，确保档案信息的安全。第四，档案数字化也是档案事业发展的重要方向，它有助于推动档案事业的现代化、信息化进程，为档案事业的发展注入了新的活力。第五，档案数字化符合时代发展的趋势，随着信息技术的不断发展，数字化已经成为各行各业的重要趋势，档案数字化正是顺应了这一时代发展趋势，为档案事业的可持续发展奠定了坚实的基础。

（二）《中华人民共和国档案法实施条例》档案数字化规定

1999年6月7日《中华人民共和国档案法实施条例》根据《中华人民共和国档案法》的规定制定，经1999年5月5日国务院第17次常务会议通过，由时任国务院总理的朱镕基于1999年6月7日颁布施行。2023年12月29日，国务院第22次常务会议通过了新的《中华人民共和国档案法实施条例》。2024年1月12日，国务院总理李强签署第772号国务院令，公布新的《中华人民共和国档案法实施条例》，自2024

年 3 月 1 日起施行。此次修订并重新发布的《中华人民共和国档案法实施条例》，着眼于新时代档案事业创新发展，以新修订的《中华人民共和国档案法》为依据，对《中华人民共和国档案法实施条例》作了全面修改，其主要目的是贯彻落实档案法各项规定，进一步优化档案管理体制机制，完善档案资源齐全收集、安全保管以及有效利用的制度措施，提升档案工作的科学化、规范化水平，科学精准保障档案法有效实施，为档案事业创新发展提供有力的法治保障。

《中华人民共和国档案法实施条例》自 2024 年 3 月 1 日起施行，虽然直接针对档案数字化的具体条文可能较少，但它进一步细化了档案信息化的要求，并强调了档案数字资源共享利用的重要性。《中华人民共和国档案法实施条例》在档案信息化建设方面作了进一步细化，明确了电子档案管理信息系统建设要求、电子档案移交接收及保管相关措施，以及对重要电子档案异地备份保管、灾难备份系统建设、传统载体档案数字化和数字档案馆（室）建设工作的具体要求。具体规定包括以下内容。

第三十八条规定了推进电子档案管理信息系统建设的具体要求，包括：机关、团体、企事业单位应当将档案信息化建设纳入本单位信息化建设规划，加强办公自动化系统、业务系统归档功能建设，并与电子档案管理信息系统相互衔接，实现对电子档案的全过程管理。明确业务系统与档案系统的功能边界，有效保障档案信息化与业务信息化的有效协同。

第三十九条明确了电子档案应当满足的条件，为保障电子档案的效力提供了制度依据。

第四十条对电子档案的移交进行了详细规定，包括：机关、团体、企事业单位向档案主管部门移交电子档案的义务。条件具备时，可以在线移交；条件不具备时，可线下移交。移交与接收、长期保存环节需进行"四性"（真实性、完整性、可用性和安全性）检测，确保电子档案在各环节的真实、完整、可用和安全。

第四十一条对电子档案的保管提出了具体要求，包括：档案馆对重要电子档案进行异地备份保管，采用符合安全管理要求的存储介质，并定期检测载体的完好程度和数据的可读性。异地备份选址应满足安全保密等要求。档案馆可根据需要建设灾难备份系统，实现重要电子档案及其管理系统的备份与灾难恢复。

第四十二条对存量档案数字化工作进行了规定，为传统档案数字化要求提供了依据。目前，已有多个档案行业标准（如《纸质档案数字化规范》）等）对档案数字化工作进行了详细规范，深入贯彻执行这些标准将进一步保证档案数字化成果的质

量和安全。

第四十三条对数字档案馆（室）的建设提出了要求，将其放到提升档案信息化水平的高度加以推进。数字档案馆（室）的建设涉及基础设施、应用系统、数字档案资源、保障体系等多个方面，其建成有利于提高档案工作水平，维护档案信息的真实、完整、可用和安全，促进国家核心信息资源建设。

第四十四条对档案数据的利用进行了规定，为数据共享利用提供了依据。明确全国档案数字资源跨区域、跨层级、跨部门共享利用工作，将档案利用由传统文件级应用扩展至数据级利用，为档案数据深度挖掘利用及档案数据智能化分析奠定了坚实基础。

《中华人民共和国档案法实施条例》对档案数字化提出了明确的要求和规定，其深远意义体现在多个层面。通过具体规范电子档案的管理与应用，该条例不仅极大地促进了档案资源的广泛共享与高效利用，有效打破了传统档案管理中地域与时间的限制，使得档案资源能够更加便捷地服务于社会各界。同时，数字化手段的应用显著减少了对档案原件的直接接触，从而延长了档案的使用寿命，并通过异地备份等先进措施，极大地增强了档案信息的安全性，为档案资源的长期保存和有效利用提供了有力保障。此外，这一重要举措还有力地推动了档案事业的现代化与信息化进程，显著提升了档案工作的效率与智能化水平，使档案工作能够更好地适应国家治理体系和治理能力现代化的要求。更重要的是，这一条例的制定和实施完全符合当前信息技术飞速发展的时代趋势，为档案事业的可持续发展奠定了坚实的基础，开创了档案事业发展的新篇章。

二、技术应用与创新

随着人工智能、大数据、云计算等前沿技术的不断发展，这些技术正在不断融入档案管理系统中，使得档案管理变得更加智能化、高效化。

（一）人工智能

国内在档案数字化中充分利用了人工智能技术的优势，通过智能收集、自动分类与编目、图像处理与OCR识别、智能价值鉴定与安全管理以及智能检索与利用等手段，显著提升了档案管理的效率和质量。人工智能技术在档案数字化中的应用情况呈现出多元化和深入化的特点。

在档案收集与整理阶段，智能收集技术通过网络爬虫对企业官网、行业网站等关联网站进行信息资源抓取，形成档案素材，并利用关键词匹配、机器学习等技术进行智能鉴定，确定档案的收集范围和保管期限。同时，自动分类与编目技术利用自然语言处理和机器学习对档案文本进行分析，实现自动分类、排序、编页码、盖档号章等整理工作，显著提高了整理效率并降低了人工操作的复杂性和出错率。

在档案数字化处理方面，图像处理技术利用高质量的扫描仪将纸质档案转换为数字图像，并通过清晰度增强、去噪、裁剪等图像处理技术确保图像质量。OCR 技术则将图像中的文字转换为可编辑的文本格式，便于后续的检索和利用，特别是手写文字识别技术在处理历史档案、书信、手稿等手写内容方面发挥了重要作用。

在档案价值鉴定与安全管理方面，智能价值鉴定技术通过自然语言处理和机器学习自动识别档案内容中的语义信息，进行模糊查询和快速定位，有效解决了人工质检档案漏检、错检等问题，提高了档案价值鉴定的质量和效率。同时，人工智能技术还可以应用于档案库房的安全监控、环境控制等方面，建立起完备的智能安防系统。

在档案检索与利用方面，智能检索技术利用自然语言处理、数据挖掘等技术实现档案信息的智能检索，包括全文检索、关键词检索、人物检索、音视频检索等，并通过知识图谱技术展示档案数据之间的逻辑关系，提升了检索的准确性和便利性。此外，知识服务技术通过智能选题、智能选材、自动摘要等手段为档案编研提供基础数据支撑和编研素材，形成多层次的编研成果，甚至可以利用 AI 生成内容（AIGC）技术直接生成编研提纲或具体内容。

（二）大数据

国内在档案数字化中充分利用大数据技术的优势和特点，通过海量数据存储与管理、数据分析与挖掘、智能检索与推荐以及档案价值评估与预测等手段，实现了档案信息的高效利用和价值最大化。

大数据技术在档案数字化中的应用情况十分广泛且深入。首先，面对档案数字化后产生的海量数据，大数据技术通过分布式存储系统如 Hadoop HDFS 等，实现了数据的高效、安全存储和快速访问。同时，利用数据仓库、数据湖等技术对档案数据进行统一管理和整合，为后续的数据分析和利用提供了坚实的基础。其次，在数据分析与挖掘方面，大数据技术发挥着重要作用。通过对档案数据进行深度挖掘，可以发现数据背后的规律和趋势，为决策提供有力支持。关联分析、聚类分析、趋势预测等方法的应用，进一步揭示了档案数据之间的内在联系和价值，提升了档案信息的利用价值。再次，大数据技术还结合自然语言处理、搜索引擎优化等技术，实现了档案信息的智能检索，提高了检索效率和准确性。通过用户行为分析、内容推荐算法等，大数据技术还能够为用户提供个性化的档案信息服务，提升了用户体验。最后，在档案价值评估与预测方面，大数据技术也展现出了其独特的优势。通过对档案的价值进行评估和预测，可以为档案的优先处理、长期保存等提供决策依据。同时，结合历史数据和当前趋势，大数据技术还能够预测档案信息的未来需求和价值变化，为档案事业的发展规划提供了重要的参考。

（三）云计算

随着国内云计算技术的不断发展和成熟，越来越多的档案管理机构开始采用云计算技术来推动档案数字化进程。在档案数字化中，应用的云计算技术类型主要包括公有云、私有云和混合云。公有云允许企业或组织拥有并管理自己的计算资源和服务，并通过 Internet 提供给用户使用，为大规模档案数据的处理提供弹性的计算资源和存储空间。私有云则允许企业或组织拥有并管理专属于自己的计算资源和服务，通过虚拟化技术将计算资源和服务封装成一个独立的虚拟环境，从而提供更高的安全性和可控性，满足对数据安全有特殊要求的档案管理需求。而混合云则结合公有云和私有云的优势，根据业务需求灵活选择计算资源和服务，实现最优化的资源配置和利用。这些云计算技术的应用，不仅实现了档案数据的集中存储、统一管理和高效利用，还为档案数据的备份与恢复、数据分析与挖掘等提供了强有力的支持，进一步提升了档案管理的水平和效率。

云计算技术在档案数字化中的应用情况十分广泛且深入。首先，面对档案数字化后产生的大量数据，云计算通过其分布式存储架构，如 Hadoop HDFS 等，提供了海量数据的存储能力，确保数据安全、可靠且易于访问。这一特性解决了档案数字化后数据存储的难题，为后续的档案管理和利用提供了坚实的基础。其次，云计算平台能够根据档案数字化处理的需求动态调整计算资源，如 CPU、存储等，从而在保证性能的同时降低成本。这种动态调整计算资源的能力使得档案数字化处理更加高效和灵活，能够应对不同规模和复杂度的档案数字化任务。再次，云计算技术还提供了便捷的数据备份与恢复功能，帮助档案管理机构实现重要数据的定期备份和快速恢复，确保档案数据的完整性和安全性。在数据分析与挖掘方面，云计算平台强大的计算能力支持对档案数据进行深度分析和挖掘，揭示数据背后的规律和趋势，为档案管理决策提供有力支持。最后，结合云计算和自然语言处理技术，可以实现档案信息的智能检索和个性化推荐，提高档案信息的检索效率和利用价值，为用户提供更加便捷、高效的档案信息服务。

在国内档案数字化进程中，众多机构和企业积极应用人工智能、大数据及云计算技术，并取得了显著成效，其中不乏一些表现突出的机构和企业。国家档案局及各级档案馆是这一进程中的引领者，近年来，特别是 2020 年以来，随着国家档案局对档案工作数字化转型和现代化建设的重视，各级档案馆纷纷引入人工智能、大数据及云计算技术，积极探索运用这些现代化信息技术手段，加快数字档案馆（室）建设。国家档案局认定了首批重点实验室，下达了多项档案科技项目，并组织实施了重点项目，推动了档案数字化的发展。与此同时，大型互联网企业也发挥着重要作用，这些企业较早地开始布局云计算和大数据技术，并逐渐将人工智能技术融入档案数字化解决方案中，为政府机构和企事业单位提供云计算平台、大数据分析工具和人工智能算法，实现档案数据的云端存储、高效处理和智能分析，同时提供档案数字化解决方案，包括档案扫描、OCR 技术、智能编目等服务，显著提高了档案数字化的效率和质量。此外，随着档案数字化需求的增加，一批专业的档案数字化服务商应运而生，他们专注于档案数字化领域，拥有先进的数字化设备和专业的技术团队，利用云计算、大数据和人工智能技术提供一站式的档案数字化解决方案，帮助众多机构和企业实现了档案的数字化管理和利用，也取得了突出的成绩。

三、档案融合管理

纸质档案与电子档案融合管理，是一种档案管理的新模式，它将传统的纸质档案管理方式与现代电子档案管理技术相结合，通过纸质档案数字化、建立电子档案管理系统等手段，实现纸质档案与电子档案的互补和融合。纸质档案与电子档案的融合管理是现代档案管理的重要趋势，它结合了纸质档案的历史真实性和电子档案的便捷高效性，实现了档案管理的全面升级。

融合管理的实施策略涵盖了多个关键方面：一是，对已有的纸质档案进行拍照、复印、扫描等信息化处理，转化为电子档案，同时确保数字化过程中的内容完整性和准确性，并对数字化成果进行严格的质量检查和校验。二是，建立健全纸质档案与电子档案管理的融合机制，包括制定相融合的规章制度，明确管理流程和职责分工，以及建立统一的档案编号和分类体系，以确保两者在逻辑上的一致性。三是，实施同步整理与鉴定策略，对纸质档案和电子档案进行同步整理，确保档案信息的及时更新，并定期对电子档案进行鉴定，根据其保管价值对纸质档案进行相应处理。四是，在利用方式上，优化查阅和检索流程，优先利用电子档案进行快速检索和预览，减少纸质档案的使用磨损。五是，加强安全保密管理，对电子档案进行加密存储和传输，确保档案信息的安全性和保密性，并建立完善的备份和恢复机制，防止电子档案丢失。六是，推动人才队伍建设，加强档案管理人员的培训和教育，提高其数字化技能和信息化素养，并引进和培养复合型人才，为融合管理提供坚实的人才保障。

纸质档案与电子档案的融合管理在现代档案管理中具有重要意义：第一，它提升了档案管理的效率，通过电子档案的快速检索和传输功能，显著加快了档案信息的获取速度。第二，融合管理也增强了档案的安全性，纸质档案与电子档案互为备份，有效降低了档案丢失或损毁的风险。第三，这种管理方式还延长了档案的保存寿命，纸质档案能够以物理方式保存其原始性，而电子档案则不受物理磨损影响，二者相辅相成。第四，融合管理满足了多样化的利用需求，无论是习惯传统纸质档案的用户还是倾向于便捷电子档案的用户，都能得到满意的服务。因此，纸质档案与电子档案的融合管理是档案管理现代化的重要标志，对于提升档案管理水平、保障档案信息安全、促进档案资源有效利用具有不可替代的作用。

四、数字档案馆建设

全国示范数字档案馆和国家级数字档案馆的建设情况均呈现出稳步推进、成效显著的态势。这些项目的成功实施不仅提升了档案管理水平和服务能力，还为全国档案信息化建设提供了有力支撑和宝贵经验。

（一）全国示范数字档案馆建设

全国示范数字档案馆建设是国家档案局为加速档案信息化建设而特别设立的高标准、高质量的示范项目。该项目的核心目标是树立典范，引领并推动全国各级档案馆在信息化建设方面的进步，进而提升整体的档案管理水平和服务能力。近年来，这一工作取得了显著的进展，多个档案馆已成功通过国家档案局的严格测评，并荣获"全国示范数字档案馆"的称号。其中，青岛市档案馆、济南市档案馆、杭州市档案馆等地级市及副省级市档案馆，以及浙江省档案馆、山东省档案馆等省级档案馆均在此列，成功入选示范名单。在建设过程中，这些示范数字档案馆尤为注重信息化技术的创新与应用，积极引入云计算、大数据、人工智能等先进技术，以大幅提高档案管理的效率和服务水平。同时，它们还致力于档案资源的整合与共享，通过构建统一的数字档案管理平台，实现了档案资源的集中管理和远程利用。这一系列举措不仅极大地提升了当地档案管理部门的工作效率和服务质量，更为全国其他地区的档案馆提供了宝贵的经验和借鉴，有力推动了档案信息化建设的深入发展和档案事业的现代化转型。

（二）国家级数字档案馆建设

国家级数字档案馆建设是国家档案局直接指导和管理的高级别项目，其建设目标是打造具有全国示范意义的高水平数字档案馆，以引领全国档案信息化建设的方向。目前，这一建设正在稳步推进中，近年来新增了多家国家级数字档案馆，它们在信息化建设方面取得了显著成效，为当地经济社会发展提供了有力支持。国家级数字档案馆的建设遵循严格的标准和要求，包括基础设施建设、数字资源建设、应用系统建设等多个方面均需达到国家规定的标准，同时还需具备较高的安全性和稳定性，以确保档案资源的安全保管和长期利用。这些国家级数字档案馆的建设成效显著，不仅提升了当地档案管理部门的工作水平和服务能力，还为全国档案信息化建设树立了标杆。展望未来，随着信息技术的不断发展和应用，国家级数字档案馆将在档案资源管理、开发利用和服务创新等方面发挥更加重要的作用。

五、市场需求增长

档案数字化的市场需求呈现出强劲的增长态势。随着信息技术的迅猛发展和无纸化办公的推广，越来越多的政府机关、企事业单位等开始重视档案信息化建设，将纸质档案转化为电子化档案以方便查询和利用。这种需求推动了数字化档案加工行业的快速发展，市场规模不断扩大。据相关研究报告预测，未来档案数字化市场规模将持续增长，年均增长率显著，显示出数字化档案加工行业具有巨大的市场潜力和发展空间。同时，随着云计算、大数据、人工智能等新一代信息技术的广泛应用，数字化档案管理系统也在不断演进，进一步提升了档案管理的效率和安全性，满足了市场对高效、便捷、安全档案管理服务的需求。

（一）市场需求旺盛

政策推动与重视为档案数字化市场提供了强劲动力。近年来，国家档案局及各级政府高度重视档案数字化工作，出台了一系列政策措施，如《"十四五"全国档案事业发展规划》中强调，推进档案信息资源共享平台建设，以促进档案信息资源跨层级跨部门共享利用。同时，政府投入了大量资源用于档案行业的建设和发展，加强了档案技术与设备的更新，这些投入直接推动了档案数字化市场需求的增长。

信息化建设需求进一步激发了档案数字化市场的活力。随着企事业单位对档案管理的重视程度不断提高，档案管理系统的需求也在持续增长，这些系统能够实现档案的数字化管理、集中管理、分类管理、检索和查询等功能，从而提高档案资源的开发和利用效率。同时，无纸化办公成为趋势，越来越多的企事业单位开始将纸质档案转化为电子化的档案以方便查询和利用，这种需求推动了数字化档案加工行业的快速发展。

技术革新与应用为档案数字化市场带来了新的发展机遇。人工智能、大数据、云计算等前沿技术正在不断融入档案管理系统中，使得档案管理变得更加智能化、高效化。这些技术的应用不仅提高了档案管理的效率和精度，还大大增强了数据的安全性和可靠性。同时，全国档案查询利用服务平台已接入多家档案馆，各级综合档案馆接入率不断提高，这些平台的建设为档案数字化提供了基础设施支持，也进一步激发了市场需求。

市场参与者与竞争格局的变化也影响着档案数字化市场的发展。国内从事数字化档案加工行业的企业数量较多，但有一定规模的服务商还不多。主要的企业包括信息发展、紫光软件、泰坦软件等，这些企业主要服务于各级档案局（馆）、公检法部门、行政管理部门等信息化建设。随着市场需求的增长，越来越多的企业开始进入数字化档案加工行业，市场竞争日益激烈。同时，行业内的企业也在不断创新和升级技术，提高服务质量和效率，以应对市场竞争。

（二）市场规模扩大

数字化档案行业市场规模庞大，且蕴藏着巨大的增长潜力。在多重因素的共同推动下，包括政策的积极引导、信息化建设的迫切需求、技术的不断革新与应用，以及市场需求的日益多样化，该行业正展现出强劲的增长势头，并为投资者带来了丰厚的回报。近年来，数字化档案行业的市场规模实现了显著增长，并持续保持扩张态势。据中研普华产业研究院等权威机构发布的数据显示，我国数字化档案行业的市场规模已从数十亿元级别跃升至更高水平。有报告甚至预测，到2028年，数字化档案加工行业的市场规模将进一步增至165.09亿元，凸显出巨大的市场容量和广阔的发展空间。

在实物档案数字化领域，市场规模同样表现出色。2019年，我国实物档案数字化行业的市场规模已经达到了25.47亿元，同比增长率高达12.5%。随着技术的持续进步和市场需求的不断增长，预计到2025年，实物档案数字化行业的市场规模将有望突破52.22亿元，同比增长率将保持在较高水平。这些数据充分证明了数字化档案行业的蓬勃发展和巨大潜力。

第四节　会计档案数字化国内研究现状

会计档案数字化在国内的研究现状呈现出蓬勃发展的态势，这一领域的研究与实践紧密结合，推动了会计档案管理的现代化转型，通过政策引导、技术支持和管理创新等手段可以推动会计档案管理的现代化进程，提升档案管理的整体水平，为企业的发展提供有力支持。

一、政策引导

近年来，国家档案局和国家有关主管部门为深化企业信息化发展，降低企业经营成本，出台了一系列关于电子档案管理的规划、规范及指南，如《会计改革与发展"十四五"规划纲要》《会计档案管理办法》《关于规范电子会计凭证报销入账归档的通知》《电子会计档案管理规范》（DA/T 94—2022）等，为会计档案管理的现代化转型提供了政策支持和法律保障。

（一）《会计改革与发展"十四五"规划纲要》会计档案数字化要求

当前，新一轮科技革命和产业变革深入发展，数字化转型已经成为大势所趋。《中华人民共和国国民经济和社会发展第十四个五年规划和2035年远景目标纲要》中提出，加快数字化发展，建设数字经济、数字社会、数字政府，营造良好数字生态，打造数字中国。国务院印发的《"十四五"数字经济发展规划》，就不断做强做优做大我国数字经济提出具体举措。

数字时代的到来，对会计行业的数字化转型提出了迫切的需求和明确的要求。在这一背景下，加快推进会计数字化转型显得尤为重要。这一进程不仅是对国家信息化发展战略的深入贯彻与落实，更是推动数字经济与实体经济深度融合、携手共建数字中国这一宏伟蓝图的必然选择。通过数字化转型，会计行业能够更好地适应数字时代的发展需求，实现自身的创新与升级。同时，会计数字化转型对于推动会计职能的拓展与深化也具有重要意义。随着数字技术的应用，会计工作的范畴将不断拓宽，不再局限于传统的记账、报表等基础工作，而是更多地涉及数据分析、风险管理、战略决策等高层次的职能。这将有助于提升我国会计工作的整体水平和会计信息化水平，使会计行业在数字时代焕发出新的生机与活力。

按照党中央、国务院决策部署，财政部立足中国国情，坚持问题导向，加强对我国会计信息化工作的顶层设计。2021年11月，财政部印发《会计改革与发展"十四五"规划纲要》（以下简称《规划纲要》），提出了"以数字化技术为支撑，以会计审计工作数字化转型为抓手，推动会计职能实现拓展升级"的总体目标和"切实加快会计审计数字化转型步伐"的主要任务。

按照《规划纲要》的总体部署，2021年12月，财政部印发了《会计信息化发展规划（2021—2025年）》（以下简称《信息化规划》），提出了符合新时代要求的国家会计信息化发展体系，明确了"十四五"时期会计信息化工作的6个具体目标和9项主要任务，是做好当前和今后一段时期会计信息化工作的具体行动指引。

1."十三五"时期会计信息化工作回顾

"十三五"期间，财政部将创新作为引领会计信息化发展的核心动力，致力于推动会计工作的转型升级。为此，财政部有条不紊地推进各项会计信息化工作任务，建立并不断完善会计信息化工作制度体系，同时确保其有效实施，取得了显著的积极成果。

（1）在推动企事业单位会计信息化工作转型升级方面，财政部发挥了积极作用。许多单位已经开始对会计工作进行集中处理，通过共享服务等多种创新模式，建立了会计信息资源共享机制。这一机制进一步促进了单位内部会计核算、会计报告以及管理会计、内部控制等会计工作的职责分工与协作，有效推动了会计工作从传统核算型向现代管理型的转变，为会计工作的全面转型奠定了坚实基础。

（2）财政部还致力于推动企事业单位会计信息系统与业务系统的有机融合。我国企事业单位的会计信息化经历了从传统财务软件到企业资源计划（ERP），再到以数据为核心的数据治理系统等多个发展阶段。传统财务软件的广泛普及，夯实了企事业单位全面反映会计核算工作的能力基础；ERP的逐步普及，则更加精准地反映了会计核算等会计信息系统与采购、销售、库存等业务系统的有机融合；部分大型企事业单位更是积极尝试以自描述结构化数据为基础，提升内部管理信息的标准化水平，进一步促进了会计信息系统与业务系统的全面融合，显著提升了企事业单位的服务管理效能和经营管理水平，实现了资源共享和互联互通。

（3）新一代信息技术的快速发展为会计工作的创新发展提供了有力支撑。大数据、人工智能、移动互联、云计算、物联网、区块链等新技术在会计工作中得到了初步应用。各企事业单位开始积极采用财务机器人来处理会计核算、费用报销、会计报告、资金结算等会计工作；部分企事业单位更是已经开始探索推动财务会计工作的智能化转型，显著提升了会计核算、会计报告、管理会计、内部控制等会计工作的效率和质量。

（4）在深化会计资料无纸化应用实践方面，财政部也取得了显著进展。通过有效实施企业会计准则通用分类标准，并推动监管部门在监管领域制定和实施监管扩展分类标准，为会计资料的无纸化应用提供了有力支持。同时，修订《会计档案管理办法》并出台电子会计凭证报销入账归档的相关规定，消除了会计资料无纸化的政策障碍。财政部还积极引导企事业单位建设符合自身实际需要的电子会计档案管理机制，并通过积极推广电子会计资料的应用实践，初步降低了会计信息的生产、传输和存储成本，推动了会计工作的无纸化进程。

2."十四五"时期会计信息化工作面临的形势与挑战

随着经济社会数字化转型的持续深化以及新技术的不断创新与迭代，会计信息化工作正面临着前所未有的机遇与挑战。

（1）当前，我国正处于第四次工业革命的浪潮之中，科技迅猛发展，技术迭代加速。大数据、人工智能、移动互联、云计算、物联网、区块链等数字技术如雨后春笋般涌现，应用场景日益丰富，这标志着经济社会数字化转型的全面开启和深入推进。这一转型为新时期会计信息化应用场景的全面数字化带来了新的机遇，但同时也带来了诸多前所未有的挑战。为了顺应这一趋势，我们需要加快解决标准缺失、制度缺位、人才缺乏等问题，以新技术为驱动，推动会计工作数字化转型的深入发展。

（2）随着业务的不断创新和新技术的持续迭代，各单位对于业财融合的需求变得愈发迫切。一方面，那些会计信息化应用水平较高的企事业单位已经对财务数据和业务数据进行了标准化处理，初步实现了业财融合。然而，业务的创新发展和新技术的不断迭代又不断提出新的、更高的业财融合需求。另一方面，多数企事业单位的业财融合仍然处于起步或局部应用阶段，他们对于业财融合的需求极为迫切。这种迫切的需求为会计数字化转型带来了一定的困难，但同时也为其提供了发展的动力和方向。

（3）在数字经济和数字社会的背景下，数据已经成为五大生产要素之一，其重要性日益凸显。会计数据作为单位经营管理的重要资源，不仅能够帮助企事业单位更好地规划生产经营活动，还能有效地处理会计核算、会计报告、管理会计、内部控制等会计工作。因此，将零散的、非结构化的会计数据转变为聚合的、结构化的会计数据要素，并发挥其服务单位价值创造的功能，已经成为会计工作实现数字化转型的重要途径。然而，进一步提升会计数据要素服务单位价值创造的能力却是会计数字化转型面临的主要挑战之一。

（4）基于网络环境的会计信息系统的广泛应用和发展，会计数据安全问题也日益凸显且不容忽视。在网络时代的大背景下，数据安全保障工作的难度大大提高。基于网络环境的会计信息系统面临着日益严重的网络安全威胁和挑战。会计数据在单位内部、各单位之间的共享和使用过程中以及会计数据的传输、存储等环节都存在数据泄露、篡改及损毁的风险，这使得会计信息系统和会计数据的安全风险不断上升，因此我们需要采取有效的防范措施来确保会计数据的安全性和完整性。

3."十四五"时期会计信息化工作的总体目标和主要任务

《信息化规划》在全面总结过往成就与深入分析当前形势的基础之上，明确提出了"十四五"时期我国会计信息化工作的总体目标与核心任务。这一时期，我国会计信息化工作的总体目标是紧密围绕国家经济社会发展的总体布局和财政管理工作的全局需求，将信息化作为拓展会计职能的关键手段，以标准化为坚实基石，以数字化为重要突破口，全面引导和规范我国会计信息化在数据标准、管理制度、信息系统、人才建设等方面的持续、健康发展。同时，积极推动会计工作的数字化转型，致力于构建一个符合新时代要求、具备先进性和适应性的国家会计信息化发展体系。

具体而言，这一总体目标涵盖了六个核心子目标：一是基本建立起完善的会计数据标准体系，为会计信息的规范化和高效利用奠定坚实基础；二是持续优化和完善会计信息化制度规范，确保会计工作的有序进行和创新发展；三是加快推进会计的数字化转型升级，提升会计工作的智能化和自动化水平；四是有效发挥会计数据的价值，为企事业单位的决策提供更加精准、及时的会计信息支持；五是实现会计监管信息的互通共享，增强监管效能，提升会计工作的透明度和公信力；六是不断壮大会计信息化人才队伍，为会计信息化工作的长期发展提供有力的人才保障。

为了实现上述总体目标，《信息化规划》还明确了九项主要任务，其中包括：加快建立会计数据标准体系，以统一的数据标准促进会计信息的规范化和标准化；推进会计信息化制度的建设和完善，为会计工作的数字化转型提供坚实的制度保障等。这些任务的实施将有力推动我国会计信息化工作在新时代的发展，为经济社会的高质量发展贡献会计力量。

（1）加快建立会计数据标准体系，推动会计数据治理能力建设。

为了奠定会计数字化转型的坚实基础，我们需要全面规划、制定并实施一套覆盖会计信息系统输入、处理和输出等各个环节的会计数据标准体系。具体而言，这一体系的构建包括以下几个关键方面。

第一，在输入环节，我们要加快制定、试点并推广电子凭证的会计数据标准。这一标准的建立将统筹解决电子票据在接收、入账和归档全流程中的自动化、无纸化问题。目前，虽然税务发票、财政票据、铁路客票等各类原始凭证数据在各自领域内已经实现了数据标准化，但国内尚未建立起广泛适用的电子凭证会计数据标准。因此，财政部将联合相关部门，在统一电子凭证数据标准的基础上，推动企事业单位实现电子票据接收、入账和归档全流程的自动化、无纸化，从而提高工作效率和准确性。

第二，在处理环节，我们需要探索并制定财务会计软件底层的会计数据标准。这一标准将规范会计核算系统的业务规则和技术标准，确保各单位会计信息的标准化和一致性。同时，我们将在一定范围内对有关企事业单位进行试点，以满足各单位对会计信息标准化的迫切需求，并满足相关监管部门穿透式获取会计数据系统底层数据的需求，从而增强监管的透明度和有效性。

第三，在输出环节，我们将积极推广实施基于企业会计准则通用分类标准的企业财务报表会计数据标准。这一标准的实施将推动企业向不同监管部门报送的各种报表中的会计数据口径尽可能实现统一，从而降低编制和报送成本、提高报表信息的质量。同时，这还将增强会计数据的共享水平，提升监管效能，为政府和企业之间的信息沟通搭建更加顺畅的桥梁。

（2）制定会计信息化工作规范和软件功能规范，进一步完善配套制度机制。

"十四五"时期，财政部计划对现有的各类与会计信息化相关的法规、规范、制度进行全面系统的梳理工作。这一过程中，财政部将及时清理那些已经实质失效或不再适用的会计信息化工作标准文件，目的是确定会计信息化工作制度体系的整体框架，并明确各类制度之间的协调机制。通过这一系列的举措，财政部期望能确保各类会计信息化制度的目标明确、功能清晰、内容完整，同时实现执行的统一性和相互之间的协调性。具体而言，财政部在"十四五"期间的会计信息化工作将围绕以下几个方面展开。

第一，财政部将积极推动《中华人民共和国会计法》的修订工作。现行的会计法已经明确提出了会计核算工作可以借助电子计算机来完成，并对使用电子计算机进行会计核算的软件及其生成的会计资料提出了必须符合国家统一会计制度的规定。在"十四五"期间，财政部将进一步加快会计法的修订进程，明确单位在使用会计核算信息系统进行会计核算工作时，应当遵循会计信息化工作规范和统一的会计数据标准。这一修订将为单位开展会计信息化建设、推动会计数字化转型提供坚实的法治保障。

第二，财政部将致力于制定和完善会计信息化工作规范以及软件功能规范。虽然现行的《企业会计信息化工作规范》已经明确了企业使用的会计软件应当具备的基本功能，但随着数字化环境的不断发展，该规范并未针对数字化环境下的会计工作实务进行更具针对性的规定。同时，目前市场上的很多会计软件功能主要集中在会计核算工作领域，对于管理会计等会计职能的拓展领域并未作出原则性规定，且其适用范围也仅限于企业。因此，"十四五"期间，财政部将在制定和实施统一的会计数据标准的同时，进一步完善会计信息化工作规范，并制定软件功能规范。这将有助于夯实信息化环境下的会计基础工作，提高财务软件的质量，为会计数字化转型提供有力的制度支撑。

第三，财政部还将探索建立会计信息化工作的分级分类评估制度以及财务软件功能的第三方认证制度。根据会计信息化工作的特点，财政部将综合运用顶层设计、系统建设、应用实践等多维指标，探索建立适用于企事业单位的会计信息化工作分级分类评估制度。同时，财政部还将探索建立由财政部门牵头的财务软件功能第三方认证制度，以指导和帮助企事业单位执行财务软件功能规范或选择符合功能规范的财务软件。这一制度的建立将有助于督促单位提升会计信息化水平，推动会计数据标准的全面实施。

（3）深入推动单位业财融合和会计职能拓展，加快推进单位会计工作数字化转型。

第一，全力推进企事业单位的业财融合建设。这需要借助会计信息的标准化和数字化建设，为企事业单位提供一个深入探索和实践业财融合的平台。在这个过程中，要充分运用各种先进的信息技术，努力探索并形成可扩展、可聚合、可比对的会计数据要素。这样的数据要素将极大地提升数据治理水平，为企事业单位的决策提供更有力的数据支持。

第二,积极推动单位会计职能的拓展。在这个过程中,要积极引导企事业单位利用会计信息化手段,夯实管理会计的数据基础。这样,单位就能更有针对性地开展个性化的管理会计活动,探索在数字经济和新技术的赋能下,管理会计的新模式和新方法。同时,还要加强绩效管理,提升单位的价值创造能力。此外,还要完善新技术影响下的内部控制信息化配套建设,确保内部控制制度的有效实施。特别是要推动乡镇街道等基层单位运用信息化手段,提升他们的内部控制水平,确保基层单位的稳健运行。

第三,充分发挥会计信息化在可持续报告编报中的作用。积极推动企事业单位使用信息化手段来开展可持续报告的编报工作。这样不仅可以提升单位的可持续发展能力,还能加强他们的管理能力。同时,这也将为可持续视角下的企业估值提供有力的支撑,促进资源的合理配置,推动社会的可持续发展。

(4)加强函证数字化和注册会计师审计报告防伪等系统建设,积极推进审计工作数字化转型。

第一,加速构建注册会计师行业的数据标准体系。这一体系将围绕注册会计师行业的审计数据采集、审计报告电子化、行业管理服务数据、电子签章与证照等关键领域进行构建,目的是充分发挥数据要素对注册会计师行业的创新引领作用。通过这一体系的构建,将为注册会计师行业提供一个统一、规范的数据标准框架,推动行业数据的标准化、规范化和共享化,进而提升行业的整体服务水平和创新能力。

第二,积极鼓励会计师事务所进行数字化转型,并积极探索注册会计师审计工作的数字化转型路径。在大数据、人工智能、区块链等新技术不断涌现的背景下,积极推动审计工作信息系统的数字化升级,鼓励会计师事务所积极探索全流程的审计作业数字化、智能化。这将有助于提升审计工作的效率和质量,降低审计成本,同时也有助于会计师事务所更好地适应数字化时代的发展需求。

第三,大力推进审计函证的数字化工作。制定和完善审计函证的业务规范和数据标准,鼓励并指导会计师事务所建设审计函证集中处理系统。同时,积极开展审计函证数字化的试点工作,鼓励行业审计函证电子化平台的发展,并确保其规范、有序、安全运行。这将有助于提升审计函证的处理效率和质量,降低函证成本,同时也有助于防范和打击函证舞弊行为。

第四,建立审计报告单一来源制度。这一制度将建立健全审计报告的唯一性和可追溯性机制，积极推动实现全国范围的"一码通"。通过这一制度的建设，相关监管部门将能够获取单一来源的审计报告，从源头上治理虚假审计报告问题。这将有助于提升审计报告的公信力和权威性，保护投资者和公众的合法权益，同时也将有助于维护市场的公平、公正和透明。

（5）优化整合各类会计管理服务平台，切实推动会计管理工作数字化转型。

第一，优化全国统一的会计人员管理服务平台。鉴于我国会计人员数量庞大，会计人员信息构成了一项重要的数据资产。因此，在现有全国会计人员管理服务平台以及各省会计人员管理服务平台的基础上，财政部将进一步对该平台进行优化，完善其机制，并持续做好会计人员信息的采集、管理、维护和使用工作。目标是有效发挥这一平台在监督管理和社会服务方面的作用，为会计人员提供更加便捷、高效的服务，同时加强对会计人员的监管，确保会计信息的准确性和可靠性。

第二，构建注册会计师行业统一监管信息平台。借助新技术，结合信息化和数字化手段，打造一个全新的注册会计师行业统一监管信息平台。该平台将通过业务报备、电子证照和签章等手段，加强对注册会计师行业的日常监测，提升监管效率和水平。此外，进一步加大会计师事务所的信息披露力度，确保单位在选聘会计师事务所时能够获得真实、可靠的信息，从而作出更加明智的决策。

第三，升级全国代理记账机构管理系统。基于会计数字化转型的大背景，借助大数据、人工智能、知识图谱等新技术，对全国代理记账机构管理系统进行全面升级。这样能够实现全国会计管理部门对行业发展的态势感知，确保各地会计管理部门能够实时掌握本地行业的发展情况。同时，健全完善代理记账机构的信用信息公示制度，进一步提升代理记账行业的事中事后监管效能，保障行业的健康发展。

第四，系统重塑会计管理服务平台。会计管理服务平台是服务会计机构、会计人员的重要手段。在"十四五"期间，财政部将在现有基础上对这一平台进行系统的重塑，稳步推进会计行业管理信息化建设。通过运用会计行业管理大数据，为国家治理体系和治理能力现代化提供有力的数据支撑。这将有助于提升国家治理的效率和准确性，推动国家治理体系和治理能力现代化建设迈入更高境界。

（6）加速会计数据要素流通和利用，有效发挥会计信息在服务资源配置和宏观经济管理中的作用。

第一，发挥会计信息在资源配置中的支撑作用。会计数据作为重要的数据要素，在资源配置中扮演着至关重要的角色。为此，财政部将以会计数据标准为核心，积极推动各类票据的电子化改革，目的是解决会计数字化转型过程中输入数据的瓶颈问题。同时，通过大力推进企业财务报表的数字化进程，推动企业会计信息系统的数据架构趋于一致，以提高数据的可比性和可用性。此外，通过制定并实施小微企业会计数据增信标准，以帮助缓解小微企业融资难、融资贵的问题，进一步促进会计数据要素的流通和利用，从而充分发挥会计信息在资源配置中的支撑作用。

第二，发挥会计信息对宏观经济管理的服务作用。通过利用大数据等先进的技术手段，加强会计数据与相关数据的整合和分析工作，以便及时、准确地反映宏观经济的总体运行状况及发展趋势。这将为财政政策、产业发展政策以及宏观经济管理决策提供有力的数据支撑和参考依据，从而充分发挥会计信息在宏观经济管理中的服务作用。继续努力完善会计信息体系，提高会计信息的质量和可用性，以更好地服务于宏观经济管理和决策。

（7）探索建立会计数据共享平台和协同机制，推动会计监管信息的互通共享。

"十四五"规划期间，财政部将携手相关部门，积极推动会计数据标准的实施与落地。在确保数据安全可控的前提下，积极探索并建立跨部门的会计信息交换机制与共享平台，目的是初步实现会计监管信息在不同监管部门之间的互通与共享，打破部门间的会计信息孤岛现象，促进信息的流通与整合。具体而言，到"十四五"规划期末，期望初步实现各监管部门在财务报表数据层面和关键数据交换层面上的全面数据共享与互认。这意味着，通过标准化、结构化的处理，财务报表数据将实现单一来源，确保数据的一致性和准确性。这样的变革将有效降低各监管部门间数据交换和比对核实的成本，显著提升监管的效能和效率。为了实现这一目标，需要持续优化和完善会计信息交换机制，加强跨部门沟通与协作，确保数据的及时、准确、安全、共享。同时，加大对财务报表数据标准化、结构化处理的投入，推动技术的创新与应用，为监管部门提供更加便捷、高效的数据支持，助力监管工作的智能化、精准化发展。

（8）健全安全管理制度和安全技术标准，加强会计信息安全和跨境会计信息监管。

第一，健全会计信息安全管理制度和安全技术标准。会计信息作为企事业单位的核心数据资源，其安全性和可靠性对于企业的稳健运营和国家的经济安全都具有举足轻重的意义。因此，坚持积极防御、综合防范的策略方针，财政部将携手相关部门，在全面提升各单位会计信息安全防护能力的基础上，特别注重保障各部门监管系统中会计信息的安全。针对不同类型的单位，积极建立健全会计信息分级分类的安全管理制度，明确安全技术标准，完善监控体系。同时，加强对会计信息系统的定期审计，确保信息安全的有效保障机制和应急处理机制能够随时应对各种潜在的安全威胁。

第二，加强跨境会计信息监管。面对全球化背景下跨境会计信息的流动与交换日益频繁的现状，积极探索跨境会计信息监管的标准和方法，努力寻求先进的监管技术和手段。深入研究可行的跨境会计信息监管路径，目的是从制度层面筑起坚实的防线，有效防止境内外有关机构和个人通过违法违规或不当手段获取、传输会计信息，切实维护国家的信息安全和经济秩序的稳定。

（9）加强会计信息化人才培养，繁荣会计信息化理论研究。

第一，加强会计信息化人才培养。会计的数字化转型离不开高水平、复合型人才的坚实支撑。因此，"十四五"期间，财政部将大幅度提升会计信息化人才的培养力度，积极推动各单位重视并加强复合型会计信息化人才的培养工作。同时，鼓励高等院校在课程设置上作出相应调整，适当增加会计信息化课程内容的比重，确保学生在校期间就能接触到最前沿的会计信息化知识和技能。此外，在会计人员能力框架、会计专业技术资格考试大纲以及会计专业的高等和职业教育大纲中，增加对会计信息化和会计数字化转型的能力要求的比重，以此引导和教育广大会计人员不断提升自身的信息化素养和技能水平。

第二，繁荣会计信息化理论研究。理论与实践的相互融合、相互促进是推动会计数字化转型的重要动力源泉。在"十四五"期间，财政部将积极推动理论界深入研究会计数字化转型的理论与实践问题，探讨其面临的机遇与挑战，以及安全与伦理等基础问题。同时，鼓励理论界对国家会计数据管理体系、国家会计信息化发展体系等重大课题进行深入研究。为了更好地将理论与实践相结合，联合理论界和实务界共同开展会计信息化应用案例的编写、交流与推广工作，力求形成一批能够引领时代发展的会计信息化前沿研究成果，为会计数字化转型提供坚实的理论支撑和实践指导。

4. 强化实施保障，确保"十四五"时期各项任务取得实效

（1）强化组织领导，明确职责分工。财政部门作为会计信息化改革的主要推动力量，需要加强与中央相关主管部门的统筹协调，确保各方工作的高效运行。为此，应建立健全一个与相关部门紧密相连、职能明确、分工清晰的会计信息化工作机制，实现政策制定与政策实施之间的联动协调，形成推进改革的强大合力。同时，还需

积极开展会计信息化的宣传和贯彻实施工作，确保改革理念深入人心。各地区（部门）作为会计信息化改革的执行者，承担着将改革任务落到实处的重任。有条件的地区（部门）应结合自身的实际情况，制定符合本地区（部门）特点的会计信息化发展规划或实施方案，确保《规划纲要》和《信息化规划》中的各项任务得到切实落实。注册会计师协会在会计信息化改革中同样扮演着重要角色。它应以行业信息化战略为引领，积极指导和推动会计师事务所的数字化转型，推动整个行业向高质量发展迈进。此外，还应充分发挥全国会计信息化标准化技术委员会的智库作用，加快制定会计信息化的国家标准，为会计信息化改革提供有力的标准支撑和保障。通过这些举措共同推动会计信息化改革不断向前发展。

（2）精心推动实施，形成工作合力。建立健全会计信息化工作的实施机制，明确各参与方的职责与任务，确保工作有序进行。在这一过程中，充分发挥各企事业单位、代理记账公司、财务软件公司、相关咨询机构以及中国会计学会等专业学会协会和高等院校、科研院所等理论界的主体作用，共同推动会计信息化工作的全面有效实施。各企事业单位作为会计信息化改革的落地实践者，承担着将改革举措转化为实际成果的重任。因此，各单位负责人应作为本单位会计信息化工作的第一责任人，亲自挂帅、亲自推动。总会计师（或分管财务会计工作的负责人）和财务会计部门则要切实履行分管责任和具体责任，确保会计信息化工作的各项任务在本单位得到有效落实。同时，各单位要高度重视会计信息化工作，结合本单位的实际需要，制订切实可行的会计信息化工作计划和方案，并加强组织实施和经费保障，确保会计信息化工作能够顺利推进并取得实效。除企事业单位外，各代理记账公司、财务软件公司、相关咨询行业也是会计信息化改革的重要推动者。代理记账公司应积极探索会计资源共享服务理念，打造以会计数据为核心的数据聚合平台，为中小微企业会计数据资产实现价值提供有力支持。财务软件公司和相关咨询行业则要切实加强对会计信息化系列软件产品的研发力度，不断探索新技术在会计信息化工作中的具体应用场景，为会计数字化转型提供有力的技术支撑。中国会计学会等专业学会协会和高等院校、科研院所等理论界也要在会计信息化改革中发挥重要作用，应在保持科学严谨态度的基础上，突出问题导向，加强对会计信息化最新理论的研究和探索，为会计数字化转型提供有力的智力支持。通过各方的共同努力和协作，一定能够推动会计信息化工作不断取得新的更大成就。

（3）加强监督考核，确保落地见效。会计信息化工作的推进离不开各级财政部门和中央有关主管部门的大力支持，因此，这些部门需要承担起重要的监督和指导责任。具体来说，各级财政部门和中央有关主管部门需要对《规划纲要》和《信息化规划》中确定的会计信息化工作目标任务进行细化分解，制定出详细的进度安排，明确"十四五"时期每个阶段的具体目标和任务。同时，要明确财政部门和有关主管部门的责任划分，确保各项工作都有人负责、有人落实。在推进过程中，各级财政部门和中央有关主管部门还要定期检查、评估《规划纲要》和《信息化规划》的落实情况，及时发现问题并采取有效措施进行解决。为了更好地推动工作，我们要深度挖掘会计数字化、智能财务、财务机器人等会计信息化工作的最佳案例实践，及时总结推广先进成熟的经验做法，为更多的企事业单位提供可借鉴、可复制的成功模式。此外，针对会计信息化落地实施中存在的各类问题，及时采取有效措施进行解决，确保《规划纲要》和《信息化规划》确定的各项目标任务能够落到实处、取得实效。通过加强监督考核工作，更好地推动会计信息化工作的进展，为我国的经济发展和社会进步作出更大的贡献。

（二）《中华人民共和国会计法》会计信息化建设规定

1985年1月21日，《中华人民共和国会计法》（以下简称《会计法》）由第六届全国人民代表大会常务委员会第九次会议通过，奠定了《会计法》的基本框架，明确了会计工作的基本原则和要求，为规范会计行为提供了法律依据。1993年12月29日，第八届全国人民代表大会常务委员会第五次会议对《会计法》进行了第一次修订，主要对会计工作的监督管理、会计核算和会计报告等方面进行了完善，以适应当时经济发展的需要。1999年10月31日，第九届全国人民代表大会常务委员会第十二次会议对《会计法》进行了第二次修订，并规定自2000年7月1日起正式实施。这次修订较为全面，涉及多个方面，强调了单位负责人对本单位会计工作和会计资料真实性、完整性的责任；规范了会计核算和会计监督的基本内容，明确了会计机构和会计人员的职责；加强了对违法会计行为的法律责任追究。2017年11月4日，第十二届全国人民代表大会常务委员会第三十次会议对《会计法》进行了第三次修订，主要针对当时会计工作中出现的新情况、新问题进行了调整和完善，以更好地适应经济社会发展的要求。2024年6月28日，第十四届全国人民代表大会常务委员会第十次会议对《会计法》进行了第四次修订。

新《会计法》修订的具体内容包括以下方面。

1. 会计工作的宗旨与定位

在会计法的第二条中增加了一款，作为第一款，明确规定"会计工作应当贯彻落实党和国家路线方针政策、决策部署，维护社会公共利益，为国民经济和社会发展服务"。

2. 军事会计制度的制定

将原第八条第三款单列为一条，作为第四十九条，明确了中央军事委员会有关部门可以依照会计法和国家统一的会计制度制定军队实施国家统一的会计制度的具体办法，并抄送国务院财政部门。

3. 加强会计信息化建设

在第八条中新增一款，作为第三款，强调国家加强会计信息化建设，鼓励依法采用现代信息技术开展会计工作，具体办法由国务院财政部门会同有关部门制定。

4. 会计核算的范围

将原第十条和第二十五条合并，作为新的第十条，详细列出了各单位应当对哪些经济业务事项办理会计手续、进行会计核算，包括资产的增减和使用，负债的增减，净资产（所有者权益）的增减，收入、支出、费用、成本的增减，财务成果的计算和处理，以及其他需要办理会计手续、进行会计核算的事项。

5. 财务会计报告的编制与提供

修改了第二十条第二款，规定向不同的会计资料使用者提供的财务会计报告，其编制依据应当一致。如果有关法律、行政法规规定财务会计报告须经注册会计师审计，那么注册会计师及其所在的会计师事务所出具的审计报告应当随同财务会计报告一并提供。

6. 会计档案的管理

修改了第二十三条，要求各单位对会计凭证、会计账簿、财务会计报告和其他会计资料应当建立档案，妥善保管。同时，会计档案的保管期限、销毁、安全保护等具体管理办法，由国务院财政部门会同有关部门制定。

7. 内部会计监督制度的完善

将第二十七条改为第二十五条，在要求各单位建立、健全本单位内部会计监督制度的基础上，增加了将其纳入本单位内部控制制度的要求，并新增了"国务院财政部门规定的其他要求"作为第五项。

8. 会计工作的组织形式

修改了第三十六条，作为新的第三十四条，规定了各单位根据会计业务的需要，可以依法采取设置会计机构、在有关机构中设置会计岗位并指定会计主管人员，或者委托经批准设立从事会计代理记账业务的中介机构代理记账等方式组织会计工作。同时，将原条款中的"国有资产"修改为"国有资本"。

9. 法律责任

对原第四十二条、第四十三条、第四十四条等条款进行了整合和修改，加大了对违法会计行为的处罚力度，包括提高罚款上限、增加对直接负责的主管人员和其他直接责任人员的处罚等。同时，明确了对伪造、变造会计凭证、会计账簿等严重违法行为的会计人员，五年内不得从事会计工作。

此外，还对部分条款的文字表述进行了调整，如将相关条文中的"帐"修改为"账"，以及在其他条款中增加了对国家秘密、工作秘密、商业秘密、个人隐私、个人信息保护的要求等。修正内容自 2024 年 7 月 1 日起施行，并对原《会计法》的条文顺序作了相应调整，重新公布。

虽然新《会计法》本身没有直接规定会计档案数字化的具体条文，但其在加强会计信息化建设方面的法律要求为会计档案的数字化提供了有力支持。新《会计法》第八条第三款规定，"国家加强会计信息化建设，鼓励依法采用现代信息技术开展会计工作，具体办法由国务院财政部门会同有关部门制定"。这一条款首次将会计信息化写入会计法，强调了国家在推进会计信息化建设方面的决心和措施。鼓励采用现代信息技术开展会计工作，目的是提高会计工作的效率和准确性，促进会计信息的共享和利用。同时，明确具体办法将由国务院财政部门会同有关部门制定，为会计信息化建设的实施提供了制度保障。

（三）《会计档案管理办法》会计档案数字化规定

财政部和国家档案局于 1984 年发布了《会计档案管理办法》，1998 年 8 月 21 日财政部和国家档案局对该办法进行了第一次修订，并于 1999 年 1 月 1 日实施。2015 年 12 月 11 日财政部和国家档案局对该办法进行了再次修订，并自 2016 年 1 月 1 日起正式施行，此次修订对原办法进行了全面更新和完善。

《会计档案管理办法》中关于会计档案数字化的具体条款规定主要集中在电子会计档案的形成、接收、管理、利用和销毁等方面。对相关条款的归纳如下。

1. 电子会计档案形成的具体规定

第八条 同时满足下列条件的,单位内部形成的属于归档范围的电子会计资料可仅以电子形式保存,形成电子会计档案:

(一)形成的电子会计资料来源真实有效,由计算机等电子设备形成和传输;

(二)使用的会计核算系统能够准确、完整、有效接收和读取电子会计资料,能够输出符合国家标准归档格式的会计凭证、会计账簿、财务会计报表等会计资料,设定了经办、审核、审批等必要的审签程序;

(三)使用的电子档案管理系统能够有效接收、管理、利用电子会计档案,符合电子档案的长期保管要求,并建立了电子会计档案与相关联的其他纸质会计档案的检索关系;

(四)采取有效措施,防止电子会计档案被篡改;

(五)建立电子会计档案备份制度,能够有效防范自然灾害、意外事故和人为破坏的影响;

(六)形成的电子会计资料不属于具有永久保存价值或者其他重要保存价值的会计档案。

2. 电子会计档案接收的具体规定

第九条 满足本办法第八条规定条件,单位从外部接收的电子会计资料附有符合《中华人民共和国电子签名法》规定的电子签名的,可仅以电子形式归档保存,形成电子会计档案。

3. 电子会计档案管理与利用的具体规定

第十二条 单位会计管理机构在办理会计档案移交时,应当编制会计档案移交清册,并按照国家档案管理的有关规定办理移交手续。电子会计档案移交时应当将电子会计档案及其元数据一并移交,且文件格式应当符合国家档案管理的有关规定。特殊格式的电子会计档案应当与其读取平台一并移交。单位档案管理机构接收电子会计档案时,应当对电子会计档案的准确性、完整性、可用性、安全性进行检测,符合要求的才能接收。

第十三条 单位应当严格按照相关制度利用会计档案,在进行会计档案查阅、复制、借出时履行登记手续,严禁篡改和损坏。单位保存的会计档案一般不得对外借出。确因工作需要且根据国家有关规定必须借出的,应当严格按照规定办理相关手续。

4. 电子会计档案销毁的具体规定

第十八条 经鉴定可以销毁的会计档案，应当按照以下程序销毁：

（一）单位档案管理机构编制会计档案销毁清册，列明拟销毁会计档案的名称、卷号、册数、起止年度、档案编号、应保管期限、已保管期限和销毁时间等内容。

（二）单位负责人、档案管理机构负责人、会计管理机构负责人、档案管理机构经办人、会计管理机构经办人在会计档案销毁清册上签署意见。

（三）单位档案管理机构负责组织会计档案销毁工作，并与会计管理机构共同派员监销。监销人在会计档案销毁前，应当按照会计档案销毁清册所列内容进行清点核对；在会计档案销毁后，应当在会计档案销毁清册上签名或盖章。

电子会计档案的销毁还应当符合国家有关电子档案的规定，并由单位档案管理机构、会计管理机构和信息系统管理机构共同派员监销。

5. 其他相关规定

在安全性与合规性方面，单位应采取可靠的安全防护技术和措施，保证电子会计档案的真实、完整、可用、安全。同时，电子会计档案的管理和利用应遵守国家相关法律法规的规定。

《会计档案管理办法》对会计档案数字化的意义重大，它不仅推动了互联网创新经济的发展，促进了绿色、低碳发展方式的形成，还显著提升了会计档案管理的效率和安全性，便于审计与查询分析，有助于推动国家治理能力的现代化。

（四）新《会计法》对《会计档案管理办法》的影响

《会计法》新增的第八条第三款首次将会计信息化写入会计法，这一修订对《会计档案管理办法》产生了深远的影响，主要体现在以下几个方面。

1. 推动会计档案数字化进程

（1）法律依据强化。新《会计法》强调会计信息化建设，为会计档案的数字化提供了更强的法律依据。这使得《会计档案管理办法》在推动会计档案数字化进程时有了更坚实的法律支撑。

（2）管理要求提升。随着会计信息化的推进，会计档案的形式和内容也将发生变化，从传统的纸质档案逐渐向电子档案转变。因此，《会计档案管理办法》需要适应这一变化，提升对电子会计档案的管理要求，确保电子会计档案的真实性、完整性、可用性和安全性。

2. 完善电子会计档案管理制度

（1）制度衔接。新《会计法》的修订促使《会计档案管理办法》与会计信息化相关法规政策相衔接，形成完整的会计档案管理制度体系。这有助于规范电子会计档案的生成、收集、传输、存储、利用、鉴定和销毁等全生命周期管理。

（2）管理规范细化。为了适应会计信息化的需求，《会计档案管理办法》需要进一步细化电子会计档案的管理规范，包括电子档案的格式标准、存储介质要求、备份与恢复策略、访问权限控制等。

3. 促进会计档案信息共享利用

（1）信息共享。会计信息化使得会计档案信息的共享变得更加便捷和高效。新《会计法》的修订将推动《会计档案管理办法》在保障信息安全的前提下，促进会计档案信息的共享利用，提高会计信息的透明度和使用价值。

（2）服务升级。随着会计档案数字化的推进，《会计档案管理办法》还将推动会计档案服务模式的升级，如提供在线查询、远程调阅等服务，满足用户多样化的需求。

4. 加强会计档案安全管理

（1）安全责任明确。新《会计法》在强调会计信息化建设的同时，也对会计档案的安全管理提出了更高要求。《会计档案管理办法》需要明确相关单位和人员的安全责任，建立健全会计档案安全管理制度。

（2）技术防护加强。为了应对会计档案数字化带来的安全风险，《会计档案管理办法》需要引入更先进的信息安全技术，如加密技术、防火墙技术、入侵检测技术等，确保会计档案的安全存储和传输。

综上所述，新《会计法》的修订对《会计档案管理办法》产生了深远的影响，必将推动会计档案数字化进程，完善电子会计档案管理制度，促进会计档案信息共享利用，加强会计档案安全管理。这些变化将有助于提升会计工作效能和质量，为经济社会发展提供更加坚实的会计保障。

（五）《关于规范电子会计凭证报销入账归档的通知》会计档案数字化规定

《关于规范电子会计凭证报销入账归档的通知》是由财政部、国家档案局在2020年联合发布的。该通知的发布时间与单位体现了国家对电子会计凭证管理的重视，以及通过跨部门合作推动电子会计凭证规范化管理的决心。

《关于规范电子会计凭证报销入账归档的通知》有以下具体规定。

一、本通知所称电子会计凭证，是指单位从外部接收的电子形式的各类会计凭证，包括电子发票、财政电子票据、电子客票、电子行程单、电子海关专用缴款书、银行电子回单等电子会计凭证。

二、来源合法、真实的电子会计凭证与纸质会计凭证具有同等法律效力。

三、除法律和行政法规另有规定外，同时满足下列条件的，单位可以仅使用电子会计凭证进行报销入账归档：

（一）接收的电子会计凭证经查验合法、真实；

（二）电子会计凭证的传输、存储安全、可靠，对电子会计凭证的任何篡改能够及时被发现；

（三）使用的会计核算系统能够准确、完整、有效接收和读取电子会计凭证及其元数据，能够按照国家统一的会计制度完成会计核算业务，能够按照国家档案行政管理部门规定格式输出电子会计凭证及其元数据，设定了经办、审核、审批等必要的审签程序，且能有效防止电子会计凭证重复入账；

（四）电子会计凭证的归档及管理符合《会计档案管理办法》（财政部国家档案局令第 79 号）等要求。

四、单位以电子会计凭证的纸质打印件作为报销入账归档依据的，必须同时保存打印该纸质件的电子会计凭证。

五、符合档案管理要求的电子会计档案与纸质档案具有同等法律效力。除法律、行政法规另有规定外，电子会计档案可不再另以纸质形式保存。

六、单位和个人在电子会计凭证报销入账归档中存在违反本通知规定行为的，县级以上人民政府财政部门、档案行政管理部门应当依据《中华人民共和国会计法》《中华人民共和国档案法》等有关法律、行政法规处理处罚。

《关于规范电子会计凭证报销入账归档的通知》在会计档案数字化方面作出了全面而具体的规定。该通知首先明确了电子会计凭证与纸质会计凭证具有同等法律效力，为会计档案的数字化提供了坚实的法律基础。同时，通知规定了单位在符合一定条件的情况下，可以仅使用电子会计凭证进行报销入账归档，这些条件包括电子会计凭证的合法性与真实性、传输与存储的安全可靠性、会计核算系统的要求以及归档管理的规范等。此外，通知还指出，如果单位选择以电子会计凭证的纸质打印件作为报销入账归档依据，则必须同时保存打印该纸质件的电子会计凭证，以确保电子会计凭证的完整性和可追溯性。更重要的是，通知强调符合档案管理要求的电子会计档案与纸质档案具有同等法律效力，并允许在特定情况下不再另以纸质形式保存，从而进一步推动了会计档案的数字化进程并降低了企业的存储和管理成本。最后，通知还明确了对违反规定行为的处理处罚措施，为电子会计凭证的规范化管理提供了法律保障。

（六）《电子会计档案管理规范》（DA/T 94—2022）会计档案数字化要求

《电子会计档案管理规范》（DA/T 94—2022）由国家档案局于2022年4月7日发布，于2022年7月1日正式实施，成为中华人民共和国档案行业标准之一。起草单位包括国家档案局经科司、财政部会计司、航天信息股份有限公司、中国电力建设集团有限公司、用友网络科技股份有限公司、中国石油天然气集团有限公司等多个单位，确保了内容的完整性和专业性。

《电子会计档案管理规范》（DA/T 94—2022）的发布，目的是规范电子会计档案的形成、收集、整理、归档、保管、统计、利用、鉴定和处置等各个环节，为机关、团体、企业事业单位和其他组织在电子会计档案管理活动中提供指导。该规范的实施，对于推动电子会计档案的广泛应用，提高会计档案管理的效率和安全性，具有重要意义。

1. 电子会计资料的形成与归档

电子会计资料的形成与归档是一个严谨的过程，目的是确保会计信息的真实性和有效性。这些资料必须是由计算机等电子设备形成和传输的，以确保其数字化特性。在内部形成电子会计资料时，必须经过经办、审核、审批等必要的审签程序，以确保资料的内容及元数据齐全完整，符合会计和档案管理的规范。电子会计资料应形成相应格式的独立的电子文件，这些文件的大小应适中，便于管理和利用，以提高工作效率。在归档存储方面，版式电子会计资料推荐使用OFD格式，这种格式具有良好的兼容性和长期保存性。对于不具备应用OFD格式条件的单位，可以使用PDF格式或其他符合长期保存要求的版式格式。此外，XML作为可选归档格式，可以满足部分单位对数据管理的特殊需求，提供了更加灵活和多样化的归档选择。

2. 电子会计档案管理系统的要求

电子会计档案管理系统的要求主要体现在接收与管理以及检索关系两个方面。首先，该系统必须能够有效接收、管理并利用电子会计档案，确保其符合电子档案的长期保管要求，以维护会计信息的真实性和完整性。其次，系统还应建立电子会计档案与相关联的其他纸质会计档案的检索关系，实现电子与纸质档案之间的无缝链接，从而便于用户查询和利用，提高工作效率和档案管理的便捷性。

3. 安全性与完整性保障

安全性与完整性保障是电子会计档案管理的重要方面。为了确保电子会计档案不被篡改，必须采取有效措施，如采用先进的加密技术和访问控制机制，以防止未经授权的修改和访问，从而确保档案的真实性和完整性。同时，建立电子会计档案备份制度也是至关重要的，通过定期备份和存储在不同的物理位置，可以有效防范自然灾害、意外事故和人为破坏对电子会计档案的影响，确保档案的长期可用性和安全性。

4. 存储与利用

存储与利用是电子会计档案管理的关键环节。为了确保档案的安全性和可访问性，电子会计档案应实施在线和离线存储相结合的方式。离线存储时，应选择耐久性好的载体，如一次性写入光盘、磁带、硬磁盘等，以保证档案数据的长期保存。同时，单位档案管理机构还应每年对电子会计档案的可读性进行评估，并形成评估报告，以及时发现和解决因系统软、硬件或其他技术升级、更新导致的档案不可读取风险。若存在此类风险，应及时对电子会计档案进行迁移，以确保档案的长期可读性和可利用性。

5. 分类与整理

分类与整理是电子会计档案管理的重要步骤。在分类方法上，电子会计档案沿用了纸质会计档案的分类方式，这样做的好处是可以确保电子会计档案的管理和利用方式与传统的纸质档案保持一致，便于会计人员进行操作和管理。在组件与组卷方面，电子会计资料的组件和组卷方法设计得简洁统一，这样可以使会计人员能够快速掌握并运用到实际工作中。与纸质档案不同的是，电子载体不受案卷厚度的限制，因此在组卷时主要依据时间顺序，并结合单个电子文件的存储容量来进行分卷，以确保电子会计档案的有序管理和高效利用。

6. 归档移交与保管

归档移交与保管是电子会计档案管理的重要环节。按照规定，经过整理的电子会计资料应在会计年度结束后，由单位的会计管理机构负责临时保管，保管期限为1年。之后，这些资料需要移交给单位的档案管理机构进行长期保管。如果因为工作需要而必须推迟移交，那么需要得到单位档案管理机构的批准，但推迟的时间最长不能超过3年。在电子会计档案移交与接收的过程中，双方应及时办理交接手续，这可以通过线上或线下的方式来完成。值得一提的是，允许通过线上办理交接手续是该标准的一大亮点，这也体现了电子档案单套制归档的重要特性。

7. 到期鉴定与销毁

到期鉴定与销毁同样是电子会计档案管理的重要环节。在这一环节中，鉴定工作应由单位的档案管理机构负责牵头，同时组织会计、信息技术、审计、纪检监察等相关机构或人员共同参与，以确保鉴定工作的全面性和准确性。对于经过鉴定确认可以销毁的电子会计档案，必须按照规定的程序进行销毁处理。在销毁过程中，应采取物理删除的方式，并进行不可恢复性验证，以确保销毁的彻底性。同时，销毁清册及相关记录应输出为纸质文件，并进行永久保存，以备后续查证和审计需要。

《电子会计档案管理规范》对会计档案数字化的具体要求涵盖了电子会计资料的形成、归档、存储、利用、安全性保障、分类整理、归档移交、保管以及到期鉴定与销毁等多个方面，以确保电子会计档案的真实、完整、可用和安全。

二、技术支持

随着技术的不断进步和应用的不断深化，会计档案数字化将在企业财务管理中发挥更加重要的作用。我们可以期待更多创新技术的应用，如人工智能、区块链等，为会计档案数字化带来更多可能性，具体的创新技术包括以下内容。

（一）电子会计档案的技术创新

数电票、数字签名、银行电子函证及OCR技术在会计档案数字化方面共同发挥了重要作用。它们通过无纸化处理、确保数据真实性与完整性、简化审计流程和实现纸质档案快速数字化等手段，大幅提高了会计档案管理的效率与准确性，促进了财务信息的即时匹配与核对，降低了运营成本，并满足了法律合规与审计要求，推动了会计档案管理的现代化进程。

1. 数电票

数电票全称全面数字化的电子发票，是依托可信身份体系和电子发票服务平台，以去介质、去版式、标签化、要素化、授信制、赋码制为基本特征，覆盖全领域、全环节、全要素的全新发票。

数电票是纸质发票的全面数字化形式，不以纸质形式存在，无需介质支撑，也无需预先申请领用、发票验旧及申请增版增量。数电票实行全国统一赋码，通过电子发票服务平台自动流转交付，具有与纸质发票同等的法律效力。其核心在于数字化，即将纸质发票上的所有信息转化为可编辑、可查询、可共享的电子数据。

数电票的发展阶段可以从其推广和应用的时间线进行划分，大致分为起步阶段、发展阶段和成熟阶段。

起步阶段大致可以从电子发票的初步推广开始算起，直到全电发票受票试点正式启动之前，即2016年至2020年。2016年1月增值税电子普通发票全面推广，标志着我国正式进入电子发票时代。在这一阶段，电子发票逐渐取代了部分纸质发票，企业开始尝试通过电子方式开具和传递发票。然而，此时的电子发票可能还未实现全链条的数字化，发票的管理和应用也相对较为初级。同时，税务部门和企业也在积极探索电子发票的进一步发展和应用方向。

发展阶段从全电发票受票试点正式启动开始，到数电票全面推广并取得显著成效之前，即2021年至2022年。2021年12月全电发票受票试点启动，这是数电票发展的一个重要里程碑。全电发票作为数电票的前身，在试点阶段逐步探索和完善了全面数字化的发票管理模式。在这一阶段，全电发票逐渐在试点地区和企业中得到应用和推广。税务部门和企业共同努力，不断完善全电发票的开具、传递、接收、认证等各个环节的流程和规范。

成熟阶段从数电票全面推广并取得显著成效开始，至今仍在持续发展中，即2023年至今。2023年3月"全电发票"升级并改名为"数电票"，进一步明确了其发展方向和应用范围。2023年11月数电票开票试点覆盖全国35个省市，标志着数电票的应用范围进一步扩大。在这一阶段，数电票已经成为企业发票管理的主流方式之一。随着税务部门对数电票推广力度的加大和企业对数电票认知度的提高，越来越多的企业开始采用数电票进行发票管理。同时，随着技术的不断成熟和应用场景的不断丰富，数电票的应用效果也得到了进一步提升。企业可以通过电子发票服务平台实现发票数据的全面互联互通和智能分析，从而提高财务管理效率、降低运营成本并增强税务合规性。

2. 数字签名

数字签名是一种通过密码算法对电子文档进行电子形式的确认与签署的技术。它利用公钥密码技术和其他密码算法生成一系列符号及代码组成电子密码进行签名，以代替传统的书写签名或印章。数字签名能够验证信息的发送者身份、保证信息传输过程中的完整性、真实性和不可抵赖性。具体而言，发送方使用私钥对消息（或消息的哈希值）进行加密，生成数字签名，并将其与消息一同发送给接收方。接收方则使用发送方的公钥对数字签名进行解密和验证，从而确认消息的真实性和完整性。

数字签名技术作为数字化转型进程中的重要工具，正逐渐在我国多行业多领域展现出其广泛的应用价值和巨大的发展潜力。这一技术的发展得益于多方面的推动。在政策层面，自2005年我国电子签名得到法律认证以来，相关部门陆续出台了一系列相关法规及政策，为电子签名的规范化应用扫清了障碍。特别是《中华人民共和国电子签名法》的颁布，明确赋予了电子签名与手写签名或盖章同等的法律效力，这为电子签名在各个领域的应用提供了坚实的法律保障。在市场层面，近年来我国电子签名行业规模实现了持续稳定的增长。根据艾瑞咨询等权威机构的报告数据，我国电子签名市场规模已从2017年的220亿元增长至2021年的308.6亿元，并且预计在未来几年内将继续保持高速增长的态势。这一显著的市场增长趋势充分反映了数字签名技术在企业和社会中的广泛应用和认可。在应用层面，数字签名技术已经基本覆盖了金融、电子政务、医疗、房地产等多个重要行业。在金融领域，数字签名技术主要应用于信用卡业务、按揭服务、融资租赁等场景，有效提升了业务处理的便捷性和安全性；在电子政务领域，数字签名的应用推动了"最多跑一次""一网通办"等改革措施的落地实施，极大提升了政府服务效率和民众满意度；在医疗领域，数字签名技术则实现了电子病历、处方等医疗文书的数字化签署，为医疗机构提供了更加高效、便捷的文档管理方式。在技术创新层面，随着5G、区块链、人工智能等新一代信息技术的不断突破和发展，数字签名技术也在持续演进和创新。例如，区块链技术与数字签名的结合应用，可以进一步提高数据的不可篡改性和可追溯性，为数字签名的应用提供了更加坚实的技术支撑和保障。这些技术创新不断推动着数字签名技术向更高层次、更广泛的应用领域发展。

3. 银行电子函证

银行电子函证是指会计师事务所等审计单位在获取被审计单位授权后，通过线上加密传输方式向银行业金融机构发出询证函，银行查询、核对相关信息后，直接向审计单位提供加密电子回函的过程。它是传统纸质函证在信息化时代的升级和替代，目的是提高函证业务的效率、安全性和准确性。

在我国，银行电子函证的发展得到了政策的大力推动和市场的积极响应。近年来，相关部门出台了一系列政策文件，如《关于加快推进银行函证规范化、集约化、数字化建设的通知》（财会〔2022〕39号）等，明确要求加快推进银行函证的数字化建设，并鼓励会计师事务所和银行通过银行函证平台（包括第三方函证平台和银行自建平台）开展数字化函证，以提升函证效率和效果。在市场实践方面，多家银行已经开始实施函证业务的集约化、数字化处理，通过设立专门的函证服务团队或部门，集中处理所有函证业务，并推出了如工商银行的函证e信、浦发银行的电子化函证业务等平台。这些平台的出现显著缩短了函证业务的处理时间，并提高了流程的可追溯性。同时，随着区块链、人工智能等新一代信息技术的不断突破，银行电子函证平台也在不断演进和创新。例如，基于区块链技术的函证平台能够实现函证全流程操作的不可篡改和真实可靠，进一步提升了函证业务的安全性和可信度。在政策的引导和市场需求的推动下，银行电子函证的应用范围不断扩大，越来越多的会计师事务所和被审计单位开始接受和使用电子函证，以提高审计工作的效率和准确性。

4. 光学字符识别技术

光学字符识别（OCR）指运用光学设备（扫描仪或数码相机等）将纸质文档上的文字信息转化为图像，再利用算法将图像信息翻译成可编辑的计算机文字的过程。可用于文档识别、图片过滤、场景理解等方面，简化信息采集和录入工作，有助于财务纸质原始凭证信息的影像化、电子化，提高财务业务处理效率。

在我国，OCR技术的发展历经了从理论提出到实际应用，再到广泛普及和不断创新的历程。近年来，随着数字化转型的加速推进，我国政府出台了一系列政策文件，明确鼓励和支持OCR技术的研发与应用，为OCR技术的发展营造了良好的政策环境，并提供了广阔的市场机遇。与此同时，得益于计算机视觉、深度学习等技术的迅猛发展，OCR技术的识别准确率和处理效率均实现了显著提升。目前，我国已自主研发出一系列OCR技术产品和服务，广泛满足了不同行业和领域的多样化需求。在应用层面，OCR技术在我国的应用场景不断扩展，已深入渗透到金融、保险、医疗、交通、教育等多个行业和领域。例如，在金融领域，OCR技术被广泛应用于银行卡识别、支票识别、票据识别等多种场景。此外，我国OCR产业链已相对完善，涵盖了从硬件设备、OCR软件到应用系统的多个环节，形成了上下游协同发展的良好生态。

我国应用于金融领域的OCR技术产品和服务种类繁多，这些产品和服务通过先进的识别技术，有效提升了金融机构的业务处理效率和准确性。其中以译图智讯、中安未来文字识别、百度OCR文字识别及腾讯云文字识别等表现较为突出。

译图智讯作为国内 OCR 识别领域的佼佼者，凭借其卓越的技术实力和高品质的服务，在行业内赢得了广泛的认可与赞誉。尤其在金融领域，译图智讯的 OCR 技术更是得到了深入的应用和高度评价。该公司针对金融行业的特殊需求，精心研发了包括财务报表识别、银行流水识别在内的一系列专业 OCR 解决方案。这些解决方案能够高效、准确地识别并处理金融文档中的关键信息，如金额、日期、账号等，从而极大地提升了金融机构的业务处理效率和准确性。译图智讯的 OCR 技术具备毫秒级高精度识别的能力，能够在极短的时间内完成大量文档的识别和处理工作，同时其识别准确率极高，能够确保提取的信息的准确性和完整性。此外，该技术还支持多语种识别，包括简体、繁体、英文等多种语言，以及手写体文字识别，充分满足了金融机构处理跨境金融文档、历史手写档案等多样化需求。在实际应用中，译图智讯的 OCR 解决方案在金融机构的信贷风险评级、税务申报与合规性检查等场景中表现尤为出色，通过自动化提取和校验文档信息，显著降低了人工审核的成本和错误率，进一步提高了业务处理的效率和准确性。

中安未来文字识别是一款在金融领域表现出色的 OCR 工具，其独特的服务特点、技术优势以及在实际应用中的卓越表现，都使其成了金融机构不可或缺的助手。在服务特点方面，中安未来文字识别工具展现出了强大的识别能力。它能够快速、稳定地识别各种复杂场景下的文字信息，无论是手写体、印刷体，还是表格、票据等结构化数据，都能被准确识别。这使得中安未来文字识别在金融票据处理、合同审核等场景中具有广泛的应用价值。金融机构可以借助这款工具，轻松实现文档的自动化处理，从而显著提升工作效率。在技术优势方面，中安未来文字识别同样表现出色。它具有高识别准确率的优势，能够确保提取信息的准确性和可靠性。这一特点对于金融机构来说尤为重要，因为准确的文字识别结果是后续业务处理的基础。此外，中安未来文字识别还支持多种输出格式，满足不同用户的需求。无论是需要将识别结果保存为文本文件，还是直接集成到业务流程管理系统中，中安未来文字识别都能提供灵活、便捷的解决方案。在实际应用中，中安未来文字识别工具的使用效果更是令人瞩目。它显著提升了金融机构的工作效率，降低了人工处理文档的成本和错误率。金融机构的工作人员可以借助这款工具，轻松完成文档的识别和处理工作，从而节省大量时间和精力。同时，中安未来文字识别稳定的性能和准确的识别结果也赢得了用户的广泛好评。许多金融机构都表示，自从使用了中安未来文字识别工具后，他们的业务处理效率得到了显著提升，错误率也大大降低。

百度 OCR 文字识别是基于百度强大的飞桨深度学习平台所开发的一项先进 OCR 技术，它在金融领域的应用已经取得了显著的成效。这项技术具备多种服务特点，首先，它支持中文、英文等多种语言的文字识别，这一特性使得金融机构能够轻松处理多语种文档，满足了跨境金融等多元化需求。其次，百度 OCR 文字识别提供了丰富的 API 接口，方便开发者进行集成，这意味着金融机构可以无缝地将 OCR 技术集成到各种业务系统中，实现信息处理的自动化和智能化，从而大大提升工作效率。在技术优势方面，百度 OCR 文字识别展现出了卓越的性能。它具有识别准确率高、速度快的特点，能够在极短的时间内完成大量文档的识别和处理工作，这对于需要快速处理大量金融文档的机构来说至关重要。同时，该技术还能够处理复杂的文档布局和格式，确保提取的信息的准确性和完整性，为金融机构提供了可靠的数据支持。在实际应用中，百度 OCR 文字识别在银行卡识别、支票识别等金融场景中表现出色。它能够准确提取文档中的关键信息，如卡号、金额、日期等，这些信息对于金融机构的业务处理至关重要。由于其出色的性能和稳定的识别效果，百度 OCR 文字识别已经得到了用户的广泛认可和好评。金融机构借助这项技术，不仅提升了工作效率，还降低了人工处理文档的成本和错误率，为业务的快速发展提供了有力的支持。

腾讯云文字识别是腾讯云提供的一项高效、准确的文字识别服务，特别在金融领域展现出了强大的实力。该服务利用腾讯云强大的计算能力和深度学习技术，实现了对文字的快速、准确识别，并支持包括金融领域的名片识别、合同审核等多种场景下的应用，满足了金融机构的多样化需求。同时，腾讯云文字识别具有灵活的计费方式和丰富的 API 接口，便于用户根据实际需求进行选择和集成，使得金融机构能够轻松地将文字识别服务集成到各种业务系统中。在实际应用中，该服务通过自动化提取和校验文档信息，显著提高了金融机构的业务处理效率，降低了人工审核的成本和错误率，其稳定的性能和准确的识别结果也赢得了用户的广泛好评。

（二）数据管理

湖仓一体化、多维数据库及数据治理在会计档案数字化方面共同构筑了高效、安全、有序的数据管理体系。湖仓一体化通过整合数据湖与数据仓库的优势，为会计档案提供了统一、灵活的数据存储与分析平台，支持海量数据的实时处理与深度分析。多维数据库则以其强大的数据建模能力，帮助会计档案实现多维度、多层次的数据展现，便于用户从不同角度洞察财务信息。而数据治理作为整个数据管理体系的基石,确保了会计档案数据的准确性、完整性和合规性,通过制定数据标准、监控数据质量、保障数据安全等措施,为会计档案的数字化转型提供了坚实保障。这三者不仅提升了会计档案管理的效率与效果,还促进了财务信息的深度挖掘与利用,为企业的决策支持与风险管理提供了有力支撑。

1. 湖仓一体化

湖仓一体化(data lakehouse)是一种新兴的数据处理架构,它将数据湖(data lake)和数据仓库(data warehouse)的优势结合起来,形成一个统一的数据平台。数据仓库是一个结构化、规范化的数据库,主要用于数据分析、报表生成等业务场景;而数据湖则是一个存储各种类型、各种结构数据的存储平台,可以存储大量原始数据。湖仓一体则结合了数据仓库和数据湖的优势,既能够保证数据的质量和规范性,又能够灵活地处理各种类型的数据。这种数据处理架构为政企数字化转型提供了高效、灵活、可靠的技术支持,成了越来越多政企数字化转型的首选方案。在计算机科学和软件开发领域,湖仓一体化也指将数据存储和数据处理能力整合在一起的一种方法,帮助企业和开发者更好地管理和处理大量的数据,提高数据处理的效率和可靠性。

湖仓一体概念自 2020 年提出以来,在我国得到了快速发展。根据市场研究报告,湖仓一体平台软件市场规模持续扩大,预计到 2025 年将达到近 100 亿元,复合增长率显著。多家国内技术厂商如科杰科技、华为云、星环科技等积极布局湖仓一体市场,通过技术创新和解决方案优化,满足企业在数字化转型中对数据资产统一管理和高效分析的需求。湖仓一体化作为湖仓一体的先进架构,在 ACID 事务性、存储分离、批流一体、元数据统一管理等方面具有明显优势。国内湖仓融合厂商相较国外企业,更注重平台属性的构建,提供从数据采集、数据开发、数据治理、数据资产管理、数据建模分析到数据服务等全链路数据能力,更适应国内企业需求。

巨杉数据库(SequoiaDB)作为国内领先的金融级分布式数据库厂商,凭借其在"湖仓一体"架构下的数据库产品,在金融领域展现出了广泛的应用和突出的技术实力。该产品已经在超过 100 家金融银行客户的生产环境中稳定运行,涵盖了多家股份制银行、省级农信行、城商农商行以及各类金融机构,如民生银行、广发银行、恒丰银行等,充分证明了其强大的市场影响力和客户认可度。此外,巨杉数据库在处理大规模数据方面表现出色,多家客户的数据量超过 100 亿行记录,其中最大数据量的集群更是达到了惊人的 12000 亿行。尤为重要的是,巨杉数据库对事务的 ACID 支持确保了数据在并发访问时的一致性和正确性,尤其在 SQL 访问模式下,其表现尤为优异，进一步提升了客户在数据处理和事务管理方面的效率和可靠性。

科杰科技的湖仓一体数据智能平台 KeenData Lakehouse 在金融领域的应用广泛且深入，成为推动金融机构数字化转型的重要力量。该平台通过融合数据湖和数据仓库的优势，为金融机构提供了一站式的数据全生命周期管理解决方案。在金融领域，KeenData Lakehouse 助力多家金融机构实现了数据存储整合、数据治理与实时场景应用等方面的显著提升。首先，KeenData Lakehouse 解决了金融机构在数据基础设施建设方面的难题。它支持 PB 级以上数据量的存储，通过多架构统一纳管技术，实现了多维数据的整合、存储和共享，打破了信息孤岛，提高了数据利用效率。其次，该平台提供了全面的数据治理能力。科杰科技将 DataOps 方法论融入产品，贯穿数据采集、存储、计算、和使用过程，实现了数据的可控可追溯。通过全局统一的数据标准、数据质量、主数据管理、元数据管理以及数据安全等措施，金融机构能够更有效地管理和利用数据资产，提升数据质量和安全性。再次，KeenData Lakehouse 在金融实时数据场景应用中表现出色。它采用云原生技术进行开发和部署，具备存算分离和批流一体等特性，能够实时处理和响应数据，满足金融机构在业务决策和风险管理等方面的实时性需求。最后，科杰科技还通过 KeenData Lakehouse 平台帮助金融机构构建了完善的数据资产管理体系。金融机构能够基于该平台实现数据资产的统一集成、自治理和调度监控，形成全局统一的数据资产视图，为营销、风控、财务等多业务场景提供数据支持。

星环科技在金融领域应用新一代湖仓集一体架构技术的具体情况表现为其平台在金融行业的广泛部署与显著成效。星环科技凭借统一资源管理、统一存储管理、统一计算引擎和统一数据操作四层统一架构，实现了湖仓技术架构的真正统一，打破了数据湖与数据仓库的边界。在金融领域，星环科技的湖仓一体平台已助力多家金融机构实现了数据的统一存储、处理和分析，支持实时数据接入、历史数据查询、复杂业务建模等多种需求。通过提供高性能存储格式和统一 SQL 引擎，星环科技帮助金融机构降低了数据冗余，提升了数据处理效率，并确保了数据的安全性与一致性。此外，星环科技还通过多租户管理和全生命周期数据管控能力，为金融机构提供了灵活的数据访问权限管理和数据治理解决方案。在金融数字化转型的浪潮中，星环科技以其领先的技术实力和丰富的行业经验，成了金融领域湖仓一体架构应用领域中的佼佼者。

2. 多维数据库

多维数据库（MDD）是一种将数据存放在一个 n 维数组中的数据组织方式，而不是像传统关系数据库那样以记录的形式存放。这种方式使得人们可以通过多维视图来观察数据，从而更直观地表现现实世界中的"一对多"和"多对多"关系。多维数据库增加了一个时间维，提高了数据处理速度，加快了反应时间，并提升了查询效率。在多维数据库中，维（dimension）是人们观察数据的特定角度，度量（measure）则是多维数组的取值。这种数据结构特别适用于需要进行复杂分析和查询的场景。

在我国，多维数据库的发展正逐步加快，并得到了越来越广泛的应用。随着企业数智化水平的不断提升，多维数据库在精细化管理、数据分析、决策支持等方面发挥着越来越重要的作用。特别是在企业绩效管理（EPM）领域，多维数据库在计划预算、合并报表、作业成本分析等多个场景中得到了广泛应用。一些国内领先的企业管理软件厂商，如用友、元年等，已经率先在多维数据库领域进行了布局与研发，并取得了显著成果。这些厂商通过不断的技术创新和产品迭代，推动了多维数据库在国内市场的快速发展。

用友网络科技股份有限公司（简称用友）作为中国领先的企业管理软件与服务提供商，在多维数据库领域取得了显著成果。用友公司自主研发了多维数据库产品，其核心技术为存算一体的多维数据引擎，这一技术是用友智能一体化应用平台（iuap）五项首创和领先的基础技术之一。用友商业创新平台（BIP）多维数据库不仅代表着国内技术的领先水平，更重要的是它实现了企业技术、数据与业务的深度融合。这种深度融合使得数据能够真正服务于业务，助力企业更快、更准确地作出决策，实现精细化管理。早在 2004 年 8 月，用友就发布了基于多维应用的预算管理、BI 等产品，并因此积累了大量的多维应用场景经验。在此期间，用友持续跟踪多维内存计算、数据存储等技术的发展动态。随着对应用场景的深入理解以及对国际领先产品的研究，用友在 2019 年推出了新一代的多维数据库及企业绩效管理（EPM）软件。这一 V2 版本的产品在功能上已基本与国外同类产品持平，并成功通过了大型用户的应用验证，实现了对国外软件的功能替代。如今发布的用友 BIP 多维数据库（V3 版本），基于用友自有的 MDS 多引擎技术和多维卷积算法，对性能、内存管理、数据存储机制进行了大幅度优化。在核心能力上，用友 BIP 多维数据库已达到与世界级软件相当的水平，而在满足国内用户特色化需求方面则实现了全面超越，真正做到了价值替代。在实际应用案例中，福建中烟通过采用用友 BIP 多维数据库，实现了预算编制效率的大幅提升；某超大型央企则基于该技术实现了报表的"一键出表"，极大地简化了合并报表的流程；还有一家一级央企通过建设基于用友 BIP 多维数据库的预算管理体系，有力支撑了公司"创世界一流企业"的战略目标。

元年科技股份有限公司在数据分析和管理会计领域展现出显著实力和影响力。该公司通过自主研发，成功推出了 ArkCube 内存多维数据库软件平台，这一产品在聚合计算速度、内存占用、聚合效率以及弹性部署等多个关键指标上均表现出色，能够快速响应用户的查询和分析需求，同时优化内存使用，确保在处理大规模数据集时不会过度消耗系统资源。ArkCube 的成功推出，不仅为元年科技带来了技术上的突破，还在市场上取得了显著的成就。该产品成功打破了国外厂商在中国市场的垄断地位，凭借其卓越的性能和稳定性，赢得了全球顶尖的中国科技企业的青睐。这些企业采用 ArkCube 来改造和优化全面预算、报表合并、管理报告等多项管理会计应用系统，进一步提升了自身的数据分析和管理能力。元年科技在数据分析和管理会计领域的专业特长得到了市场的广泛认可。其多维数据库产品不仅为企业提供了强大的数据分析和处理能力，还成了企业数字化转型的重要支撑。在数字化转型的大背景下，元年科技的多维数据库产品帮助企业更好地理解和利用数据，推动业务创新和发展。通过提供高效、稳定的数据分析和管理解决方案，元年科技助力企业实现了数据驱动的管理和决策，提升了企业的竞争力和市场地位。

3. 数据治理

数据治理（data governance）是组织中涉及数据使用的一整套管理行为，由企业数据治理部门发起并推行，关于如何制定和实施针对整个企业内部数据的商业应用和技术管理的一系列政策和流程。根据国际数据管理协会（DAMA）的定义，数据治理是对数据资产管理行使权力和控制的活动集合。国际数据治理研究所（DGI）则认为，数据治理是一个通过一系列信息相关的过程来实现决策权和职责分工的系统，这些过程按照达成共识的模型来执行，该模型描述了谁（who）能根据什么信息，在什么时间（when）和情况（where）下，用什么方法（how），采取什么行动（what）。数据治理的最终目标是提升数据的价值，是企业实现数字战略的基础，包括组织、制度、流程、工具等多个方面。

在我国，数据治理行业正处于快速发展阶段。随着大数据与各产业的广泛融合，如工业大数据、金融大数据、医疗大数据、农业大数据等日渐成熟，数据治理的需求日益增加。我国大数据产业规模持续扩大，据相关报告，到 2025 年，我国大数据产业测算规模预计将突破3万亿元，年均复合增长率保持较高水平。数据治理行业的市场规模也在不断扩大。面向人工智能的数据治理市场规模也在快速增长，预计在未来几年内将保持较高的复合增长率。同时，数据治理行业的竞争格局较为激烈，市场参与者众多，既有大型的科技公司，如华为、腾讯等，也有专业的数据治理企业。在政策层面，我国也出台了一系列相关法律法规和政策文件，以推动数据治理的发展。例如，《中华人民共和国数据安全法》《中华人民共和国个人信息保护法》等法律法规的出台，为数据治理提供了法律保障。此外，政府还积极推动数据开放共享，提升政府服务能力，推动数字政府建设。

（三）数据安全与隐私保护

隐私保护是用于保护数据隐私、安全的重要技术手段，可以防止未经授权地访问、使用和传递数据，包括数字脱敏、访问控制、隐私增强等具体技术，广泛应用于跨部门、跨机构、跨行业、跨境等数据流通环节，在电子商务、联合风控、工业互联网等数据驱动场景下具有重要作用，为用户隐私数据和企业商业机密等信息提供安全保障。

数据脱敏、访问控制及隐私增强等技术共同作用于会计档案数字化进程，通过各自独特的方式有效确保敏感数据的安全性和合规性，优化数字化流程，提高工作效率，降低运营成本，并为后续的审计和追溯工作提供有力支持。

1. 数字脱敏

数字脱敏，或称数据脱敏（data masking），是一种数据保护技术，目的是通过特定的脱敏规则对敏感信息进行变形处理，以实现对敏感隐私数据的可靠保护。这种技术通常应用于对身份证号、手机号、银行卡号等敏感信息的处理，以防止数据泄露或被不当使用。数据脱敏技术通过对数据进行替换、加密、掩码等操作，降低数据的敏感程度，同时保持数据的一定可用性，以满足不同场景下的数据使用需求。

随着大数据技术的广泛应用和数据安全问题的日益凸显，我国数据脱敏技术得到了快速发展和广泛应用。近年来，数据安全事件频发，尤其是数据泄露事件，给企业和个人带来了严重的损失。因此，国家、行业和企业等各层面开始更加重视数据安全，并从法规、标准、制度等方面切入展开相应举措。例如，我国相继出台了《中华人民共和国数据安全法》《中华人民共和国个人信息保护法》等法律法规，对数据安全管理的脱敏处理提出了明确要求。在市场需求和政策推动下，我国的数据脱敏技术不断成熟和完善，应用场景也日益丰富。目前，数据脱敏技术已广泛应用于政务、金融、电信、互联网等多个行业领域，为企业的数据安全和个人隐私保护提供了有力保障。同时，随着技术的不断进步和创新，数据脱敏技术也在不断向更高层次、更广领域发展。我国有多家企业在金融领域应用数字脱敏技术方面表现出色，如神州数码、中国农业银行、比特信安、美创、安华、网智天元等。

神州数码的 TDMP 数据脱敏系统是一款高性能、可扩展且高效率的数据安全产品，内置了丰富且高效的敏感信息识别和脱敏算法。该系统能够自动、智能且精准地识别各类企业常用的敏感数据类型，并对这些敏感数据进行变形、屏蔽、替换、加密等处理，从而确保数据的去敏感化。TDMP 数据脱敏系统已经在银行、保险、证券等多个金融领域得到了广泛应用，成功服务于平安集团、平安银行、交通银行等众多行业头部客户。此外，该系统还完成了与国产服务器、国产操作系统、国产数据库以及 Fusion Insight 大数据平台的全面适配，充分满足了企业数字化转型的需求。通过采用特定的脱敏算法，TDMP 系统能够保证脱敏数据的仿真性、关联性和唯一性，在确保业务正常运行的同时，有效保护敏感信息不被泄露。

中国农业银行成功申请了一项名为"数据脱敏方法、装置、电子设备及存储介质"的专利，该专利属于数据处理技术领域，目的是通过创新的脱敏方法降低脱敏数据的重复率，显示出中国农业银行在数据脱敏领域的深厚技术积累和前瞻性布局。尽管该专利的具体产品形态尚未广泛披露，但其技术创新点预示着中国农业银行未来有望在金融领域的数据安全保护中发挥重要作用。

2. 访问控制

访问控制是指一套方法，用于限制用户对系统资源（如服务器、目录、文件等）的访问权限，确保只有经过授权的用户才能访问特定的资源。它通过识别和确认访问系统的用户，并决定该用户可以对某一系统资源进行何种类型的访问，从而实现数据资源的有效使用和管理。访问控制是几乎所有系统（包括计算机系统和非计算机系统）都需要用到的一种技术，是系统保密性、完整性、可用性和合法使用性的重要基础，也是网络安全防范和资源保护的关键策略之一。

随着信息技术的飞速发展和网络安全威胁的日益严峻，我国访问控制技术得到了广泛的应用和深入的发展。在政策层面，国家出台了一系列法律法规和政策文件，如《中华人民共和国数据安全法》《中华人民共和国个人信息保护法》等，对数据安全管理的访问控制提出了明确要求，这些政策的出台为访问控制技术的普及和应用提供了强有力的顶层推动。在技术创新方面，国内企业在访问控制领域进行了大量的探索和创新，开发出了多种先进的访问控制系统和解决方案，如基于角色的访问控制（RBAC）、基于属性的访问控制（ABAC）等，这些技术的出现满足了不同场景下的访问控制需求，为各行各业的数字化转型提供了有力保障。在市场应用方面，访问控制技术已经广泛应用于政府、金融、电信、教育等多个行业领域，特别是在金融领域，由于对数据安全的高要求，访问控制技术得到了深入的应用和发展，有效保障了金融数据的安全性和合规性。此外，随着云计算和大数据技术的不断发展，托管访问控制（ACaaS）等基于云的服务模式也逐渐兴起，为企业提供了更加灵活和便捷的访问控制解决方案，进一步推动了访问控制技术在我国的普及和应用。我国有多家企业应用访问控制技术来保护金融数据的安全性和隐私性。这些企业通过先进的技术手段和创新的产品方案，为金融机构提供了有效的访问控制解决方案，如华为、腾讯、阿里巴巴等。

华为作为全球领先的信息与通信技术（ICT）解决方案提供商，其在金融领域的布局同样展现出了强大的技术实力和市场影响力。其金融解决方案中特别包含了先进的访问控制模块，这一模块能够实现对金融数据的精细化访问控制，确保数据的安全性和隐私性。华为的访问控制技术不仅结合了身份认证、权限管理、安全审计等多种手段，还支持动态权限调整、访问日志记录等功能，从而确保了只有经过授权的用户才能访问敏感数据，进一步提升了数据的安全性。凭借这一先进的技术，华为已经与多家金融机构成功合作，部署了其访问控制解决方案，有效防止了未经授权的访问和数据泄露事件，赢得了市场的广泛认可和信赖。

腾讯云作为腾讯公司旗下的云计算服务平台，提供了全面的云计算服务，其中包括了访问控制服务。腾讯云访问控制（CAM）作为一种基于角色的访问控制（RBAC）服务，展现出了强大的功能和灵活性。通过CAM，用户可以轻松地创建角色并为这些角色分配相应的权限，然后将角色关联到特定的用户或用户组。这样一来，用户就只能访问他们被明确授权的资源，从而有效地保证了金融数据的安全性。腾讯云CAM还支持细粒度的权限控制、多因素认证以及访问审计等高级功能，完全能够满足金融机构对访问控制的高要求，为金融机构的数据安全提供了有力的保障。

阿里云访问控制（RAM）是阿里云提供的一种全面的权限管理服务，它允许用户集中并高效地管理对阿里云资源的访问权限。RAM不仅支持基于角色的访问控制（RBAC），还支持基于策略的访问控制（ABAC），这两种访问控制方式能够满足不同金融机构对访问控制的多样化需求。通过RAM，用户可以方便地创建身份、角色和策略，并灵活地组合它们来精确地定义访问权限，从而确保只有经过授权的用户才能访问特定的资源。此外，RAM 还支持多因素认证和访问日志记录等高级功能，进一步提升了数据的安全性。凭借这些强大的功能和灵活性，阿里巴巴云已经与多家金融机构成功合作，部署了 RAM 解决方案，为金融机构提供了可靠且高效的访问控制服务。

3. 隐私增强

隐私增强技术（PETs）是一个广泛的术语，涵盖了多种在隐私信息采集、存储以及执行搜索或分析过程中保护和增强隐私安全性的数据安全技术。PETs 目的是提取数据价值，以充分发挥其商业、科学和社会价值，但同时又不会危及这些信息的隐私和安全性。这些技术包括但不限于同态加密、多方安全计算、差分隐私、零知识证明、联邦学习等，它们通过最小化个人数据使用、最大化数据安全、提升个人自主权来实现基本数据保护原则。

我国隐私增强技术的发展得到了政策驱动和市场需求的双重支持，呈现出快速增长的态势。近年来，随着大数据、云计算等技术的广泛应用，数据泄露和隐私侵犯的风险日益增加，促使企业和政府机构更加重视隐私保护。隐私增强技术作为保护数据隐私的重要手段，得到了广泛的研究和应用。具体而言，我国隐私计算行业的发展已经取得了显著成果。从 20 世纪 80 年代多方安全计算提出至今，隐私计算相关技术已经发展近半个世纪，商业化也已十余年。近年来，随着相关政策的出台和市场的推动，隐私计算行业开启了加速发展模式。特别是在金融科技、医疗、政务等领域，隐私计算技术的应用场景越来越丰富，为企业提供了在不泄露敏感数据的前提下进行数据共享和分析的解决方案。在技术层面，我国隐私增强技术的发展也取得了重要进展。例如，多方安全计算、同态加密、联邦学习等技术已经相对成熟，并在多个领域得到了广泛应用。同时，随着技术的不断迭代和创新，隐私增强技术的效率和可用性也在不断提升，为企业提供了更加便捷和高效的隐私保护手段。我国在金融领域应用隐私增强技术（如隐私计算）表现较好的企业有蚂蚁数科和洞见科技等。

蚂蚁数科（原蚂蚁金服科技）作为蚂蚁集团旗下的金融科技子公司，专注于为金融机构提供全面的金融科技解决方案。自 2016 年开始，蚂蚁集团便积极探索隐私计算技术，积累了丰富的研发经验和技术实力。其中，摩斯隐私计算平台是蚂蚁数科旗下的隐私计算科技品牌，该平台深度融合了多方安全计算、同态加密、可信执行环境等多项前沿的隐私计算技术。在满足数据安全、隐私保护和监管合规的前提下，摩斯隐私计算平台能够支撑多方数据协同计算，有效释放数据要素的价值。摩斯隐私计算平台的技术特点十分显著，它结合了多方安全计算、同态加密、可信执行环境等先进技术，确保数据在流通过程中的安全性和隐私性。同时，该平台已广泛应用于金融风控、营销、政务、科研等多个领域，为金融机构提供定制化的解决方案，展现出其广泛的应用场景和强大的服务能力。此外，摩斯隐私计算平台还支持多方数据协同计算，能够打破数据孤岛，促进数据要素价值的释放，实现数据的高效利用。在市场表现方面，摩斯隐私计算平台已经为工行、邮储、农行、广发、太平洋、招商证券等近百家银行、保险、证券等金融机构提供了基于隐私计算的相关科技和场景应用服务。在金融风控场景中，通过数据加密交互及机器学习建模，摩斯隐私计算平台实现了数据流通全程可用不可见，显著提升了金融机构的风险防控能力。例如，上海华瑞银行与蚂蚁数科合作后，在赌博风险防控、电诈受害人保护、资金风险管控等方面取得了显著成效。此外，摩斯隐私计算平台还在2024中国国际金融展上荣获了"优秀金融科技赋能业务创新案例奖"，充分展现了其在金融科技领域的创新实力和市场认可度。

三、管理创新

近年来，国家档案局、财政部等部门携手合作，联合发布了多项重要的政策文件，如《电子发票全流程电子化管理指南》《电子凭证会计数据标准》等，为会计档案的数字化进程提供了明确的指导与有力支持。这些政策文件不仅清晰地界定了电子会计档案的法律地位，还全面规范了电子会计档案从形成、收集、整理、归档、保管到利用和鉴定销毁的全生命周期管理流程。随着政策的深入实施，相关的标准体系也在不断完善。国家档案局等部门相继制定了一系列电子档案管理标准，其中包括《电子档案管理系统通用功能要求》《电子会计档案管理规范》等，为会计档案的数字化工作提供了统一、明确的标准和规范。

国内各大企业纷纷引入先进的电子会计档案管理系统，如文书定电子会计档案管理系统、阿里云会计档案管理系统、金蝶云·星空财务管理系统、用友U8+财务管理系统、浪潮云会计档案管理系统、智信电子会计档案管理系统等，借助技术手段实现了会计档案的数字化存储、高效管理与便捷利用。这些系统不仅支持多样化的数据采集方式，包括本地上传、扫描以及接口传输等，还能够与业务系统无缝对接，实现档案数据的自动关联和智能归档。电子会计档案管理系统覆盖了从采集、整理、归档到利用、鉴定销毁的全生命周期管理，为用户提供了极大的便利。在系统使用过程中，用户可以通过多种检索方式快速找到所需档案，同时系统还支持便捷的借阅流程和明确的鉴定规则，使得用户能够随时随地轻松访问和管理会计档案。

文书定电子会计档案管理系统是泛微旗下专注于数字化档案管理的专项平台，它特别强调对"电子会计档案、人事档案、电子合同档案、电子公文档案"的管理与存储。该系统支持电子会计档案的自动生成、收集与归档，并具备 100% 自动归档、3 秒可查、防篡改等高级功能，极大地提高了档案管理的效率和准确性。同时，文书定还提供第三方存证服务，确保会计档案的安全性和可信度，为用户提供更加安全可靠的档案管理解决方案。此外，该系统还具备全生命周期管理功能，能够满足企业从纸质档案到电子档案的全过程管理需求，实现档案管理的全面数字化。借助泛微在行业中多年的经验，文书定不仅为组织档案管理的制度规范提供建议，还为组织存量档案的数字化扫描提供服务，有效提升了档案管理的效率和质量。

阿里云会计档案管理系统依托阿里云强大的云计算和存储能力，为企业提供高效、安全的会计档案管理解决方案。该系统提供高效、安全的数据存储和备份方案，确保会计档案的数据安全。同时，它支持智能化的档案分类、检索和共享功能，使会计人员能够快速准确地找到所需资料，提高工作效率。此外，阿里云会计档案管理系统还具备完善的安全保障机制，确保会计档案的安全性和隐私性，有效防止数据泄露和非法访问。通过云计算技术，该系统为企业提供了灵活、高效的档案管理解决方案，帮助企业实现会计档案的数字化、智能化管理。

金蝶云•星空财务管理系统是一款功能丰富且易用的财务管理软件，其会计档案管理功能尤为突出，支持多种会计制度和报表格式，满足了企业多样化的会计档案管理需求。此外，该系统还提供智能化的数据分析和预测功能，能够帮助企业更好地掌握财务状况，为科学决策提供有力支持。通过应用金蝶云•星空财务管理系统，企业得以享受智能化管理带来的便利，不仅提高了财务管理水平，还显著提升了会计档案管理的效率。

用友 U8+ 财务管理系统是用友软件公司推出的一款综合性企业管理软件，其中会计档案管理功能尤为强大且灵活。该系统支持电子会计档案的自动生成、分类、归档和检索等功能，极大地提高了会计档案管理的效率和准确性。此外，用友 U8+

财务管理系统还提供丰富的行业解决方案和扩展模块，能够满足不同企业的个性化需求，帮助企业更好地适应市场变化和业务发展。通过全面的功能支持和个性化定制服务，用友 U8+ 财务管理系统帮助企业实现了会计档案管理的智能化和高效化，提升了企业的财务管理水平。

第三章　纸质会计档案标准数字化方法

第一节　纸质档案与电子档案的融合管理

档案作为企事业单位、社会团体组织及个人在社会活动中所形成的各类信息与数据的集合与记录，是我们社会生活中不可或缺的一类重要信息资源。档案管理的范围广泛，触及社会生活的方方面面，其种类也是多种多样，主要包括文书档案、人事档案、科技档案、基建档案以及会计档案等。此外，在一些专业性较强的领域，也会产生一些特定的档案，如税务档案、工商档案、诉讼档案以及海关档案等，这些档案对于相关领域的管理和决策具有不可替代的作用。随着信息时代的来临，电子档案的重要性日益凸显。电子档案以其便捷性、高效性和易存储性，在现代档案管理中占据越来越重要的地位。然而，如何在纸质档案与电子档案之间实现有效的融合管理，成为当前档案工作者面临的核心问题。这不仅需要档案工作者具备专业的档案管理知识和技能，还需要他们掌握现代信息技术，以应对信息时代带来的挑战。因此，档案工作者需要不断探索和实践，寻求纸质档案与电子档案融合管理的最佳路径，以更好地服务于社会生活的各个方面。

一、纸质档案管理与电子档案管理的特点

（一）纸质档案管理的特点

1. *存储与空间需求大*

纸质档案依托纸张作为存储介质，决定了其需要占用较大的物理空间。随着档

案数量的增加，存储空间的需求也随之增大，这要求档案管理部门合理规划档案库房，确保档案的安全存放。

2. 管理与维护难度高

纸质档案的日常维护和管理需要投入大量的人力资源。包括档案的整理、编目、检索、借阅、归还等各个环节，都需要档案工作者进行细致的操作。此外，纸质档案还容易受到环境因素的影响，如温度、湿度、光照、灰尘等，这增加了管理的难度。

3. 整理编修难度高

纸质档案的整理和编修是一项复杂而繁重的工作。档案工作者需要对档案进行分类、排序、装订等处理，以确保档案的完整性和有序性。同时，对于需要编修的档案，还需要进行细致的核对和修改，以确保档案内容的准确性和可靠性。

4. 信息明了与检索便捷性

纸质档案存储和检索的信息都很明了，便于工作人员管理和查找。纸质档案管理中不需要借助任何现代化智能设备就可以展示相关信息，这使得大多数档案工作者能够迅速上手并有效管理纸质档案。

5. 存放时间长与耐久性

纸张的耐久性较强，只要精心管理，纸质档案一般都能保存很长时间。我国是造纸术的发明国，自纸张出现以来，它就被广泛用作档案资料的保存载体。实践证明，纸张制成的档案在合理的保存条件下可以实现长期保存。

6. 原始性与唯一性

纸质档案是档案资料记录的原始内容，具有不可涂改和不可复制的特点。这一特性使得纸质档案在证明事实、维护权益等方面具有极高的价值。同时，纸质档案的原始记录性也决定了其在历史研究、文化传承等领域的重要地位。

7. 安全性与真实性

纸质档案的不可轻易篡改性使得其具有很高的安全性和真实性。一旦纸质档案形成并归档保存后，其内容和形式就很难被随意更改或伪造。这使得纸质档案在法律诉讼、审计查证等方面具有不可替代的证据作用。

（二）电子档案管理的特点

1. 数字化存储

数字化存储是电子档案管理的核心特征之一，它将传统的纸质档案通过扫描、录入等方式转化为电子文件,并存储在计算机系统中。这种存储方式极大地便利了档案的管理和检索工作,不仅显著减少了占用的物理空间,还使得档案信息能够更轻松地进行备份和迁移,从而有效提升了档案管理的效率和安全性。

2. 高效性

电子化管理在档案管理中展现出了显著的优势,它大大提高了档案管理的效率,有效减少了人工处理的时间和工作量。借助自动化的分类、检索和归档功能,用户能够以前所未有的速度准确找到所需的档案信息,这一转变极大地提升了工作效率,使得档案管理变得更加高效和便捷。

3. 安全性

电子档案管理借助权限控制和加密技术,有效确保了档案的安全性,全面防止了档案的丢失、损坏或非法访问。同时,通过实施定期的备份和恢复机制,进一步保障了数据的安全性和可靠性,使得电子档案管理在保护档案信息安全方面具备了坚实的技术基础。

4. 可追溯性

电子档案管理系统具备强大的功能,能够详细记录档案的所有操作历史和变更信息,这为后续的追溯和审计提供了极大的便利。无论是档案的创建、修改、删除还是访问,系统都会自动记录相关操作的时间、人员和内容,确保每一步操作都有据可查。这一特性对于确保档案的完整性和真实性具有重要意义,它能够有效防止档案的篡改和丢失,保证档案信息的准确可靠。因此,在电子档案管理中,这一功能的应用是不可或缺的。

5. 方便检索

电子化管理为档案信息检索带来了革命性的变革,它提供了多种高效便捷的检索方式,如关键词搜索、索引和分类等。这些检索方式使得用户可以快速准确地找到所需的档案信息,无需像传统纸质档案那样进行烦琐的手工翻找。这种检索方式不仅极大地提高了检索效率,节省了用户的时间和精力,还使得档案信息的利用更加便捷高效。用户可以根据实际需求选择最合适的检索方式,轻松获取所需信息,为工作和研究带来极大的便利。

6. 协作性

电子档案管理系统以其卓越的协作性,为团队协作和信息共享提供了强有力的支持。系统支持多人同时访问和编辑档案,使得团队成员可以实时共享和更新档案信息，无需传统纸质档案烦琐的传递和整理过程。这一特性极大地提高了工作效率，团队成员可以更加便捷地获取所需信息，减少了等待和沟通的时间成本。同时，电子档案管理系统的协作性也促进了部门之间的沟通和协调。不同部门之间可以共享档案信息，实现信息的无缝衔接，加强了部门之间的合作与协同。这种跨部门的信息共享和协作，有助于打破信息壁垒，推动组织内部的沟通与协调，进一步提升整体工作效率和团队协作能力。

7. 持续性

电子档案的一大显著优势在于其能够实时更新和备份，这一特性确保了档案的持续性和可靠性。在系统正常运行时，任何对档案的修改或补充都会立即被记录并更新，保证了档案信息的时效性。同时，定期的备份机制确保了档案数据的安全性，即使在面临系统故障或数据丢失等意外情况时，也能够通过备份数据迅速恢复档案信息，避免了因数据丢失而造成的损失。这种实时更新和备份的能力，不仅提升了档案管理的效率，更为档案信息的长期保存和可靠利用提供了坚实保障。因此，在电子档案管理中，实时更新和备份是确保档案持续性和可靠性的重要环节。

8. 环保性

电子档案管理通过减少纸张的使用量，显著减少了对环境的影响，这一特性使其符合可持续发展的要求。相较于传统的纸质档案管理，电子档案无需大量的纸张存储和传递，从而减少了对树木的砍伐和森林资源的消耗。这不仅有助于保护自然环境，还促进了生态平衡。此外，电子档案管理还减少了因打印、复印等操作产生的能源消耗和碳排放。在传统的纸质档案管理中，打印、复印等过程需要消耗大量的电能，并产生一定的碳排放。而电子档案的管理则无需这些过程，从而降低了能源消耗和减少了碳排放量，为环境保护和可持续发展作出了积极贡献。因此，推广和应用电子档案管理是符合时代潮流和绿色发展理念的明智之举。

9. 成本效益

虽然电子档案管理在初期需要一定的投资，包括系统开发、设备购置以及人员培训等方面的费用，但从长远来看，这种管理方式能够显著降低档案管理的成本，并提高工作效率。一方面，电子档案减少了对物理资源的消耗，降低了维护和管理成本；另一方面，自动化的分类、检索和归档功能减少了人工处理的时间和工作量，提高了档案管理的效率。随着技术的不断进步和应用的日益普及，电子档案管理的成本效益将变得更加明显。未来，随着云计算、大数据等技术的进一步应用，电子档案管理的成本将进一步降低，而效率将持续提升，为社会带来更大的价值。因此，尽管初期投资较高，但电子档案管理仍是一种具有长远眼光和成本效益的档案管理方式。

10. 系统依赖性

电子档案完全依赖于计算机系统和网络环境进行存储、管理和利用，这意味着它们的稳定性和安全性对于电子档案的正常运行和访问至关重要。为了确保电子档案的稳定运行，我们必须首先保证计算机系统的可靠性。这包括硬件设备的维护、软件的及时更新以及系统备份的常规执行，以防止任何可能的系统故障导致档案数据的丢失或损坏。同时，网络环境的安全性也是不容忽视的。我们需要实施严格的安全措施，如防火墙、入侵检测系统等，以防止黑客攻击、病毒传播等网络安全威胁，确保电子档案数据在传输和存储过程中的安全性。只有确保了计算机系统和网络环境的稳定性和安全性，我们才能有效地保障电子档案的正常运行和访问，进而充分发挥电子档案管理的优势。

二、纸质档案管理与电子档案管理的各自优势

（一）纸质档案管理的优势

纸质档案管理，虽然在现代电子化管理的浪潮下显得有些传统，但其独特的优势依然值得我们高度重视。

1. 直观性和可读性强

纸质档案以其极强的直观性和可读性，为信息的获取提供了直接且便捷的途径。相较于电子档案需要依赖特定的电子设备和软件才能进行查阅，纸质档案则无需任何技术辅助，人们可以自由地翻阅、浏览，直观地看到档案的全部内容。同时，纸质档案的可读性也非常强，无论是文字、图表还是图片，都能清晰地呈现在人们眼前，使得对信息的理解更加容易。此外，人们还可以在纸质档案上进行标记、批注，方便后续的信息查找和利用。这种无需依赖任何电子设备的信息获取方式，不仅简化了信息查找和利用的过程，还提高了工作效率，使得信息的利用更加高效便捷。

2. 法律效力认可度高

纸质档案在法律效力上往往具有更高的认可度，这主要得益于其物理存在和可触摸性。当需要正式、原始的文件证明时，纸质档案以其实实在在的存在形态，为

人们提供了一种直观且可靠的证据形式。相较于电子档案,纸质档案不易被篡改或删除,其内容的真实性和完整性更容易得到保障。在法律、财务和行政等行业中,纸质档案仍然被视为最可靠和有效的证据形式,其说服力和可信度往往高于电子档案。这是因为纸质档案经过了长期的实践检验,其法律地位和证明力已经得到了广泛的认可和信任。因此,在涉及重要权益和责任的场合,人们更倾向于选择纸质档案作为证据来维护自己的权益。

3. 不受电力或网络等外部条件限制

纸质档案管理的一大显著优势在于其不受电力或网络等外部条件的限制。在现代社会,电力和网络已成为我们生活和工作中不可或缺的一部分,但它们也存在着不稳定性和风险。一旦电力中断或网络故障,电子档案可能会面临无法访问或丢失的风险,这给信息的保存和利用带来了很大的不确定性。而纸质档案则不同,它无需依赖任何电力或网络设施,即使面临突发事件或紧急情况,纸质档案仍然可以安全地保存和访问。这种独立性使得纸质档案在应对各种不可预测的情况时具有更高的可靠性和稳定性,能够为人们提供持久且可靠的信息保障。因此,纸质档案管理在应对突发事件或紧急情况时的重要性不容忽视。

4. 可长期保存

从长期保存的角度来看,纸质档案具有显著的耐久性。如果得到妥善的保管和处理,纸质档案的保存寿命可以非常长,甚至可以达到数百年之久。这一特性使得纸质档案成为历史研究和文化传承中不可或缺的宝贵实物资料。与电子档案相比,纸质档案不受技术更新换代的影响,不会因为软件或硬件的淘汰而无法读取。因此,纸质档案能够为我们提供持久且可靠的历史记录,使我们能够更好地了解和传承过去的历史和文化。无论是古代的手稿、历史文献,还是现代的政府文件、企业档案,纸质档案都承载着丰富的历史信息和文化内涵,为我们深入研究历史、传承文明提供了有力的支撑。

(二)电子档案管理的优势

1. 高效便捷

电子档案的高效便捷性主要体现在其数字化存储方式上。相较于传统的纸质档案,电子档案以数字形式存储,极大地提升了档案的检索、查询和传递速度。用户无需再像处理纸质档案那样,进行烦琐的翻找和整理,只需通过计算机网络,就能迅速查找到所需的档案信息。这种即时的访问能力不仅节省了宝贵的时间，还大大提高了工作效率。无论是日常的文件管理还是紧急情况下的资料查找，电子档案都能提供快速且准确的服务，满足用户对高效便捷性的需求。

2. 节省空间

电子档案在节省空间方面的优势尤为显著。传统的纸质档案需要占用大量的物理空间进行存放，随着档案数量的不断增加，所需的存储空间也会不断扩大，这对于机构或企业来说无疑是一项不小的负担。而电子档案则完全不同，它们存储在计算机或服务器上，以数字形式存在，几乎不占用任何实体空间。这样一来，机构或企业就无需再为存放纸质档案而租赁额外的存储空间或购买存储设备，从而大大节省了办公空间和相关成本。这对于那些希望优化资源利用、降低运营成本的机构、企业等来说，无疑是一个极具吸引力的选择。

3. 易于备份和恢复

电子档案在备份和恢复方面的优势极为明显。由于电子档案以数字形式存储，因此可以轻松进行备份，只需简单的复制粘贴或专业的备份软件，就能将档案数据备份到其他存储设备或云端，确保数据的安全。而且，在需要时，电子档案也可以快速恢复，只需从备份中还原即可，大大降低了数据丢失的风险。相比之下，传统的纸质档案一旦丢失或损坏，往往难以复原，因为纸质档案的复制和恢复过程烦琐且耗时，而且很难保证复原的准确性和完整性。因此，电子档案在备份和恢复方面的优势，使得机构或企业能够更加安心地进行档案管理，无需担心数据丢失或损坏的问题。

4. 易于共享和传输

电子档案在共享和传输方面的优势十分突出。借助现代化的信息技术，如电子邮件、云存储等，电子档案可以轻松实现共享和传输，无论身处何地，只需通过互联网即可迅速将档案发送给需要的人员或部门，极大地促进了跨地域、跨部门的协作。这种便捷的共享方式不仅节省了大量时间和人力成本，还提高了工作效率，使得团队之间的合作更加紧密和高效。相比之下，传统的纸质档案共享则需要通过物理传递，如邮寄或人工携带，不仅耗时较长，而且容易受到地域和时间的限制，给协作带来诸多不便。因此，电子档案的易于共享和传输特性，无疑为现代办公带来了极大的便利和效率提升。

5. 安全性强

电子档案在安全性方面具有显著优势。通过现代信息技术手段，如加密和权限设置，电子档案可以得到有效的保护，防止未经授权的访问或篡改。加密技术可以确保档案在传输和存储过程中的保密性，只有拥有密钥的人员才能访问档案内容。同时，权限设置可以细致地控制不同用户对档案的访问权限，确保只有经过授权的人员才能进行查看、编辑或删除等操作。相比纸质档案，电子档案更容易实施这些严格的安全控制措施。纸质档案一旦丢失或被盗，很难追溯和阻止信息的泄露。而电子档案则可以通过日志记录、审计跟踪等手段，实时监控档案的访问和使用情况，一旦发现异常，可以立即采取相应的安全措施。因此，电子档案在增强安全性方面具有明显的优势。

6. 环保节能

随着信息技术的不断发展，电子档案逐渐取代了传统的纸质档案，从而大大减少了纸张的消耗。纸质档案的制作需要消耗大量的树木资源，这不仅加剧了森林砍伐和生态破坏，还导致了严重的环境污染。而电子档案以数字形式存在，无需纸张支持，因此能够显著减少对自然资源的消耗。同时，电子档案的管理和存储也更加环保，无需像纸质档案那样占用大量的物理空间，也无需进行烦琐的整理、归档和销毁工作，从而减少了相关的人力、物力消耗。因此，电子档案符合现代社会的绿色、可持续发展理念，是推动环保节能的重要力量。

三、纸质档案管理与电子档案管理的差异分析

（一）纸质档案与电子档案归档时间的差异

纸质档案的归档流程通常遵循固定的时间节点。例如，各单位往往会规定每年上半年必须将档案提交给本单位的档案管理部门。这一做法的背后，是纸质档案处理过程的烦琐与耗时。纸质档案需要人工进行整理、分类后存放到档案室中，这些步骤不仅耗时，而且需要细心操作，以确保档案的完整与有序。因此，为了保障档案能够及时、有序地提交，并为后续的检索与使用提供便利，纸质档案的归档时间被严格规定。相比之下，电子档案的归档时间则显得更为灵活与即时。电子文件在处理完毕后，可以立即进行存储，并通过互联网迅速发送到相关的档案管理机构。这种即时性与远程交换的能力，使档案管理人员可以随时对电子文件进行归档。

与纸质档案归档的固定时间节点相比,电子档案的归档工作显得更为高效与便捷。电子文件可以即时归档,大大提高了档案归档工作的效率与质量。同时,由于归档过程中不再需要人工整理和传递文件,因此也节省了大量的时间与人力资源。这种差异使得电子档案在现代档案管理中逐渐占据了优势地位。

(二)纸质档案与电子档案归档方式的差异

纸质档案的归档方式主要依赖于人工操作,包括手动整理、装订以及标记等烦琐步骤。在此过程中,文件需依据既定的规则和分类标准进行有序归档,并最终被安置在文件柜或档案柜中。然而,这种方式不仅耗费大量的人力与物力资源,而且在执行过程中极易出现错误和混乱,导致档案管理的效率低下。

相比之下,电子档案的归档方式则显得更为先进与高效。它主要借助扫描、拍照等现代技术手段,将档案信息转化为数字格式,为后续的存储、管理及利用创造了有利条件。电子文档管理系统则进一步提升了档案管理的便捷性,它提供了分类、索引和存储等多重功能,使用户能够更轻松地组织和管理电子档案。更为突出的是,电子档案能够自动进行关键词提取、分类标记以及索引建立等操作,这不仅大大降低了人工操作的错误率和混乱程度,还显著提高了档案管理工作的效率与精准性。此外,借助先进的加密技术,电子档案在传输和存储过程中得到了有效保护,从而严防未经授权的访问和使用,确保了档案的安全性。

(三)纸质档案与电子档案保管形式的差异

纸质档案的保管形式主要是实体的,它们以纸张、文件夹、文件盒等具体形态存在于文件柜、档案架或专门的档案库中。这种保管方式意味着需要为纸质档案提供专门的物理存储空间,并且在存储过程中,还必须考虑防潮、防尘、防火等多重保护措施,以确保档案的安全。同时,纸质档案在保管期间需要定期的检查和维护,这是因为它们容易受到湿度、温度、光照等环境因素的影响,可能出现受损或破坏的情况。定期的检查和维护工作目的是避免这些问题,从而确保纸质档案的完整性和可用性。然而,纸质档案的查找和检索过程相对烦琐,需要手动进行,这在一定程度上影响了工作效率。

相比之下,电子档案的保管形式则更为现代化和便捷。电子档案以数字化的电子文件形式存在,如PDF、DOC、JPEG等格式,它们被存储在计算机等电子设备中。

这种保管方式不仅保障了数据的安全性和可靠性,还带来了诸多便利。通过电子文档管理系统,我们可以轻松地对电子档案进行分类、索引和权限控制等操作。更令人欣喜的是,电子档案支持网络共享和远程访问功能,这使得多人可以协同工作,并方便远程使用,极大地提高了工作的效率和灵活性。

(四)纸质档案与电子档案应用方式的差异

纸质档案的应用方式主要依赖于手动查阅和处理。用户必须亲自前往文件柜或档案库,从中寻找并取出所需的文件,然后进行阅读、复制、整理等一系列操作。这种方式相对传统,需要在实体环境中进行,因此可能会耗费较多的时间和人力成本。同时,纸质档案的应用还涉及实体文件的传递与交接等问题,这无疑降低了档案管理的便捷性。尽管如此,纸质档案因其独特的可靠性、文化价值以及法律效应等优势,在某些特定领域仍然保持着广泛的应用。

相比之下,电子档案的应用方式则显得更加灵活和便捷。用户可以随时随地通过计算机、平板电脑、智能手机等电子设备轻松访问和处理电子档案。借助电子文档管理系统,电子档案可以被有序地分类、索引,并支持全文检索功能,这使得用户能够迅速定位和获取所需的档案信息。此外,电子档案还提供了复制、转发、编辑等多样化的操作方式,极大地提升了档案的利用效率。这些优势使得电子档案在现代档案管理中逐渐占据了主导地位。

四、档案融合管理含义及实施要求

(一)档案融合管理的含义

档案融合管理是指将不同部门、不同来源、不同格式的档案资源进行整合,形成一个统一的档案管理体系的过程。这一管理模式目的是通过现代信息技术手段,实现档案资源的共享、优化档案管理流程、提高档案服务质量,以满足不同用户和应用场景对档案信息的多样化需求。

档案融合管理是一种综合性的档案管理理念,其内涵在于将原本分散于不同部门、存储于不同介质(包括纸质、电子、音像等)的档案资源进行全面的整合,目的是打破信息孤岛,实现档案资源的全面覆盖与统一管理。同时,它通过引入现代信息技术和管理理念,对传统档案管理流程进行深度改造和优化,以提升工作效率并降低管理成本。档案融合管理还强调以用户需求为导向，致力于提升档案服务的质量和水平，通过提供便捷、高效的档案检索、利用和共享服务，满足用户多样化的信息需求。在此过程中，它高度重视档案信息的安全性和稳定性，采取数据加密、备份恢复、权限控制等措施，确保档案信息的安全传输和存储。同时，档案融合管理严格遵守国家关于档案管理的法律法规和标准规范，确保档案管理工作的合法性和规范性。

（二）无法数字化的纸质档案

纸质档案全面数字化是一个具有挑战但值得追求的目标，尽管在技术上存在可行性，但要实现所有档案的全面数字化并非易事，且确实存在部分档案可能由于各种原因难以或无法完全数字化。

尽管技术进步为档案数字化提供了前所未有的广阔空间，使得大量传统档案能够被转换为数字格式以便更高效地存储、检索和利用，但仍有一些纸质档案因技术限制、物理状况或法律政策等因素，难以或无法被转换为数字格式的纸质文件。这些档案包括因年代久远或保存条件不佳而导致严重破损、褪色的文件，其物理状态已无法支撑数字化过程中的扫描或拍照操作；也包含使用特殊墨水或纸张书写的文件，这些特殊材质在数字化过程中可能无法被常规设备准确识别或读取。此外，一些涉及高度机密或个人隐私的纸质档案，在未经适当授权或许可的情况下，出于安全和隐私保护的考虑，也无法进行数字化处理。这类无法数字化的纸质档案需要采取特殊的保护措施和存储方法，以确保其内容的完整性和安全性，并需要借助专业的档案修复技术和法律政策指导，来尽可能延长其保存时间并探索可行的数字化替代方案。

（三）纸质档案与电子档案融合管理的实施关键

纸质档案与电子档案的融合管理是现代档案管理的重要趋势。通过实现两种档案形式的优势互补和标准化管理，可以提高档案管理的效率和效果，满足用户对档案信息的多样化需求。以下是实施纸质档案与电子档案融合管理的几个关键方面。

1. 档案数字化

将已经保存的纸质档案通过拍照、扫描等现代化手段进行数字化处理，进而制作成相应的电子档案，这一举措具有多重意义。首先，它显著减少了对纸质档案的使用频率和磨损,因为纸质档案被数字化后,用户就无需再频繁翻阅纸质原件,从而有效延长了纸质档案的保存寿命。其次,数字化处理后的电子档案极大地方便了用户的远程访问和检索。无论用户身处何地,只需通过互联网连接,就能轻松访问到所需的档案信息,大大提高了档案的利用效率和便捷性。因此,这一举措对于提升档案管理水平、保护档案资源、满足用户多样化需求等都具有积极作用。

2. 建立融合管理机制

建立健全纸质档案管理与电子档案管理的融合机制,是现代档案管理的重要趋势。这一机制要求档案管理工作人员能够按照统一的规范和标准,对纸质档案和电子档案进行统一管理,确保两者在分类、编号、存储等方面的一致性。在实际操作过程中,应充分利用电子档案的优势,优先利用电子档案进行查阅和检索,以减少对纸质档案的频繁翻阅和依赖,从而降低纸质档案的磨损和老化速度。同时,融合机制还应包括纸质档案和电子档案之间的定期核对和更新,确保两者之间的同步性和准确性。通过这样的融合机制,不仅可以提高档案管理的效率和质量,还可以延长纸质档案的使用寿命,更好地保护和利用档案资源。

3. 展示形式的多样性

将纸质档案和电子档案都作为档案资料的展现形式,并根据用户的需求和偏好提供多样化的服务,是现代档案管理的重要理念。这种服务模式的核心在于兼顾传统与现代,既满足那些习惯于纸质档案、偏好实体翻阅的用户的需求,又满足追求高效、便捷、远程访问的电子档案用户的需求。具体而言,档案管理部门应维持纸质档案的完整性和可读性,同时为纸质档案提供数字化复制服务,生成对应的电子档案。这样,用户可以根据自身情况选择最适合的档案形式。多样化的服务模式不仅提升了档案管理的灵活性和用户满意度,还确保了档案资源的广泛利用和长期保存。

4. 优势互补

纸质档案与电子档案在档案管理中各具特色,拥有独特的优势。纸质档案作为传统的档案形式,其最大的优势在于其法律效力和耐久性。纸质档案以其物质形态存在,能够提供反映历史真实面目的可靠记录,因此在法律上具有较高的认可度。同时,纸质档案不受技术更新换代的影响,能够长期保存。而电子档案则以其数字化形式展现了现代科技的力量。在检索、利用、传输、存贮等方面,电子档案具有无可比拟的优越性。用户可以通过电子文档管理系统快速定位所需档案,进行在线预览、下载或打印,大大提高了档案的利用效率。此外,电子档案还可以轻松实现远程传输和共享，打破了地域限制，方便了用户之间的协作与交流。通过融合管理纸质档案与电子档案，我们可以充分发挥两种档案形式的优势，实现档案管理的最优化。融合管理不仅保留了纸质档案的法律效力和耐久性，还融入了电子档案的便捷性和高效性，为用户提供了更加全面、多样的档案服务。这种管理模式既尊重了传统，又拥抱了创新，为档案管理的未来发展开辟了新的道路。

5. 安全保障

在融合管理过程中，档案数据的安全保障是至关重要的。对于电子档案，我们应采用先进的数据加密技术，确保档案在存储和传输过程中的安全性，防止未经授权的访问和数据泄露。同时，定期的备份和容灾恢复计划也是必不可少的，它们可以在数据丢失或损坏时，迅速恢复电子档案，保证其完整性。而对于纸质档案，我们同样不能忽视对它的保护。应实施严格的防火、防潮、防虫等措施，确保纸质档案在物理环境中的安全。这些保护措施可以有效延长纸质档案的寿命，防止其因环境因素而损坏或丢失。通过对这些技术手段和管理措施的综合应用，我们可以确保纸质档案和电子档案在融合管理过程中的安全和完整。

6. 标准化和规范化

为了实现纸质档案与电子档案的融合管理，制定统一的标准和规范是至关重要的。这些标准和规范应当全面涵盖档案数字化、档案管理以及档案利用等多个核心方面，为档案管理工作的每一个环节提供明确、统一的指导。在档案数字化方面，需要确立统一的数字化流程和格式标准，确保纸质档案能够准确、高效地转化为电子档案。在档案管理方面，则要制定统一的分类、编号、存储和检索规范，使得纸质档案和电子档案能够按照统一的标准进行有序管理。而在档案利用方面，也应设定统一的访问、复制和共享规则，以保障用户能够便捷、安全地利用档案资源。通过这些统一的标准和规范，我们可以有效地推动纸质档案与电子档案的融合管理，提升档案管理的整体水平和效率。

7. 人员培训

档案管理人员在实现纸质档案与电子档案融合管理的过程中，扮演着至关重要的角色。为了适应这一新的管理要求，他们必须具备一系列专业的技能和知识。这包括熟悉纸质档案的传统管理方法，如分类、编号、存储等；同时也需要掌握电子档案管理的现代技术，如数字化处理、电子文档管理系统操作等。为了确保档案管理人员能够跟上时代的步伐，定期对他们进行培训和技能提升是必不可少的。这样的培训不仅可以帮助他们熟练掌握档案管理的新技术和新方法，还可以提升他们的工作效率和准确性，从而更好地应对融合管理带来的挑战。通过不断的学习和实践，档案管理人员将能够更好地适应纸质档案与电子档案融合管理的要求，为档案事业的持续发展贡献自己的力量。

（四）纸质档案与电子档案融合管理的目的与意义

纸质档案与电子档案的融合管理目的是实现档案管理的高效化、资源配置的优化以及多样化需求的满足。这一管理模式结合了纸质档案的真实性和稳定性优势，以及电子档案在快速检索、信息共享和利用方面的便利性，从而提高了档案管理的整体效率。同时，融合管理还有助于避免纸质档案与电子档案在存储、检索和利用过程中的重复建设，实现资源的优化配置。更重要的是，纸质档案与电子档案的融合管理在提升档案安全性与稳定性、延长档案保存寿命、促进档案资源的共享与利用以及推动档案管理现代化等方面具有重要意义。通过相互补充和保护，融合管理可以有效降低档案丢失和损坏的风险，为后人留下更为完整和真实的历史文献，并推动档案管理的数字化、网络化和智能化发展。

（五）档案融合管理与纸质档案数字化的关系

纸质档案数字化与档案融合管理之间存在着密切的相互促进关系。纸质档案数字化为档案融合管理提供了基础数据支持，通过数字化手段，纸质档案可以被转化为统一的数字格式，使得后续的档案资源整合和利用变得更加便捷。同时，档案融合管理也推动了纸质档案数字化的进程，在融合管理过程中，为了实现档案资源的共享和优化，需要对不同格式的档案进行统一处理，这进一步促进了纸质档案的数字化进程。两者共同的目标是提高档案管理的效率和质量，通过数字化和融合管理，可以实现档案资源的快速检索、共享和利用，从而提升档案管理的整体水平。同时，两者都注重档案资源的保护和利用，数字化可以减少对原始纸质档案的使用和磨损，而融合管理则可以实现档案资源的优化配置和高效利用。在实际操作中，纸质档案数字化与档案融合管理往往同时进行，通过对纸质档案进行数字化处理，并将其整合到统一的档案管理体系中，可以实现档案资源的全面融合和管理。

第二节　纸质档案数字化规范

《中华人民共和国档案行业标准：纸质档案数字化规范》（DA/T 31—2005）于 2005 年 4 月 30 日由国家档案局发布，并于 2005 年 9 月 1 日正式实施。2017 年 8 月 2 日国家档案局发布了 DA/T 31—2017 版本，对 DA/T 31—2005 进行了修订，并于 2018 年 1 月 1 日起正式实施。

（一）基本原则与选定对象

该标准清晰界定了纸质档案数字化的基本原则，目的是确保档案信息资源能够准确、便捷、高效地被利用，同时推动可公开的档案信息资源实现共享，以满足社会对档案利用的广泛需求。在数字化进程中，纸质档案的处理应遵循档案管理的固有规律，真实无误地反映档案内容，尽最大可能保留和展现档案的原始风貌。

关于数字化对象的确定，需依据明确的原则和利用方法来进行甄别。这意味着，并非所有纸质档案都适合进行数字化处理，只有那些满足特定要求、具备较高价值的档案文献，才能被选中进行数字化转换。此外，纸质档案的数字化工作必须严格遵守国家关于档案开放的各项规定及相关法律法规。通常情况下，那些属于归档范畴、应被永久或长期保存、具备较高社会利用价值的档案，会被优先考虑纳入数字化加工的范围之内。

（二）基本环节

纸质档案数字化的基本环节涵盖了从准备到完成的整个过程。先要进行数字化前处理，这包括确定需要扫描的页面、为档案编制页号、准备目录数据、拆除档案装订以及进行必要的技术修复等准备工作。随后，建立目录数据库，按照相关标准规范档案中的目录内容，确保信息的准确性和一致性。接着进行档案扫描，根据档案的幅面大小、纸张状况等因素选择合适的扫描设备和扫描方式，以获取高质量的数字图像。扫描完成后，对图像进行处理，包括纠偏、去污、拼接等，以保证图像质量满足要求。之后，进行数据挂接，将处理后的数字图像与目录数据关联起来，实现档案信息的快速检索和利用。最后，进行数字化成果的验收与移交，对数字化成果进行全面检查，确保质量合格后移交相关部门进行保存和利用，从而完成整个纸质档案数字化的流程。

（三）技术要求

纸质档案数字化技术要求涉及多个方面。首先要根据档案原件的实际情况选择合适的色彩模式进行扫描，如彩色、灰度或黑白模式，以确保数字化后的图像能够准确反映原件的色彩信息。其次，扫描分辨率的选择也是关键，它应根据可接受的图像大小和清晰程度的实际情况来确定，一般不低于200DPI，以保证图像的清晰度和可读性，特殊情况下可适当提高分辨率以获得更好的效果。最后，存储格式的选择同样重要，应根据实际需求选择合适的图像存储格式，如TIFF、JPEG等，以确保数字化后的图像能够方便地进行存储、管理和利用。

（四）管理与安全

纸质档案数字化的管理与安全涉及多个方面。首先，在过程管理的层面，必须着重强化纸质档案数字化在各个环节中的安全保密管理机制。这要求在实施过程中，采取严格有效的措施，确保档案原件以及数字化后的档案信息都能够得到充分的保护，做到安全无虞，防止任何形式的泄露或损失。同时，针对纸质档案数字化的每一个步骤和环节，都必须实施详尽且精准的登记工作。这要求我们对操作的具体时间、执行人员、所使用的设备和方法，以及产生的结果等关键信息进行全面记录。通过这样的详细登记，我们能够及时地对这些宝贵的信息进行系统化整理、汇总，并最终将其装订成册，形成一套既完整又规范的记录体系。这套记录体系的重要性不言而喻，它不仅在数字化工作圆满完成后，为我们提供了一个全面回顾和严格审核的坚实依据，更确保了整个数字化过程的可追溯性，使得我们能够在任何时候追溯和验证数字化工作的每一个细节。其次，在人员管理的层面，我们必须配备一支具备相应专业能力和丰富经验的工作人员队伍。这支队伍应包括熟悉档案业务的管理人员、掌握先进技术的技术人员，以及熟练操作设备的操作人员等，他们共同构成了数字化工作的核心团队。同时，我们还应通过科学规范的管理制度，对工作人员进行严格的规范化管理，以确保他们的工作质量和效率都达到最高标准。再次，场地与设备管理也是不容忽视的关键一环。我们应配备专用的加工场地,并进行合理布局,以提供一个舒适、安全、高效的工作环境。在这个场地内,我们还必须配备完善的防火、防水、防有害生物、防盗报警、视频监控等安全管理的设施设备,以确保档案数字化的物理环境安全无虞、万无一失。同时,我们还应合理规划、配备和管理纸质档案数字化设施设备,确保这些设施设备既安全又先进,能够满足数字化工作的所有需求。最后,在外包管理方面,如果我们选择将纸质档案数字化工作外包给外部企业,那么档案部门必须从企业性质、股东组成、安全保密、企业规模、注册资金情况等多个方面,对数字化加工企业的相关资质进行严格审查。这样做的目的是确保我们能够选择到最合适的合作伙伴,以保证外包业务的质量和安全。在项目实施过程中,我们还应依据相关的安全管理规范,执行严格的安全管理要求,以确保外包业务的安全可控。同时,档案部门还应指派专门人员参与纸质档案数字化外包业务的监督、指导等工作,以确保外包业务的顺利进行,以及档案数字化的质量与安全都得到充分保障。

《中华人民共和国档案行业标准:纸质档案数字化规范》的制定具有深远的意义。首先,它通过制定统一的技术标准和管理规范,为纸质档案数字化工作提供了明确的指导和要求,从而确保了数字化工作的质量和效率,提高了数字化成果的可利用性。其次,纸质档案数字化是档案信息化的重要组成部分,该标准的制定和实施有助于推动档案信息化进程的加快,提升档案工作的现代化水平,使档案工作更好地适应信息化社会的发展需求。再次,档案安全是档案工作的核心任务之一,在纸质档案数字化过程中,加强安全保密管理机制至关重要。该标准的制定和实施为档案安全提供了有力的保障,确保了档案原件和数字化档案信息的安全无虞。最后,随着时代的发展和社会的进步,对档案工作的需求也在不断变化。该标准的制定和实施紧跟时代发展步伐,适应了社会各界对档案工作的新需求,为档案工作的持续发展注入了新的活力。

第三节　纸质会计档案数字化方法

会计档案在所有类型的档案中占据相当大的比例，占比约 45%，是馆藏档案的重要组成部分。同时，会计档案又具有高度的专业性、管理特殊性和对决策支持的重要性等特点。这些特点使得会计档案在档案管理中占据重要地位，需要采用专门的管理方法和制度规范来确保其完整、准确和可靠。随着互联网、大数据、云计算和区块链等新技术的发展成熟，会计档案电子化成为财务信息化建设的重要方向。尽管在财务核算和分析方面的信息化已取得长足进步，但会计档案电子化的步伐却相对滞后，已成为制约财务信息化快速发展的主要难题，阻碍了整体财务管理水平的提升。财政部和国家档案局于 2015 年修订并发布《会计档案管理办法》，明确了电子会计档案的法律效力，允许符合条件的会计资料仅以电子形式归档保存，对会计档案电子化产生深远影响。

纸质会计档案数字化是未来趋势，具有降低成本、提升效率、推动财务大数据发展和强化会计监督等多重意义。数字化能减少纸质档案耗材和归档成本，提升财务管理效率，促进大数据应用，同时方便会计监督和检查，防范财务风险，为实现"无纸化办公"和现代化财务管理奠定了基础。同时，纸质会计档案由于其原始性、法律效应等特性，在特定情况下仍具有不可替代的作用。当前纸质会计档案与电子会计档案管理的融合表现为一种逐步过渡和互补的态势。在融合过程中通常采取"双轨制"管理模式，即同时保留纸质会计档案和电子会计档案，以确保档案信息的完整性和可靠性。这种模式下，纸质档案和电子档案相互补充，共同构成企业完整的会计档案体系。纸质会计档案与电子会计档案管理的融合是一个必然趋势，而纸质会计档案向电子会计档案的转化则是实现这一融合的关键步骤。纸质会计档案数字化作为纸质会计档案向电子会计档案转化的具体表现形式，已成为档案管理现代化的重要环节，其重要性和紧迫性日益凸显，已成为业界普遍关注和研究的焦点。

一、纸质会计档案的特殊性对其数字化的影响与应对

纸质会计档案的特殊性对其数字化产生了多方面的影响。首先，数据录入与识别的复杂性显著增加，因为档案中的票据种类繁多，如发票、收据、支票、银行对账单等，每种票据的格式、内容、布局均不相同，这大大增加了数据录入和自动识别的难度。报表的复杂性则进一步加剧了这一挑战，其包含的数据量大、计算关系复杂以及可能的跨期关联等特点，使得报表的数字化处理更加烦琐。其次，纸质会计档案的多样性还带来了信息完整性与准确性的挑战，可能导致在数字化过程中信息遗漏或错误输入的风险增加，进而影响数字档案的完整性和准确性。最后，处理多样化的票据和复杂的报表需要更多的时间和精力，这不仅可能导致数字化工作效率降低，还可能增加人力和物力成本。

针对纸质会计档案的特殊性，其数字化的应对措施主要包括：首先，建立一套统一的分类与标识体系，对不同类型的票据和报表进行分类整理和明确标识，以便于后续的数据录入和检索利用，提高处理效率。其次，采用先进的光学字符识别（OCR）技术，自动识别票据和报表中的文字和数字信息，提高数据录入的准确性和效率，并针对不同类型的票据和报表优化 OCR 识别算法，以提升识别精度。同时，强化人工审核与校验环节，确保数字化后的会计档案信息的完整性和准确性，特别是对于复杂报表的处理，应结合人工判断和分析，以确保数据的正确无误。再次，还需优化工作流程与管理制度，明确各环节的责任和要求，确保数字化工作的顺利进行，并加强对数字化工作人员的培训和管理，提高他们的专业素养和工作效率。从次，在选择存储格式与介质时，需根据会计档案的长期保存需求进行选择，以确保数字档案的长期可读性和可用性，并建立完善的备份和恢复机制，防止数据丢失或损坏。最后，数字化过程中需严格遵守国家关于会计档案管理的相关法律法规和标准要求，确保数字化工作的合法性和合规性，对于涉及敏感信息的会计档案，还需加强保密措施，以确保信息安全。

二、纸质会计档案数字化方法的关键环节

对于纸质会计档案的数字化工作，虽然没有专门针对会计档案的单独标准，但仍需严格遵循《纸质档案数字化规范》中的通用标准和要求，以确保数字化过程的

专业性和规范性。同时，根据会计档案自身的独特性和管理需求，在实际操作过程中，还需特别注意分类与标识的清晰性，以确保数字化后的档案易于检索和利用；需确保每一份会计档案的完整性，避免任何遗漏；鉴于会计档案中可能包含的敏感信息，数字化过程中必须严格遵守保密规定，保障信息安全；考虑到会计档案需长期保存以备查证，选择适当的存储格式和介质以确保数字档案的长期可读性和可用性显得尤为重要；此外，整个数字化工作必须符合国家关于会计档案管理的相关法律法规和标准要求，以确保其合法性和合规性。因此，纸质会计档案数字化应包含以下关键环节。

（一）前期准备

制订数字化工作方案：明确数字化的目标、范围、数量、先后顺序、技术参数、时间安排以及经费预算等内容。

档案整理与交接：对需要数字化的纸质会计档案进行整理，确保档案的完整性和有序性。同时，与数字化部门共同清点无误后，进行交接出库。

保密与安全措施：对于涉及国家秘密或敏感信息的会计档案，应严格遵守保密规定，确保数字化过程的安全性。

（二）数字化前处理

确定扫描页：根据会计档案的实际内容，确定需要扫描的页面。

编制页号：为每页档案编制唯一的页号，便于后续管理和检索。

目录数据准备：建立或核对档案目录数据库，确保目录数据的准确性和完整性。

拆除装订：对于装订成册的会计档案，需要拆除装订物，以便进行扫描。

技术修复：对破损或褪色的档案进行必要的修复处理，以提高扫描质量。

（三）数字化扫描

选择扫描设备：根据会计档案的实际情况和数字化目的，选择合适的扫描设备。

设置扫描参数：调整扫描设备的参数，如分辨率、色彩模式等，以确保扫描后的数字图像清晰、完整、不失真。

执行扫描操作：将纸质会计档案放置在扫描设备上，执行扫描操作。对于大幅面的档案，可能需要使用专业的扫描仪或翻拍设备。

质量检查：对扫描后的数字图像进行质量检查，包括清晰度、完整性、色彩还原度等方面。如发现问题，应及时调整扫描参数并重新扫描。

（四）图像处理

图像拼接：对于多页或大幅面的会计档案，可能需要进行图像拼接处理，以形成完整的数字图像。

旋转及纠偏：对扫描后可能存在的倾斜或扭曲图像进行旋转和纠偏处理。

裁边去污：去除图像边缘的多余部分和污渍，提高图像的整洁度。

格式转换：将扫描后的图像转换为适合存储和传输的格式，如 JPEG、TIFF 等。

（五）数据挂接与存储

数据挂接：通过档号或其他唯一标识符，将数字图像与目录数据库中的档案条目进行挂接，建立一一对应的关系。

存储管理：将挂接后的数字图像存储在适当的介质上，如硬盘、光盘、云存储等。同时，建立科学的存储路径和命名规则，便于后续检索和利用。

（六）验收与移交

成果验收：组织数字化成果验收组对数字化成果进行验收，包括数字图像的质量、目录数据的准确性、挂接的完整性等方面。

数据移交：将验收合格的数字化成果移交给相关部门或机构进行管理和利用。同时，做好移交手续和记录工作。

三、纸质会计档案数字化方法

根据国家法律法规和档案行业标准对纸质档案数字化的规定，结合纸质会计档案专业特点及其数字化的关键环节，可以总结出纸质会计档案数字化方法的以下主要步骤。

第一步：档案出库与整理。对每一本纸质会计档案进行出库登记、入库盘点、双方核对和验收移交。然后进行整理编码、核对，确保档案的完整性和准确性。

第二步：电子目录生成。为每一份纸质会计档案材料编制对应的电子目录并进行校对，确保准确率，避免出现错别字。

第三步：档案图像采集。使用专业扫描仪、高拍仪、高清摄像等设备，对档案材料逐件按照顺序进行扫描，形成档案材料的电子原始图像。

第四步：图像处理。对获取的原始图像通过剪裁、纠偏、去污、拼接等方法进行规范化处理。

第五步：质量检测。严格遵循图片分辨率像素标准，确保不低于300DPI的要求。通过精确的像素计算，细致判断每一张图片的像素是否达标。同时，通过人工肉眼对经过规范化处理后的图像进行仔细甄别，确保其清晰度和完整性。在图像清晰度检测完成后，进一步对图片文件进行完整性检测，以确保文件的可用性。

第六步：存储与管理。将经过严格质量检测的图片与电子目录进行精准挂接，确保每一份图片都能与其对应的电子目录信息精确匹配。同时，将数字化处理后的会计档案妥善存储于专业的电子档案管理系统中，以便实现高效的检索与追溯功能，从而确保信息的快速获取与历史记录的完整留存。此外，还需对存储的数据实施严格的访问控制，采用先进的数据加密技术，并建立完备的备份与恢复机制，从而全方位保障数据的完整性和安全性，防止任何形式的数据泄露与损失。

第四节　精益创业理论及其在纸质会计档案数字化中的应用

精益创业理论起源于日本丰田公司的精益生产思想，后由硅谷创业家埃里克·莱斯（Eric Ries）在 2011 年通过其著作《精益创业》一书系统提出。精益生产强调低成本、高质量、高效率，而精益创业则是将这种理念应用于创业过程中，通过快速验证假设、持续迭代优化产品与服务，以降低创业风险、提高成功率。

当不确定性成为新的稳定性，创新创业必然面临着极高的创业失败风险，根据《全球创业观察 2015—2016 中国报告》指出，我国创业成功率在近年来一直未能突破 4%，远低于同期的欧美国家。精益创业理论秉承了精益思想，专注于在"开发—测量—认知"反馈循环中创造顾客价值和消除浪费，通过持续创新达到真正的创业成功，并强调对"最小化产品""客户反馈"和"快速迭代"三种方法的应用，更为适宜指导高度不确定性环境下的创业实践。

一、创业理论演进与精益创业理论的提出

创业理论作为一种指导创业实践活动的理论体系，其本质是根据创业环境的动态变化而不断演进和发展的。自 20 世纪 50 年代以来，创业环境经历了显著的变化历程，这一变化可以从不确定性程度的角度进行划分。创业理论的演进大体可以分为三个阶段，每个阶段都紧密地与创业环境的变化相联系，并不断地为创业者提供指导和支持。

第一阶段，即从 20 世纪 50 年代至 80 年代，社会形态主要表现为以制造业为核心的工业社会。在这一时期，全球范围内的创业环境展现出了稳定性和显著的规模经济效益特征。市场运行机制相对成熟，需求和供给关系清晰明确，为创业者提供了一个相对可预测的市场环境。同时，创业所需的关键资源和信息也都是已知且易于获取的，这为创业者制定策略和进行资源配置提供了便利。在这一阶段，整体的创业环境可以被归类为风险性创业环境。创业者们主要面临的挑战是如何更有效地

重新配置资源，以满足市场的现有需求并实现更好的经济效益。由于市场环境的相对稳定性，创业者们有更多的机会通过创新和优化资源配置来获得成功。在学术研究层面，这一时期的学者们倾向于采用特质论来深入探讨"谁是创业者"这一核心问题。他们关注创业者个人的特质、资源禀赋以及创业胜任力，试图揭示这些因素如何影响创业者的成功。因此，关于创业者特质、企业家资源禀赋和企业家创业胜任力的研究成了这一时期的研究热点，为后续的创业理论研究和实践提供了重要的理论基础。

第二阶段，即从20世纪80年代至20世纪末，是一个变革的时期。以美国为首的西方国家的创业环境，由于互联网的蓬勃兴起，开始经历显著的动荡与变迁。这一时期，社会逐渐从过去以制造业为主导的工业社会，向新兴的互联网经济转型。市场的供给和需求关系在这一转型过程中变得不再同时并存，市场的不确定性开始增加。尽管创业风险在一定程度上仍然是已知的，但创业结果的出现概率却变得愈发难以预测。总体而言，创业环境在这一阶段发生了根本性的变化，从相对稳定的风险性创业环境，逐渐转变为充满模糊性的创业环境。在这种新的环境下，只有那些具备敏锐洞察力和灵活应变能力的创业者，才能够捕捉到创业过程中的宝贵机会。与此同时，学术界的研究焦点也发生了显著的转变。学者们逐渐将关注的目光从创业者特质的研究上移开，开始更加关注创业过程本身。他们尝试运用不同学科的成熟理论，如组织理论、战略管理理论、资源基础理论、社会网络理论以及认知理论等，来深入探讨创业过程中各种要素之间的互动过程和互动关系。这一转变标志着创业过程研究逐渐取代了创业者特质研究，成为新的研究主流。

第三阶段，即从20世纪末至今，标志着世界经济正式迈入了一个全新的技术时代，这个时代以"互联网+""大数据""人工智能"等新兴技术为核心驱动力。在这一阶段，创业环境展现出了前所未有的复杂性和多变性，其中信息和知识的快速变化、环境的高频变动以及全球化的深入发展是最为显著的特征。这一时期，市场的供给和需求关系变得愈发模糊和不确定，创业风险与创业结果出现的概率都难以预测，使得总体创业环境向高不确定性程度的奈特不确定性创业环境转变。在这样的环境下创业，创业者们面临着前所未有的挑战。他们不仅需要深入理解和理清创业过程中各种影响因素之间的互动关系和过程，更需要在高度不确定性的环境中作出科学的决策，并尽可能地降低创业风险。因此，创业决策的研究成了这一时期学术界关注的焦点。其中，效果推理理论和精益创业理论是这一时期的代表性理论。

效果推理理论由 Sarasvathy 于 2001 年率先提出，该理论试图解释在高不确定性情境下，创业者是如何进行一系列的创业决策的。它为创业者提供了一种新的思考方式，帮助他们更好地应对不确定性并作出有效的决策。而精益创业概念则由 Ries 于 2011 年首次提出，它是一种专注于在"开发—测量—认知"反馈循环中创造顾客价值和消除浪费的理论方法。精益创业理论试图建构一种在高不确定性情境下，以尽可能小的成本不断试错、不断迭代的动态循环，从而提高决策的科学性并降低创业风险。

大量的实践表明，在信息社会和知识经济发展的过程中，创业成功的关键不仅仅在于生产技术和产品本身。更为重要的是，创业者能否突破传统的思维限制和路径依赖，打破"信息不对称"和关键核心技术的瓶颈，持续理解和主动应对环境的变化，建构平台整合资源，以科技创新为引领实施创新驱动的发展战略模式。在这一过程中，专注聚焦为顾客创造价值的精益创业理论将发挥越来越重要的作用。

依据创业环境变化创业理论的不断演进，其演进脉络详见表 3-1。

表 3-1　创业理论相关演化背景的发展过程

相关演化背景的发展阶段	第一阶段	第二阶段	第三阶段
时间跨度	20 世纪 50 年代至 80 年代	20 世纪 80 年代至 20 世纪末	20 世纪末至今
环境不确定性程度	低	中	高
创业环境类型	风险性创业环境	模糊性创业环境	奈特不确定性创业环境
研究焦点	创业者特质	创业过程	创业决策
研究内容	创业者的人格特征、具备的胜任力和资源禀赋条件等	创业的要素、各种要素之间的互动过程和互动关系	创业的系列决策与风险把控
参考文献	Collins & Moore（1964）；McClell & Winter（1969）；Brockhaus（1980）	Gartner（1985）；Wickham（1998）；Sahlman（1999）；Shane & Venkataraman（2000）；Timmons（2003）	Sarasvathy（2001）；Ries（2011）

二、精益创业的概念内涵、认知迭代循环和三种方法的应用

"精益"这一思想主要起源于1990年,当时美国麻省理工学院在其"国际汽车计划IMVP研究报告"中正式提出了"精益生产"的概念。这一概念最初聚焦于制造业,强调通过优化生产流程、减少浪费来提高生产效率和质量。随后,"精益创业"的概念雏形在2008年Ries的创业课程中被首次提出。在早期的界定中,精益创业被简单地理解为在已有的创业系统中,利用敏捷开发和客户开发的方法来消除冗余的浪费,以提高创业效率和成功率。然而,随着精益创业在企业界的广泛实践和应用,Ries逐渐意识到这一概念的内涵远不止于此。于是,他在继承Steve Blank部分创业思想的基础上,进一步丰富了精益创业的概念,并于2011年出版了《精益创业》一书。在这本书中,Ries将精益思想、客户开发、敏捷开发和设计思维等先进理念融入精益创业理论中,对精益创业的概念进行了重新定义。他认为,精益创业是在高度不确定性环境下创建和管理创业活动的过程,它强调通过主动试错进行科学实验和验证假设,以尽快创造顾客价值和消除创业过程中的浪费。Ries提出的概念特别强调,除提供顾客价值之外的所有活动都应被定义为浪费。因此,精益创业是一个通过主动试错进行科学实验和验证假设的闭环反馈过程。具体来说,它首先定义用户痛点的假设和解决方案的假设,然后通过实践来验证这些假设的有效性。从假设的属性来看,传统创业思维与精益创业思维存在显著的差异。传统创业思维假设认为,创业所涉及的变量是可度量的,未来是可以预测的,因此商业模式、用户痛点和解决方案都具有极高的确定性。然而,精益创业假设则认为,由于创业所涉及的变量很难度量,未来也充满了不确定性,因此用户痛点和解决方案都具有极高的不确定性。这就需要创业者不断迭代并不断积累认知,才能逐渐逼近真实的用户痛点,并得到有效的解决方案。

精益创业实践通过遵循"开发—测量—认知"的反馈循环来进行迭代更新或调整转型。这一主要过程不仅顺应市场需求,还易于集成到各种创业活动中。从更深层次的角度来看,"开发—测量—认知"的闭环循环本质上是一个"假设验证"的过程。在精益创业的实践中,每一次的"开发—测量—认知"反馈循环都代表着从一个未经证实的假设出发,通过实践测量和认知反馈,最终形成一个经过证实的认知的循环过程。在这个过程中,创业者的认知会不断迭代和深化。因此,"开发—测量—认知"反馈循环又被称为认知迭代循环。这个循环具体包括概念、开发、产品、测量、数

据和认知六个环节。其中,开发、测量和认知三个环节是核心,它们共同推动着创业活动的不断前进和优化。而概念、产品和数据则作为辅助环节,为核心环节提供必要的支持和补充。通过这样的循环过程,精益创业能够不断地适应市场需求的变化,及时调整和优化创业策略,从而提高创业的成功率和可持续性。同时,这种认知迭代的方式也使得创业者能够在实践中不断学习和成长,积累宝贵的经验和知识。

传统创业活动通常是企业家寻求各种资源和支持,以将自己的愿景和想法转化为现实的过程。而相比之下,精益创业则更加注重创业认知的迭代循环,它是一个"假设驱动开发"的过程。这种创业方法起始于概念环节,这一环节的核心在于提出"信念飞跃"式的假设。这意味着创业者需要依靠初步的市场认知和洞察,大胆地提出关于用户痛点和解决方案的假设。在提出假设概念之后,精益创业会进入开发环节。这个环节的重点是开发出能够满足市场和顾客基本需求的最小化可行产品(MVP)。这个 MVP 并不一定是传统意义上的最小型产品,而是指用最快的方式、以最小的精力完成"开发—测量—认知"的反馈循环。这样做的目的是实现创业的低成本,避免过高的创业成本阻碍创业活动的继续实施。接下来是产品环节,它位于认知迭代循环的第三阶段。这一环节主张把最小化可行产品这个基础解决方案的原型快速推入市场,以适应市场为主,而不是过早地进行优化。这样做的目的是让消费者能够测试使用产品,并提供宝贵的反馈。位于第四阶段的测量环节强调通过"创新核算"来客观有效地测量用户的反馈。与传统的创业核算不同,创新核算是一种定性方法,它重点评估调整增长引擎的努力是否奏效。通过这种核算方法,创业者可以更加准确地判断创业活动是否应该继续坚持,还是需要进行调整转型。数据环节位于循环的第五阶段,通过测量得出用户反馈和使用的数据。在这个过程中,获得的数据指标应更多的是"可执行指标",而非仅仅追求表面上的"虚荣指标"。可执行指标能够更好地支持创新核算,为创业者提供更加有价值的参考。最后,认知环节位于反馈循环的收尾阶段,同时也是下一个循环的起始环节。这一环节的重要性在于应用大量测得的数据来提炼新的"阶段性认知目标"。创业者会根据顾客的反馈形成新的"经证实的认知",并据此作出继续迭代优化或调整转型的假设。无论执行哪一种假设,精益创业都将进入新一轮的认知迭代循环,不断推动创业活动向前发展。精益创业的认知迭代循环如图 3-1 所示。

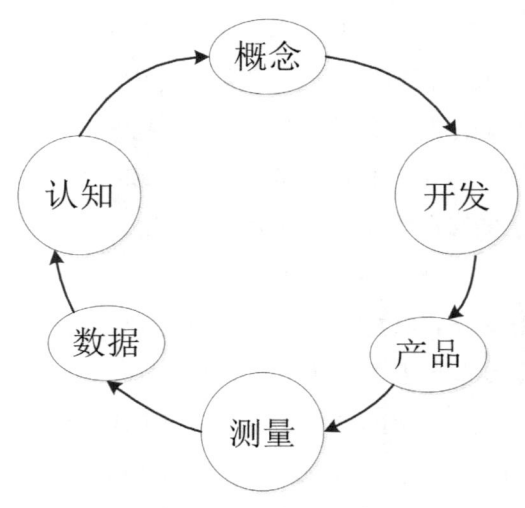

图 3-1 精益创业的认知迭代循环

首先,"开发—测量—认知"反馈循环在创业进程中为创业者提供了宏观层面上的决策支持,使他们能够在高度不确定性和模糊性的环境中进行认知迭代。这一循环机制指导创业者不断优化和推进创业活动,对创业的成功和风险的降低具有多方面的积极作用。具体而言,这一反馈循环的作用首先体现在它有助于创业者避免在市场上推出无法立足的产品,从而节省时间和金钱。通过循环中的测量和认知环节,创业者可以及时发现产品的问题和不足,进而在不确定的环境中逐步完善产品,确保最终推向市场的产品更具竞争力。其次,"开发—测量—认知"反馈循环还有助于产品更加紧密地匹配顾客的需求。这一循环作为客户反馈的回路,能够证实或证伪最小化产品的假设,并依据客户的反馈持续调整产品,以确保产品始终满足客户的需求和期望。再次,这一反馈循环中的"有效学习"是以发展顾客价值为中心的,这有助于降低过度集中在单纯解决方案的创业风险。通过不断学习和调整,创业者可以更加准确地把握市场的需求和趋势,从而制定出更加符合市场需求的创业策略。最后,"开发—测量—认知"反馈循环还对初创企业的商业模式优化提升具有积极作用。这一循环机制涵盖了从建立愿景到产品功能打造,再到发展渠道和营销策略设计的全过程,通过不断的优化和提升,初创企业可以更加完善自己的商业模式,提高市场竞争力,为未来的成功打下坚实的基础。

在精益创业的"开发—测量—认知"反馈循环过程中,特别注重应用"最小化产品""客户反馈""快速迭代"这三种核心方法。首先,最小化产品法强调创业者应根据在实践中的认知和学习来构建最小化可行产品（MVP）。这一方法通过科学验证来评估产品是否具有价值假设和增长假设，从而显著缩短产品开发周期，提高创业效率。其次，客户反馈方法在精益创业中占据重要地位。它强调创业者需要最大限度地了解客户，确保在产品开发阶段充分收集并重视客户的反馈。这样做可以确保最终提供的产品（服务）是客户真正需要和想要的，从而提高客户满意度和市场竞争力。最后，快速迭代法也是精益创业的核心方法之一。它强调创业者应尽早将产品推向市场并获得反馈，然后以"小步快跑"的方式进行产品开发。这种方法注重灵活性和速度，而不是过分强调商业计划的重要性。通过快速迭代，创业者可以不断调整和优化产品，以适应市场的变化和客户的需求。

在互联网时代，互联网的高速性引发了一系列二阶效应和正反馈循环，这使得国内学术界对精益创业概念有了初步的认识。然而，大多数研究只是针对精益创业概念中的部分内容进行验证和解析。其中，张涛以大众点评 App 为例，深入解析了最小化产品法的内涵。他指出，最小化产品是指满足用户最基本需求的精简产品，它是精益创业理论的核心方法之一。创业企业可以通过生产最小化产品，以最低的成本快速验证产品的价值假设和增长假设，从而提高创业效率和成功率。朱汉夫则以"今夜酒店特价"App 为例展开研究，他发现在精益创业的实施过程中，通过客户反馈逐步完善的产品受到了市场的广泛推崇。这一发现进一步强调了客户反馈在精益创业中的重要性，以及通过不断迭代和优化产品来满足客户需求的关键性。王圣慧等则以西班牙电信集团 Telefónica 为研究对象，他们发现客户反馈法可以消除由认知偏差所造成的浪费，这一发现验证了客户反馈法在精益创业中的积极作用。这一研究进一步证明，通过积极收集和利用客户反馈，创业企业可以更加准确地把握市场需求，避免不必要的浪费，从而提高创业的成功率。

三、精益创业研究架构的关键环节和聚焦的具体问题

精益创业理论作为一种新兴的创业理论，目前在学术界的研究尚处于初步阶段，相关的研究文献数量相对较少。从现有的文献来看，学者们对精益创业理论的研究主要集中在该理论的认知迭代循环上，特别是开发、测量和认知这三个核心环节。在开发环节，学者们主要关注如何构建最小化产品，以及在这一构建过程中可能受到的影响因素和面临的障碍。他们致力于探索构建最小化产品的有效策略和方

法，并分析可能影响这一过程的各种因素和潜在障碍，以期为创业者在实践中提供有益的指导。在测量环节，学者们的研究则主要集中在如何测评精益创业的实施效果。这包括了对增长引擎、产品功能和创业绩效等方面的测量和评价。他们通过设计合理的测量指标和方法，力求准确评估精益创业在实际应用中的效果，以便为创业者提供反馈和指导，帮助他们更好地优化和改进创业策略。而在认知环节，学者们主要关注的是精益创业对创业认知和创业学习的影响和作用。他们致力于探索精益创业如何改变创业者的认知方式和学习习惯，以及这些改变如何进一步影响创业者的决策和行为。通过深入研究这一环节，学者们期望能够为创业者提供更加有效的认知和学习策略，帮助他们更好地应对创业过程中的挑战和不确定性。在上述三个环节上开展的研究所涉及的具体问题及研究结论详见表 3-2。

表 3-2　精益创业研究的具体问题及结论

环节	研究问题	研究结论	参考文献
开发环节	以印度尼西亚创业企业为例进行案例研究，探讨最小化产品在开发环节所面临的障碍	在产品开发过程的早期阶段，对最小化可行产品的原理理解不透是造成迭代速度缓慢的主要原因。因此，创业者需要时刻关注客户互动、客户需求和客户细分这三个影响因素对创业活动中产品开发环节的作用	Nirwan & Dhewanto（2015）
	以印度尼西亚一家创业企业生成新旅游线路的过程为例，探讨如何采用精益创业实验板分析法对新业务活动进行可行性分析和控制开发新产品的过程	对开创新业务活动进行可行性分析时，需要重点考察业务流程、资源配置、利益相关者等精益创业理论的影响因素	Dewobroto & Siagian（2015）
	以 NP 公司在巴西生成云发票这一新产品的过程为例，探讨如何采用精益创业理论构建最小化产品	快速响应市场需求和多样化广告渠道能促进企业提升构建最小化产品的速度和优化其构建效果	Martin（2016）

（续表）

环节	研究问题	研究结论	参考文献
测量环节	从员工感知视角设计"EPLIT"问卷收集数据，并使用口述分级评分法（VRS）和结构方程模型（SEM）对内部员工的调研数据进行分析，进而评估精益创业理论的实施效果	"EPLIT"问卷是从员工感知角度评估精益创业实施效果的有效工具	Shetty（2001）
	研究精益创业的增长模式，并评判精益创业增长引擎是否可以作为一种创新核算工具	精益创业增长引擎可视为一种创新核算，并重点提出新创企业应根据所处行业特点等条件，采用合理的增长引擎或增长引擎的组合以达到构建可持续增长动力和提升创业绩效的目的	Maurya（2012）
	以 Kiddsafe 公司三个月内创建一个精益创业计划为例，构建一套精益创业实践活动的测量指标（目标顾客群体、问题、解决办法）来验证新产品功能和公司的经营理念	测量指标体系能验证核心假设，并深度分析创业活动中相关衍生问题的资料数据。与此同时，在不同情境下使用测量指标体系需要提前判定指标是可执行指标还是虚荣指标	Myllykoski（2015）
	尝试构建付费系数、黏着系数和病毒系数的计算公式，用于测量精益创业对新企业创业绩效的影响	构建了精益创业的增长引擎集合仿真模型并提炼出 14 个关键输入输出指标。同时，构建了付费系数、黏着系数和病毒系数的计算公式分别对精益创业中三种增长模式进行判定与评估	Täuscher & Abdelkafi（2016）
	尝试运用利益相关者分析工具重点测量最小化产品的产品性能和开发环节的成功率	利益相关者分析工具是测量最小化产品成功率有效工具，并主张在最小化产品的开发周期中不断识别和验证关键产品假设，以达到足够快速的产品发布周期	Lindgren & Münch（2016）

（续表）

环节	研究问题	研究结论	参考文献
认知环节	对芬兰的创业公司进行多案例研究，通过深入访谈精益创业实施者和从业人员，探讨分析精益创业理论如何改变初创企业的管理方式和实践认知	领导、跨职能协作和持续学习这三个因素能促进精益创业中资源有效分配和优化产品与市场的匹配	Quynh（2015）
	利用定性研究方法对精益单元组（PLW）进行焦点访谈，探讨"游戏法"作为一种工具对精益创业方法的学习效果的影响	嵌入式游戏能帮助企业从感知的角度提升员工学习精益创业的效果。其中，嵌入式游戏中的社会学习、故事交流等方法都有效促进了精益创业学习效果	Rasmussen（2016）

综合来看，尽管对精益创业理论的研究相对较少，但已经取得了一些有价值的结论和有益的启发。其中，一部分研究成功地验证了 Rise 所提出的精益创业理论观点，为这一新兴理论提供了实证支持。同时，也有另一部分研究在精益创业理论的基础上进行了扩展性研究，并得出了具有开创性的理论观点。例如，Martin 的研究认为，快速响应市场需求和多样化广告渠道是促进企业提升构建最小化产品速度和优化其构建效果的关键因素。这一观点为精益创业理论在实际应用中的策略选择提供了新的思路。另外，Lindgren 等人的研究则指出，利益相关者分析工具是测量最小化产品成功率的有效工具。他们主张在最小化产品的开发周期中不断识别和验证关键产品假设，以达到足够快速的产品发布周期。这一观点为精益创业理论中的测量环节提供了具体的工具和方法，有助于创业者更加准确地评估产品的成功率和市场潜力。

四、精益创业理论与效果推理理论的比较

精益创业理论与效果推理理论，都是在奈特所描述的不确定性创业环境下被广泛认可的创业理论，它们共同归属于识别和捕捉创业机会的理论体系之中。Sarasvathy 通过引入效果推理理论，对创业模型进行了全新的重构。这一基于效果推理理论的创业模型，特别强调了整个创业过程是以创业者回答三个康德式设问作为

起点，从而引导创业者深入思考并明确创业的核心目标和路径。与此同时，Ries 则基于精益创业理论，提出了另一个富有洞察力的创业模型。这个模型专注于创造顾客价值和消除浪费，它特别强调了"开发—测量—认知"这一反馈循环在创业过程中的重要性。通过这一循环，创业者能够不断地验证和调整自己的创业策略，以确保创业活动始终保持在正确的轨道上，并最大限度地提升顾客价值和减少浪费。精益创业理论与效果推理理论既有联系又有区别，如表3-3 所示。

表 3-3　基于精益创业理论的创业模型与基于效果推理理论的创业模型的比较

	基于精益创业理论的创业模型	基于效果推理理论的创业模型
产生背景	奈特不确定性创业环境	
问题空间	奈特不确定性、不可预测性	
行动范式	"先动后分析"实验法范式	
关注焦点	创业成本和创业效率	既有手段和可动用的资源
核心	"精益"，消除一切创业过程中的浪费。采用最小化产品和客户反馈方法降低创业成本和资源，采用快速迭代方法降低时间浪费，从而到提高创业速度与提升创业效率，降低创业风险	"效果"，充分分析创业者的个人特质和社会网络关系以及可利用的既有手段和可动用的资源
主要过程机制	"开发—测量—认知"反馈循环	可利用资源的扩展循环和实现目标约束性的收敛循环
方法或手段	最小化产品、客户反馈和快速迭代	"是谁""知晓什么"和"认识谁"

精益创业理论与效果推理理论在处理问题领域上展现出显著的共通之处。相较于传统创业理论在面对新环境下创业问题时的力不从心，这两种理论更能够适应当前高度不确定的创业环境。由于现代创业环境充满了变数与未知，企业的创业活动往往受到自身有限资源的严格制约，并且常常面临"新进入缺陷"的挑战，即新企业在进入市场时因资源、经验或认知不足而遭遇的困境。在这种背景下，创业的结果与过程之间的因果关系变得模糊不清，创业主体难以依靠传统的创业理论来准确

评估未来经济状况的变化范围和状态。精益创业理论与效果推理理论则表现出对模糊性的高度容忍，并强调无需对环境进行精确预测，从而有效地填补了传统创业理论的空白。这两种理论都认识到，在奈特所描述的充满不确定性的创业环境中，创业机会更多的是偶然发现的，而非通过主动搜寻获得。因此，它们共同聚焦于处理奈特不确定性和不可预测性的问题空间。为了更合理地发现和利用创业机会，并解决创业过程中资源受限和信息不完整的问题，精益创业理论与效果推理理论都采用了"先动后分析"的实验法范式。这种方法强调在实践中学习和调整，通过不断的试验和反馈来优化创业策略，从而更好地适应不断变化的市场环境。通过这种方式，创业者能够在不确定的条件下作出更明智的决策，并有效地克服创业道路上的各种挑战。

　　精益创业理论与效果推理理论之间的区别可以从以下三个方面进行深入探讨。第一，在核心思想方面，两者存在显著的差异。效果推理理论的创业模型将"效果"作为其核心，它主要关注的是如何与环境中的不确定性进行互动。该理论主张，我们可以在一定程度上塑造环境，而无需去预测它，这种逻辑使得创业者能够更加灵活地应对各种变化。相比之下，精益创业理论的创业模型则以"精益"为核心，它主要聚焦于创业过程中的浪费问题。该理论强调通过主动试错和提前反馈的方式，来减少创业环境不确定性的影响，从而降低创业风险。这种以"精益"为核心的思想，使得创业者能够更加高效地利用资源，实现创业目标。第二，在方法或手段方面，两者也存在明显的区别。效果推理理论的创业模型提出了创业者在开始创业时应具备的三个既有手段，分别是"是谁""知晓什么"和"认识谁"。这三个手段分别对应个体、企业和经济三个分析层次，为创业者提供了全面的视角来审视和评估创业机会。而精益创业理论的创业模型则强调了创业者在实施精益创业过程中应主要使用的三个方法，即最小化产品、客户反馈和快速迭代。这三个方法构成了一个循环的过程，使得创业者能够不断地优化产品和服务，提高创业成功率。第三，在目标导向方面，两者的决策思维也存在差异。效果推理理论的创业模型通过评估可承担风险和可承受损失来进行决策，它衡量的是最终决策的效果。这种决策思维使得创业者能够更加理性地面对风险和挑战，作出更加明智的决策。而精益创业理论的创业模型则采用"客户反馈"方法，在得出最终创业结果前就进行反馈，提前修正产品或服务。这种决策思维强调了客户的重要性，使得创业者能够更加紧密地关注市场需求和客户反馈，从而不断优化产品和服务，提高客户满意度和创业成功率。通过主动试错和快速迭代的方式，精益创业理论目的是优化最终的创业效果。

基于效果推理理论的创业模型，其核心在于强调手段驱动的逻辑。这一模型着重于如何在充满奈特不确定性的创业环境中，有效地评估和应对可承担的风险与可承受的损失。它提供了一种灵活的框架，使创业者能够根据现有的资源、知识和网络，即"是谁""知晓什么"和"认识谁"，来制定策略并作出决策。然而，尽管效果推理理论在风险评估和应对方面表现出色，但它对于如何在创业过程中降低资源限制的问题，并未进行深入探讨。相比之下，基于精益创业理论的创业模型则更加注重主动试错和快速迭代的逻辑。这一模型认为，通过最小化产品、积极寻求客户反馈，并快速进行迭代改进，创业者可以有效地解决创业过程中资源限制对创业行为的约束，以及这些限制对创业手段选择的影响。精益创业理论鼓励创业者以高效的方式利用有限的资源，不断试验、学习和调整，从而捕捉到更多的创业机会。

可以说，基于精益创业理论的创业模型对资源的有效利用和创业机会的捕捉提出了更高的要求。它不仅关注如何降低创业风险，还更加注重如何在资源有限的情况下，通过巧妙的策略和手段，实现创业的成功。在某种程度上，精益创业理论为解决奈特不确定性创业环境下创业资源限制的问题提供了更为有效的途径，这对于降低创业资源的限制具有深远的理论意义和实践意义。展望未来，随着创业环境的日益复杂和不确定性，精益创业理论的价值将愈发凸显。它不仅能够帮助创业者更有效地应对资源限制，还能够在不断变化的市场环境中，指导他们如何捕捉和利用稍纵即逝的创业机会。因此，我们有理由相信，在未来的创业实践中，精益创业理论将会受到越来越多的关注和重视。

五、"5G+工业"融合时代下的精益创业理论实践探索

从全球创新生态体系的广阔维度来审视，精益创业理论尚处于其发展的初级阶段。在网络时代这一宏大背景下，对精益创业理论的深入研究仍面临诸多亟待探索的问题。首先，从系统论的角度出发，我们需要更加深入地探讨创新与创业之间的内在联系。当前，创新能力和精益创业理论的概念及内涵尚缺乏明确的界定，这导致了我们在理解创新驱动与精益创业理论的作用对象和作用边界时存在模糊之处。为了更全面地把握这一理论体系，我们需要进一步明晰这些核心概念，并深入剖析它们之间的相互作用机制。其次，从过程论的角度来看，精益创业理论的研究方法

目前还显得过于单一。学者们在对精益创业理论进行研究时，往往倾向于采用案例研究法，这种方法虽然能够提供深入的个案分析，但却可能忽视了对创新链条和创新效率的全面关注。例如，Martin 在研究企业如何运用精益创业理论构建最小化产品时，选择了巴西的 NP 企业建立新的云发票这一具体案例进行深度剖析。同样，Quynh 在考察精益创业对新创组织行为的影响时，也采用了多案例研究的方法，聚焦于芬兰的创业公司。然而，这些研究虽然具有一定的深度和洞察力，但在研究方法上却缺乏多样性，这可能导致我们对精益创业理论的理解和应用存在一定的局限性。

显然，案例研究在探索新兴的精益创业理论方面具有其独特的实用性。然而，我们也必须认识到案例研究法存在的局限性，尤其是其耗时长、验证难度大的问题。采用案例进行研究通常只属于单次验证，这种方法往往难以对创新的叠加效应和网络效应进行超前分析与判断。从科学研究的角度来看，单纯依靠孤立的数据搜集及单次验证是无法对实施效果作出准确评估的。因为创新的本质和创业的成功必须建立在巨大的市场覆盖之上，而创新的质量、创新的成功率、创新的数量，特别是科技引领能力，才是衡量创业的主要指标。因此，对精益创业理论实施效果的研究应当是一个全视角、长期且反复的过程。特别是对于精益创业理论中相关关系的验证，更需要长期反复地追踪评估。这样的研究过程才能更全面地揭示精益创业理论在实际应用中的效果和价值。此外，从重点论的角度来看，目前对精益创业理论的中国情境化问题的研究还相对匮乏。在国内，对精益创业理论的研究还处于起步阶段，对相关情境化问题的探讨还比较少见。通过数据库检索可以发现，直接讨论分析精益创业关联研究问题的文献非常有限，且其中大部分为理论介绍或书评，仅有极少数文章使用简单的个案研究法来验证精益创业的成效。与此同时，尽管国外学者在精益创业实施效果的测量方法研究方面已经取得了较为丰富的成果，但由于中国情境化问题的特殊性，这些测量指标和方法在科技创新多领域同时突破叠加引起的二阶效应，以及区块链飞速发展的时代大背景中，仍需进一步探讨和验证，以确定其是否适用于中国的实际情境。因此，对精益创业理论的中国情境化问题的研究，不仅是一个理论问题，更是一个亟待解决的实际问题。

"5G+工业"的融合标志着一个大竞争时代的到来，经济体系亟需实现高质量的转型与发展，而创新创业则面临着这一时代的重要课题。在此背景下，精益创业理论的研究未来应当着重聚焦于以下几个方面。

第一，我们需要进一步厘清精益创业理论的概念内涵，明确其独特的学术价值。

这意味着要从学术视角出发，判定精益创业与其他精益理论之间的界限和关系，确保我们对这一理论有深入且准确的理解。在这个过程中，我们应当运用看似最基本的道理，来衡量和判断那些看似最复杂的事物，从而加强对精益创业独特性的研究。同时，我们还应深入探讨精益创业理论在"5G+工业"这一时代背景下所受到的独特影响因素以及其作用机制。这需要在整合各种创业理论的基础上，深入发展精益创业理论，并结合企业生命周期等前提条件，尝试探讨在不同情境下使用精益创业理论对企业绩效的潜在影响。

第二，为了更全面地理解精益创业理论在5G时代的应用，我们需要丰富其研究方法。网络是基础，应用是关键，5G技术将为相关产业链上的众多创业企业带来前所未有的新机遇。因此，在未来，我们可以进一步采用模拟法、干预实验法和比较研究法等多种方法展开研究。这些方法可以根据企业生命周期等限制条件，对研究目标进行长期、反复的追踪评估，从而更全面地探讨精益创业理论的影响因素和作用机理。

第三，我们应积极开展对精益创业理论的中国情境化问题的研究。创业理论本身具有较高的跨文化生态效度，而"5G+工业"的融合更可能带来的是增量而非存量的变化。因此，国内在进行精益创业理论的研究时，应针对中国的国情进行本土化的推进，深入挖掘精益创业理论的内涵和价值。同时，我们还需要开发针对5G时代中国情境化问题的测量工具，以适应实际的需求。这可以在5G技术不断从外围向制造业核心环节拓展的过程中，结合"经证实的认知""IMVU创新核算"和"精益创业转型"等国外研究中的学术空白点，进行具有中国特色的情境化研究。通过这样的研究，我们有望取得精益创业理论研究的创新突破，实现从追随西方学术前沿到基于我国创业环境和创业活动特殊性开展研究的转变。

六、纸质会计档案数字化应用

精益创业理论在纸质会计档案数字化方面的应用是一个深入且系统的过程，它强调从用户需求出发，通过快速迭代和持续优化来提高数字化效率和用户满意度。尤其是在图像处理这一关键环节，精益创业理论的应用尤为突出，具体体现在以下几个方面。

（一）从用户需求出发

精益创业理论首先要求深入了解并分析目标用户的需求。在纸质会计档案数字化的过程中，这意味着要识别出哪些用户群体（如企业财务部门、审计机构等）对纸质会计档案的数字化有需求，并进一步了解他们在档案存储、检索、利用等方面存在的具体问题和痛点。通过访谈、问卷调查等方式，可以系统地收集并整理这些需求，为后续的数字化方案设计提供有力的依据。

（二）快速迭代与持续优化

基于用户需求的分析，精益创业理论强调快速开发出一个最小化可行产品，并将其部署给目标用户进行试用。在纸质会计档案数字化的背景下，MVP 是一个包含基本档案扫描、上传、存储功能的数字化系统。通过用户的试用和反馈，可以快速识别出数字化方案在实际应用中的问题和不足，并进行及时的改进和优化。这种快速迭代的过程能够确保数字化方案不断贴近用户需求，提高用户满意度和数字化效率。

（三）图像处理方面的精益应用

在图像处理这一关键环节，精益创业理论的应用体现在以下几个方面。

1. 扫描设备和参数的选择

根据纸质会计档案的特点和数字化需求，精心选择合适的扫描仪设备，并调整扫描分辨率、色彩模式等参数，以确保扫描图像的清晰度和准确性。这一步骤是数字化过程的基础，对于后续图像处理的效果有着至关重要的影响。

2. 图像处理的精细化

利用专业的图像处理软件对扫描后的图像进行拼接、裁剪、旋转、纠偏、去污和增强等一系列精细化处理。这些处理步骤能够确保图像内容的完整性和准确性，同时提高图像的清晰度和对比度，使数字化后的图像更加接近纸质档案的原貌。

3.OCR 识别与转换的准确性

利用 OCR 技术将图像文件中的文字内容准确识别出来，并转换成可编辑的文本格式。这一步骤对于后续档案的检索和利用至关重要。通过不断的测试和优化，可以提高 OCR 识别的准确率，确保数字化后的文本内容准确无误。

精益创业理论在纸质会计档案数字化方面的应用强调从用户需求出发，通过快速迭代和持续优化来提升数字化效率和用户满意度。在图像处理环节，该理论的应用尤为关键，体现在精心选择扫描设备和参数、对图像进行精细化处理以及确保 OCR 识别与转换的准确性上。这些措施共同确保了纸质会计档案数字化的高质量和高效率，满足了目标用户的需求。

第五节 纸质会计档案标准数字化方法

将精益创业理论应用于纸质会计档案数字化方法的图像处理方面，结合会计档案票据多样性和报表复杂性特征，利用专业的图像处理软件对扫描后的图像进行拼接、裁剪、旋转、纠偏、去污和增强等一系列精细化处理，可以得到纸质会计档案标准数字化方法。通过标准数字化的图像处理步骤能够确保图像内容的完整性和准确性，同时提高图像的清晰度和对比度，使数字化后的图像更加接近纸质档案的原貌。纸质会计档案标准数字化方法包括以下主要步骤。

第一步：档案出库与整理。对每一本纸质会计档案进行出库登记、入库盘点、双方核对和验收移交。然后进行整理编码、核对，确保档案的完整性和准确性。

第二步：电子目录生成。为每一份纸质会计档案材料编制对应的电子目录并进行校对，确保准确率，避免出现错别字。

第三步：档案图像采集。使用专业扫描仪、高拍仪、高清摄像等设备，对档案材料逐件按照顺序进行扫描，形成档案材料的电子原始图像。

第四步：图像处理。对获取的原始图像通过剪裁、纠偏、去污、拼接等方法进行规范化处理。具体方法如下：

（1）局部框选：对获取的原始第一图像进行框选，框选出需要规范化处理的目标凭证；

（2）图像放大：对框选出的图像进行剪裁后进行适当放大，得到第二图像，以便于进一步规范化处理；

（3）图像纠偏：以横纵向网格作为辅助工具，对放大后的第二图像进行纠偏；

（4）图像去污：对纠偏后的第二图像进行图像剪裁去污，去掉非票据图像，得到仅包括目标凭证的第三图像；

（5）图像锐化：通过降噪、平滑等办法对去污后的图像进行锐化得到第四图像，提升图像的清晰度；

（6）图像拼接：对锐化后的第四图像按图像实际尺寸进行缩小，并居中拼接在白色背景页面上，得到第五图像。

第五步：质量检测。严格遵循图片分辨率像素标准，确保不低于300DPI的要求。通过精确的像素计算，细致判断每一张经图像处理后的图片的像素是否达标。同时，通过人工肉眼对经过规范化处理后的图像进行仔细甄别，确保其清晰度和完整性。在图像清晰度检测完成后，进一步对图片文件进行完整性检测，以确保文件的可用性。

第六步：存储与管理。将经过严格质量检测的图片与电子目录进行精准挂接，确保每一份图片都能与其对应的电子目录信息精准匹配。同时，将数字化处理后的会计档案妥善存储于专业的电子档案管理系统中，以便实现高效的检索与追溯功能，从而确保信息的快速获取与历史记录的完整留存。此外，还需对存储的数据实施严格的访问控制，采用先进的数据加密技术，并建立完备的备份与恢复机制，从而全方位保障数据的完整性和安全性，防止任何形式的数据泄露与损失。

第四章 纸质会计档案数字化方法应用实例

第一节 一种纸质财会档案标准数字化管理方法及系统

根据《中华人民共和国档案行业标准：纸质档案数字化规范》关于档案行业纸质档案数字化的标准要求，结合纸质会计档案单据多样性及报表复杂性等特征，笔者提出了"一种纸质财会档案标准数字化管理方法及系统"，并申请了国家发明专利（申请号 202410070156.0；申请公布号 CN 117912043 A）。该发明涉及财务管理技术领域，首先对纸质财会档案进行拍照，进行图像纠偏、图像剪裁和图像填充，得到标准尺寸的财会档案图像，然后对目标票据进行框选以及反向裁剪，得到仅包括目标票据且尺寸标准的财会档案图像，最后还对得到的财会档案图像进行了质量检查，确保图像质量符合要求。相比现有技术中只进行图像校正/纠偏、图像质量处理的纸质财会档案数字化管理方案，本发明中的方法对纸质财会档案进行了标准化处理，能够得到尺寸、质量、清晰度等各方面均为标准化的财会档案图像。下面对该发明进行详细介绍。

一、权利要求书

（1）一种纸质财会档案标准数字化管理方法，其特征在于，所述方法包括：
对各项待标准化的纸质财会档案进行整理、分类和编号，并建立目录数据库。
通过图像采集设备对纸质财会档案进行图像采集，得到第一图像；所述第一图像包括财会档案信息以及非财会档案信息；所述财会档案信息包括票据粘贴单以及附加在所述票据粘贴单上方的至少一个票据。

对所述第一图像进行图像纠偏，使所述第一图像旋转至水平位置。

按照所述第一图像中财会档案信息的类型对应的尺寸识别所述财会档案图像中的财会档案信息。

对纠偏后的图像进行图像剪裁，从已纠偏图像中剪裁掉非财会档案信息，得到仅包括所述财会档案信息的第二图像。

对所述第二图像进行图像填充，得到第三图像；所述第三图像的尺寸与所述第一图像的尺寸一致。

对所述第三图像中的目标票据图像进行框选，对所述第三图像进行框选图像的反向裁剪，得到仅包括所述目标票据图像的第四图像。

对所述第四图像进行图像质量检查。

按照所述目录数据库，存储通过图像质量检查的第四图像。

（2）根据权利要求（1）所述的一种纸质财会档案标准数字化管理方法，其特征在于，所述目录数据库建立，包括：

通过图像采集设备获取财会档案目录图像。

对所述财会档案目录图像进行文字识别，将所述财会档案目录图像转换为电子文字目录。

人工校验所述电子文字目录内容，并对错误文字进行修改和补充。

依据修改和补充后的电子文字目录生成财会档案目录数据库。

（3）根据权利要求（1）所述的一种纸质财会档案标准数字化管理方法，其特征在于，对所述第四图像进行图像质量检查，包括：

通过图片分辨率像素计算，根据图片分辨率像素标准要求不低于300DPI，判断图片像素是否达到标准；和/或，通过人工肉眼判别经标准化处理后的第四图像是否清晰、完整。

（4）根据权利要求（1）所述的一种纸质财会档案标准数字化管理方法，其特征在于，按照所述目录数据库，存储通过图像质量检查的第四图像，包括：

根据建立的数字化档案文件命名规则，将通过图像质量检查的第四图像存储到本地磁盘，并与财会档案目录数据库建立链接；和/或，将通过图像质量检查的第四图像传输至档案管理系统数据库。

（5）根据权利要求（1）所述的一种纸质财会档案标准数字化管理方法，其特征在于，对所述第三图像中的目标票据图像进行框选，包括：

按照所述第一图像中票据的尺寸在原始凭证票据尺寸边框库中选择边框,并利用所述边框选出目标票据图像。

(6)根据权利要求(1)所述的一种纸质财会档案标准数字化管理方法,其特征在于,对纠偏后的图像进行图像剪裁,包括:

通过可缩放财会档案尺寸选取边框对纠偏后的图像进行图像剪裁。

(7)根据权利要求(1)所述的一种纸质财会档案标准数字化管理方法,其特征在于,所述图像采集设备为高清摄像头。

(8)根据权利要求(1)所述的一种纸质财会档案标准数字化管理方法,其特征在于,对于未通过图像质量检查的第四图像,返回执行通过图像采集设备对纸质财会档案进行图像采集的步骤。

(9)根据权利要求(1)所述的一种纸质财会档案标准数字化管理方法,其特征在于,对所述第二图像进行图像填充,包括:

以所述第一图像的尺寸为参照,对所述第二图像进行宽高等比例缩放,填充满所述第二图像的边界。

(10)一种纸质财会档案标准数字化管理系统,其特征在于,包括:

目录建立模块,对各项待标准化的纸质财会档案进行整理、分类和编号,并建立目录数据库。

图像获取模块,通过图像采集设备对纸质财会档案进行图像采集,得到第一图像;所述第一图像包括财会档案信息以及非财会档案信息;所述财会档案信息包括票据粘贴单以及附加在所述票据粘贴单上方的至少一个票据。

图像纠偏模块,对所述第一图像进行图像纠偏,使所述第一图像旋转至水平位置。

图像识别模块,按照所述第一图像中财会档案信息的类型对应的尺寸识别所述财会档案图像中的财会档案信息。

图像剪裁模块,对纠偏后的图像进行图像剪裁,从已纠偏图像中剪裁掉非财会档案信息,得到仅包括所述财会档案信息的第二图像。

图像填充模块,对所述第二图像进行图像填充,得到第三图像;所述第三图像的尺寸与所述第一图像的尺寸一致。

图像框选模块,对所述第三图像中的目标票据图像进行框选,对所述第三图像进行框选图像的反向裁剪,得到仅包括所述目标票据图像的第四图像。

质量检测模块,对所述第四图像进行图像质量检查。

图像存储模块，按照所述目录数据库，存储通过图像质量检查的第四图像。

二、说明书

1. 技术领域

本发明涉及财务管理技术领域，特别是涉及一种纸质财会档案标准数字化管理方法及系统。

2. 背景技术

财会档案主要指单位在进行会计核算等过程中接收或形成的，记录和反映单位经济业务事项的，具有保存价值的文字、图表等各种形式的会计资料。具体来说，会计档案包括会计凭证、会计账簿、财务报告和其他会计资料等会计核算专业资料。它们不仅是记录和反映企事业单位经济业务发生情况的重要史料和证据，也是检查企事业单位过去经济活动的重要依据，同时也是国家档案的重要组成部分。高等学校在财务管理和会计活动中直接形成的具有保存利用价值的文字材料、凭证、账簿、报表等材料，也都属于财会档案。

目前，现有的纸质财会档案数字化管理方式主要包括数字化前处理、目录数据库建立、档案扫描、图像校正、数据存储等环节。具体来说，首先，需要进行数字化前处理，包括对纸质财会档案的整理、分类、编号等工作；其次，建立目录数据库，将纸质财会档案的内容进行录入和存储；再次，进行档案扫描，将纸质财会档案转化为数字形式；最后，进行图像校正和数据存储，对扫描得到的数字图像进行校正和存储，以便于后续的检索和利用。

然而，纸质财会档案具有票据多样性和表单复杂性特点，扫描及校正后的档案数字化图像普遍存在尺寸、质量、清晰度等方面不标准的问题。

3. 发明内容

有鉴于此，本发明提供了一种纸质财会档案标准数字化管理方法及系统，以实现纸质财会档案标准数字化。

为此，本发明提供了以下技术方案。

一方面，本发明公开了一种纸质财会档案标准数字化管理方法，所述方法包括：对各项待标准化的纸质财会档案进行整理、分类和编号，并建立目录数据库。

通过图像采集设备对纸质财会档案进行图像采集，得到第一图像；所述第一图像包括财会档案信息以及非财会档案信息;所述财会档案信息包括票据粘贴单以及附加在所述票据粘贴单上方的至少一个票据。

对所述第一图像进行图像纠偏,使所述第一图像旋转至水平位置。

按照所述第一图像中财会档案信息的类型对应的尺寸识别所述财会档案图像中的财会档案信息。

对纠偏后的图像进行图像剪裁,从已纠偏图像中剪裁掉非财会档案信息,得到仅包括所述财会档案信息的第二图像。

对所述第二图像进行图像填充,得到第三图像;所述第三图像的尺寸与所述第一图像的尺寸一致。

对所述第三图像中的目标票据图像进行框选,对所述第三图像进行框选图像的反向裁剪,得到仅包括所述目标票据图像的第四图像。

对所述第四图像进行图像质量检查。

按照所述目录数据库,存储通过图像质量检查的第四图像。

进一步地,所述目录数据库建立,包括:

通过图像采集设备获取财会档案目录图像。

对所述财会档案目录图像进行文字识别,将所述财会档案目录图像转换为电子文字目录。

人工校验所述电子文字目录内容,并对错误文字进行修改和补充。

依据修改和补充后的电子文字目录生成财会档案目录数据库。

进一步地,对所述第四图像进行图像质量检查,包括:

通过图片分辨率像素计算,根据图片分辨率像素标准要求不低于300DPI,判断图片像素是否达到标准;和/或,通过人工肉眼判别经标准化处理后的第四图像是否清晰、完整。

进一步地,按照所述目录数据库,存储通过图像质量检查的第四图像,包括:

根据建立的数字化档案文件命名规则,将通过图像质量检查的第四图像存储到本地磁盘,并与财会档案目录数据库建立链接;和/或,将通过图像质量检查的第四图像传输至档案管理系统数据库。

进一步地,对所述第三图像中的目标票据图像进行框选,包括:

按照所述第一图像中票据的尺寸在原始凭证票据尺寸边框库中选择边框,并利用所述边框选出目标票据图像。

进一步地，对纠偏后的图像进行图像剪裁，包括：

通过可缩放财会档案尺寸选取边框对纠偏后的图像进行图像剪裁。

进一步地，所述图像采集设备为高清摄像头。

进一步地，对于未通过图像质量检查的第四图像，返回执行通过图像采集设备对纸质财会档案进行图像采集的步骤。

进一步地，对所述第二图像进行图像填充，包括：

以所述第一图像的尺寸为参照，对所述第二图像进行宽高等比例缩放，填充满所述第二图像的边界。

另一方面，本发明还公开了一种纸质财务档案标准数字化管理系统，包括：

目录建立模块，对各项待标准化的纸质财会档案进行整理、分类和编号，并建立目录数据库。

图像获取模块，通过图像采集设备对纸质财会档案进行图像采集，得到第一图像；所述第一图像包括财会档案信息以及非财会档案信息；所述财会档案信息包括票据粘贴单以及附加在所述票据粘贴单上方的至少一个票据。

图像纠偏模块，对所述第一图像进行图像纠偏，使所述第一图像旋转至水平位置。

图像识别模块，按照所述第一图像中财会档案信息的类型对应的尺寸识别所述财会档案图像中的财会档案信息。

图像剪裁模块，对纠偏后的图像进行图像剪裁，从已纠偏图像中剪裁掉非财会档案信息，得到仅包括所述财会档案信息的第二图像。

图像填充模块，对所述第二图像进行图像填充，得到第三图像；所述第三图像的尺寸与所述第一图像的尺寸一致。

图像框选模块，对所述第三图像中的目标票据图像进行框选，对所述第三图像进行框选图像的反向裁剪，得到仅包括所述目标票据图像的第四图像。

质量检测模块，对所述第四图像进行图像质量检查。

图像存储模块，按照所述目录数据库，存储通过图像质量检查的第四图像。

本发明的优点和积极效果：

（1）本发明提供的纸质财会档案标准数字化管理方法中，首先对纸质财会档案进行拍照；其次，进行图像纠偏、图像剪裁和图像填充，得到标准尺寸的财会档案图像，再次，对目标票据进行框选以及反向裁剪，得到仅包括目标票据且尺寸标准的财会档案图像；最后还对得到的财会档案图像进行了质量检查，确保图像质量符合要求。

相比现有技术中只进行图像校正/纠偏、图像质量处理（图像亮度、分辨率、像素、干扰物去除）的纸质财会档案数字化管理方案，本发明中的方法对纸质财会档案进行了标准化处理，能够得到尺寸、质量、清晰度等各方面均为标准化的财会档案图像。

（2）通常通过对纸质财会档案扫描的方式获取财会档案图像，一张票据粘贴单上粘贴有多张票据的情况下，多张票据叠放在一起，需要将上方的票据完全弯折，甚至从粘贴单上撕下后放入扫描仪才能对下方的票据进行扫描，像火车票等票据不易翻折，还容易被扫描仪压坏造成破损。本发明中通过拍照的方式获取财会档案图像，仅需将上方票据翻开漏出下方的票据即可，操作便捷且能够避免票据损坏。

4. 附图说明

为了更清楚地说明本发明实施例或现有技术中的技术方案，下面将对实施例或现有技术描述中所需要使用的附图作以简单地介绍，显而易见地，下面描述中的附图是本发明的一些实施例，对于本领域普通技术人员来讲，在不付出创造性劳动的前提下，还可以根据这些附图获得其他的附图。图4-1为本发明实施例中一种纸质财会档案标准数字化管理方法的流程图，图4-2为本发明实施例中一种纸质财会档案标准数字化管理系统的结构框图。

5. 具体实施方式

为了使本技术领域的人员更好地理解本发明方案，下面将结合本发明实施例中的附图，对本发明实施例中的技术方案进行清楚、完整地描述，显然，所描述的实施例仅是本发明中的一部分实施例，而不是全部的实施例。基于本发明中的实施例，本领域普通技术人员在没有作出创造性劳动前提下所获得的所有其他实施例，都应当属于本发明保护的范围。

需要说明的是，本发明的说明书和权利要求书及上述附图中的术语"第一""第二"等是用于区别类似的对象，而不必用于描述特定的顺序或先后次序。应该理解这样使用的数据在适当情况下可以互换，以便这里描述的本发明的实施例能够以除了在这里图示或描述的那些以外的顺序实施。此外，术语"包括"和"具有"以及它们的任何变形，意图在于覆盖不排他的包含。例如，包含了一系列步骤或单元的过程、方法、系统、产品或设备不必限于清楚地列出的那些步骤或单元，而是可包括没有清楚地列出的或对于这些过程、方法、产品或设备固有的其他步骤或单元。

本发明依据国家《纸质档案数字化规范 DA/T31—2017》，结合财会档案票据多样性和表单复杂性特点，设计开发了纸质财会档案标准数字化管理方法及系统，解决了财会档案数字化图像普遍存在的尺寸、质量、清晰度等方面不标准问题。

如图 4-1 所示，本发明实施例中一种纸质财会档案标准数字化管理方法，具体包括以下步骤。

```
S1 对各项待标准化的纸质财会档案进行整理、分类和编号，并建立目录数据库
         ↓
S2 通过图像采集设备对纸质财会档案进行图像采集，得到第一图像
         ↓
S3 对所述第一图像进行图像纠偏，使所述第一图像旋转至水平位置
         ↓
S4 按照所述第一图像中财会档案信息的类型对应的尺寸识别所述财会档案图像中的财会档案信息
         ↓
S5 对纠偏后的图像进行图像剪裁，从已纠偏图像中剪裁掉非财会档案信息，得到仅包括所述财会档案信息的第二图像
         ↓
S6 对所述第二图像进行图像填充，得到第三图像；所述第三图像的尺寸与所述第一图像的尺寸一致
         ↓
S7 对所述第三图像中的目标票据图像进行框选，对所述第三图像进行框选图像的反向裁剪，得到仅包括所述目标票据图像的第四图像
         ↓
S8 对所述第四图像进行图像质量检查
         ↓
S9 按照所述目录数据库，存储通过图像质量检查的第四图像
```

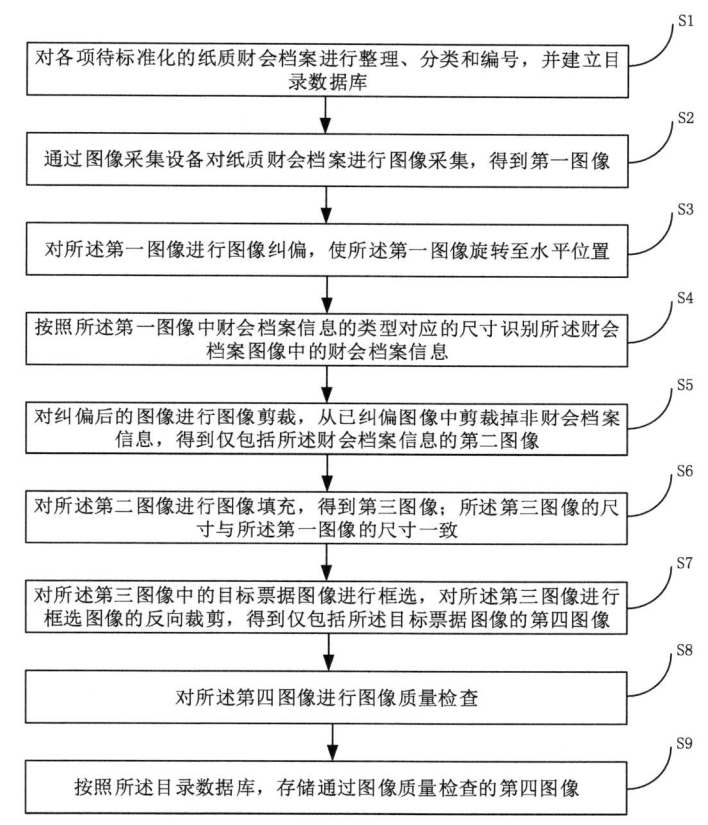

图 4-1　一种纸质财会档案标准数字化管理方法流程图

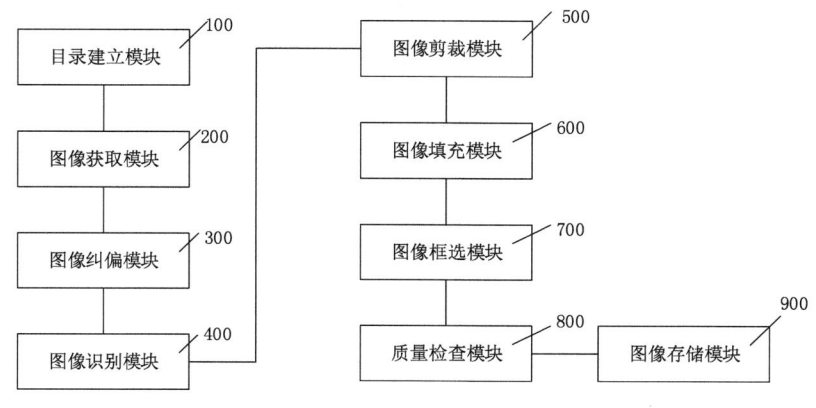

```
目录建立模块 100                    图像剪裁模块 500
     ↓                                   ↓
图像获取模块 200                    图像填充模块 600
     ↓                                   ↓
图像纠偏模块 300                    图像框选模块 700
     ↓                                   ↓
图像识别模块 400                    质量检查模块 800 → 图像存储模块 900
```

图 4-2　一种纸质财会档案标准数字化管理系统结构框图

（1）对各项待标准化的纸质财会档案进行整理、分类和编号，并建立目录数据库。

针对已有纸质财会档案目录，通过以下步骤生成数字化目录数据库。①目录图像获取。通过高清摄像头等数码设备获取财会档案目录图像。②图像文字识别。应用自动化图像文字识别功能，将目录图像转换为电子文字目录。③文字校验修正。人工校验电子文字目录内容，并对错误文字进行修改和补充。④目录数据库生成。依据修正定稿的电子文字目录生成财会档案目录数据库。

（2）通过图像采集设备对纸质财会档案进行图像采集，得到第一图像。

在具体实施中，所述图像采集设备可以为高清摄像头。

其中，所述第一图像包括财会档案信息以及非财会档案信息；所述财会档案信息包括票据粘贴单以及附加在所述票据粘贴单上方的至少一个票据。票据粘贴单可以有多种类型，每种类型的票据粘贴单具有不同的标准尺寸，常见的如 A4 大小。票据包括多种类型的票据，如火车票、发票、报销单等，每种类型的票据也具有不同的标准尺寸。一般地，票据的尺寸小于等于票据粘贴单的尺寸，一张票据粘贴单上一般粘贴有多张票据，上面的票据会完全或部分遮盖下面的票据。

（3）对所述第一图像进行图像纠偏，使所述第一图像旋转至水平位置。

（4）按照所述第一图像中财会档案信息的类型对应的尺寸识别所述财会档案图像中的财会档案信息。

（5）对纠偏后的图像进行图像剪裁，从已纠偏图像中剪裁掉非财会档案信息，得到仅包括所述财会档案信息的第二图像。

（6）对所述第二图像进行图像填充，得到第三图像；所述第三图像的尺寸与所述第一图像的尺寸一致。

（7）对所述第三图像中的目标票据图像进行框选，对所述第三图像进行框选图像的反向裁剪，得到仅包括所述目标票据图像的第四图像。

（2）～（7）财会档案图像获取及标准化处理的步骤，针对已有纸质财会档案，通过以下步骤进行图像采集及标准化处理：①图像获取。通过高清摄像头等数码设备获取纸张平整、内容完整的财会档案图像。②图像纠偏。以横纵向辅助网格为参照，对图像进行旋转至财会档案图像水平。③图像剪裁。通过可缩放财会档案尺寸选取边框（默认 A4 纸张幅面尺寸，可通过自定义模板自行进行财会档案尺寸设置），对获取的已纠偏图像进行框选，选取财会凭证/报表图像后进行剪裁。④图像填充。以整体图像尺寸为参照，对剪裁的财会凭证/报表图像进行宽高等比例缩放，填充满财会凭证/报表尺寸边界。⑤图像去污。在原始凭证票据尺寸边框库选取边框，并在财会凭证图像中框选出目标票据图像，通过反向裁剪去除无用图像。

（8）对所述第四图像进行图像质量检查。

针对以上经标准化处理的图像，通过以下步骤进行图像质量检查：①分辨率检查。通过图片分辨率像素计算，根据图片分辨率像素标准要求不低于300DPI，判断图片像素是否达到标准。②人工检查。通过人工肉眼判别经标准化处理的图像是否清晰、完整。③重新获取。对于经图像质量检查不合格的图像，重新执行图像获取和标准化过程。

（9）按照所述目录数据库，存储通过图像质量检查的第四图像。

对于经图像质量检查合格的图像，以JPEG格式文件通过以下步骤进行存储。①本地存储。根据建立的数字化档案文件命名规则，存储到本地磁盘，并与财会档案目录数据库建立链接。②异地传输。对于已有档案管理系统，并已与其通过接口建立连接的，将JPEG格式文件传输至档案管理系统数据库。

上述实施例中的纸质财会档案标准数字化管理方法中，首先对纸质财会档案进行拍照，进行图像纠偏、图像剪裁和图像填充，得到标准尺寸的财会档案图像，然后对目标票据进行框选以及反向裁剪，得到仅包括目标票据且尺寸标准的财会档案图像，最后还对得到的财会档案图像进行了质量检查，确保图像质量符合要求。相比现有技术中只进行图像校正/纠偏、图像质量处理（图像亮度、分辨率、像素、干扰物去除）的纸质财会档案数字化管理方案，本发明中的方法对纸质财会档案进行了标准化处理，能够得到尺寸、质量、清晰度等各方面均为标准化的财会档案图像。

如图4-2所示，本发明实施例中一种纸质财会档案标准数字化管理系统，包括：

目录建立模块100，对各项待标准化的纸质财会档案进行整理、分类和编号，并建立目录数据库。

图像获取模块200，通过图像采集设备对纸质财会档案进行图像采集，得到第一图像；所述第一图像包括财会档案信息以及非财会档案信息；所述财会档案信息包括票据粘贴单以及附加在所述票据粘贴单上方的至少一个票据。

图像纠偏模块300，对所述第一图像进行图像纠偏，使所述第一图像旋转至水平位置。

图像识别模块400，按照所述第一图像中财会档案信息的类型对应的尺寸识别所述财会档案图像中的财会档案信息。

图像剪裁模块 500，对纠偏后的图像进行图像剪裁，从已纠偏图像中剪裁掉非财会档案信息，得到仅有所述财会档案信息的第二图像。

图像填充模块 600，对所述第二图像进行图像填充，得到第三图像；所述第三图像的尺寸与所述第一图像的尺寸一致。

图像框选模块 700，对所述第三图像中的目标票据图像进行框选，对所述第三图像进行框选图像的反向裁剪，得到仅包括所述目标票据图像的第四图像。

质量检查模块 800，对所述第四图像进行图像质量检查。

图像存储模块 900，按照所述目录数据库，存储通过图像质量检查的第四图像。

上述实施例中，通过建立财会档案目录数据库，获取纸质财会档案图像，并对图像进行纠偏、剪裁、填充、去污等标准化处理，进一步检测图像质量，最终存储图像并与目录数据库建立连接，在有档案管理系统的情况下，将图像传输至档案管理数据库。

最后应说明的是：以上各实施例仅用以说明本发明的技术方案，而非对其限制。尽管参照前述各实施例对本发明进行了详细的说明，本领域的普通技术人员应当理解：其依然可以对前述各实施例所记载的技术方案进行修改，或者对其中部分或者全部技术特征进行等同替换；而这些修改或者替换，并不使相应技术方案的本质脱离本发明各实施例技术方案的范围。

6.专利应用实例

按照以上发明提出的纸质会计档案标准数字化方法，在确保档案出库与整理流程顺畅、电子目录精准生成、档案图像清晰采集、质量检测严格执行以及存储与管理规范有序的前提下，以 A4 纸张尺寸大小作为会计档案标准尺寸，以差旅费报销的火车票凭证为例，通过图示说明的方式展示该发明专利的图像处理方法，如图 4-3 所示。

第四章 纸质会计档案数字化方法应用实例 ◆ 171

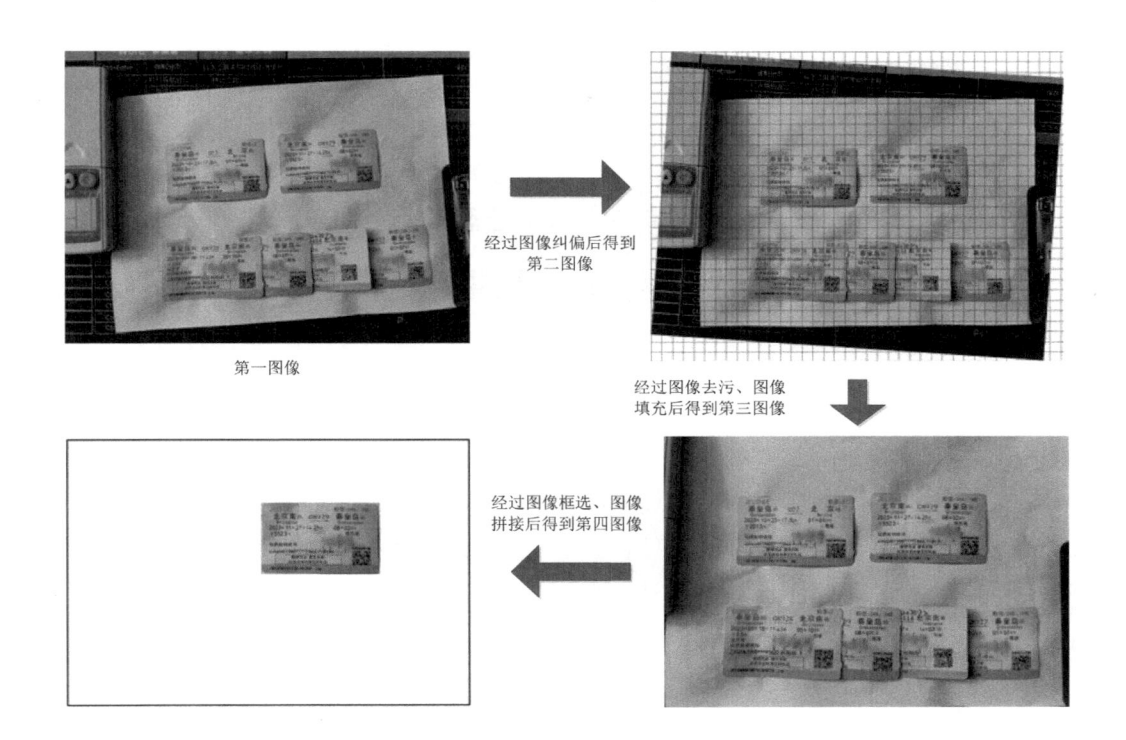

图 4-3 专利图像处理方法应用实例

第二节　一种纸质财会档案高清晰度数字化转换方法及系统

精益创业理论在纸质会计档案数字化方面的应用强调从用户需求出发，通过快速迭代和持续优化来提升数字化效率和用户满意度。将精益创业理论重点应用于纸质会计档案数字化的图像处理方面，通过快速迭代和持续优化，笔者提出了"一种纸质财会档案高清晰度数字化转换方法及系统"，并申请了国家发明专利（申请号 202410429219.7；申请公布号 CN 118214811 A）。该发明涉及财务管理技术领域，包括：通过高清摄像头对纸质财会档案进行图像采集；将图像中的一个凭证图像作为目标凭证图像，对目标凭证图像进行局部框选；从第一图像中剪切局部框选出的目标凭证图像，得到第二图像；对第二图像进行水平纠偏；对纠偏后的第二图像进行图像剪裁去污，去掉第二图像中非目标凭证信息，得到仅包括目标凭证信息的第三图像；对第三图像进行锐化，得到第四图像；按照第一图像的尺寸生成白色背景图像；将第四图像按比例缩小，并置于白色背景图像上方，得到高清晰度数字化财会档案。本发明显著提高了纸质财会档案数字化后图像的清晰度，又能保持高效工作流程和成本效益。下面对该发明进行详细介绍。

一、权利要求书

（1）一种纸质财会档案高清晰度数字化转换方法，其特征在于，所述方法包括：

通过高清摄像头对纸质财会档案进行图像采集，得到第一图像；所述第一图像包括财会档案信息以及非财会档案信息；所述财会档案信息包括票据粘贴单以及附加在所述票据粘贴单上方的多个凭证。

（2）将所述第一图像中的一个凭证图像作为目标凭证图像，对所述目标凭证图像进行局部框选。

（3）从所述第一图像中剪切局部框选出的目标凭证图像，得到第二图像。

以横纵向网格为辅助工具，对所述第二图像进行水平纠偏。

对纠偏后的第二图像进行图像剪裁去污，去掉所述第二图像中非目标凭证信息，得到仅包括目标凭证信息的第三图像。

对所述第三图像进行锐化，得到第四图像。

按照所述第一图像的尺寸生成白色背景图像。

将所述第四图像按比例缩小，并置于所述白色背景图像上方，得到高清晰度数字化财会档案。

（2）根据权利要求（1）所述的一种纸质财会档案高清晰度数字化转换方法，其特征在于，将所述第四图像按比例缩小，包括：

将所述第四图像根据凭证实际尺寸，对照所述白色背景图像实际尺寸，计算比例进行等比例缩小。

（3）根据权利要求（1）所述的一种纸质财会档案高清晰度数字化转换方法，其特征在于，将所述第四图像按比例缩小，并置于所述白色背景图像上方，包括：

将按比例缩小的第四图像居中置于所述白色背景图像上方。

（4）根据权利要求（1）所述的一种纸质财会档案高清晰度数字化转换方法，其特征在于，从所述第一图像中剪切局部框选出的目标凭证图像之后，还包括：

对剪切出的目标凭证图像以固定长宽比进行等比例放大。

（5）根据权利要求（1）所述的一种纸质财会档案高清晰度数字化转换方法，其特征在于，对所述目标凭证图像进行局部框选，包括：

按照所述目标凭证图像的尺寸在原始凭证票据尺寸边框库中选择边框，并利用所述边框选出所述目标凭证图像。

（6）一种纸质财会档案高清晰度数字化转换系统，其特征在于，包括：

图像采集模块，通过高清摄像头对纸质财会档案进行图像采集，得到第一图像；所述第一图像包括财会档案信息以及非财会档案信息；所述财会档案信息包括票据粘贴单以及附加在所述票据粘贴单上方的多个凭证。

图像框选模块，将所述第一图像中的一个凭证图像作为目标凭证图像，对所述目标凭证图像进行局部框选。

图像剪切模块，从所述第一图像中剪切局部框选出的目标凭证图像，得到第二图像。

图像纠偏模块，以横纵向网格为辅助工具，对所述第二图像进行水平纠偏。

图像去污模块，对纠偏后的第二图像进行图像剪裁去污，去掉所述第二图像中非目标凭证信息，得到仅包括目标凭证信息的第三图像。

图像锐化模块，对所述第三图像进行锐化，得到第四图像。

背景图像生成模块，按照所述第一图像的尺寸生成白色背景图像。

图像拼接模块，将所述第四图像按比例缩小，并置于所述白色背景图像上方，得到高清晰度数字化财会档案。

二、说明书

1. 技术领域

本发明涉及财务管理技术领域，特别是涉及一种纸质财会档案高清晰度数字化转换方法及系统。

2. 背景技术

随着信息技术的快速发展，传统的纸质财会档案逐渐向数字化转型。数字化存档不仅能有效节省物理空间，还能提高检索效率和安全性。然而，在将纸质文档转化为数字格式的过程中，图像的清晰度成了衡量转换质量的关键指标之一。

最初的标准数字化方法通常包括使用扫描仪对纸质文件进行扫描，转换为数字图像。尽管这些方法能够实现基本的转换功能，但在图像清晰度方面往往存在不足。低清晰度的图像可能导致重要信息的丢失，影响后续的 OCR 技术处理，降低了档案的可用性和可靠性。

为了解决这些问题，行业内出现了多种改进技术，如提高扫描分辨率、采用先进的图像处理算法、使用更高性能的扫描设备等。然而，这些方法在提升清晰度的同时，可能会增加处理时间，降低工作效率，或增加成本。

因此，开发一种既能显著提高目标凭证图像清晰度，又能保持高效工作流程和成本效益的纸质财会档案高清晰度数字化转换方法及系统，已成为行业内迫切需要解决的技术问题。

3. 发明内容

有鉴于此，本发明提供了一种纸质财会档案高清晰度数字化转换方法及系统，能显著提高纸质财会档案数字化后图像的清晰度，又能保持高效工作流程和成本效益。

为此，本发明提供了以下技术方案。

本发明提供了一种纸质财会档案高清晰度数字化转换方法，方法包括：

通过高清摄像头对纸质财会档案进行图像采集，得到第一图像；第一图像包括财会档案信息以及非财会档案信息；财会档案信息包括票据粘贴单以及附加在票据粘贴单上方的多个凭证。

将第一图像中的一个凭证图像作为目标凭证图像，对目标凭证图像进行局部框选。

从第一图像中剪切局部框选出的目标凭证图像，得到第二图像。

以横纵向网格为辅助工具，对第二图像进行水平纠偏。

对纠偏后的第二图像进行图像剪裁去污，去掉第二图像中非目标凭证信息，得到仅包括目标凭证信息的第三图像。

对第三图像进行锐化，得到第四图像。

按照第一图像的尺寸生成白色背景图像。

将第四图像按比例缩小，并置于白色背景图像上方，得到高清晰度数字化财会档案。

进一步地，将第四图像按比例缩小，包括：

将第四图像根据凭证实际尺寸，对照白色背景图像实际尺寸，计算比例进行等比例缩小。

进一步地，将第四图像按比例缩小，并置于白色背景图像上方，包括：

将按比例缩小的第四图像居中置于白色背景图像上方。

进一步地，从第一图像中剪切局部框选出的目标凭证图像之后，还包括：

对剪切出的目标凭证图像以固定长宽比进行等比例放大。

进一步地，对目标凭证图像进行局部框选，包括：

按照目标凭证图像的尺寸在原始凭证票据尺寸边框库中选择边框，并利用边框选出目标凭证图像。

本发明还提供了一种纸质财会档案高清晰度数字化转换系统，包括：

图像采集模块，通过高清摄像头对纸质财会档案进行图像采集，得到第一图像；第一图像包括财会档案信息以及非财会档案信息；财会档案信息包括票据粘贴单以及附加在票据粘贴单上方的多个凭证。

图像框选模块，将第一图像中的一个凭证图像作为目标凭证图像，对目标凭证

图像进行局部框选。

图像剪切模块，从第一图像中剪切局部框选出的目标凭证图像，得到第二图像。

图像纠偏模块，以横纵向网格为辅助工具，对第二图像进行水平纠偏。

图像去污模块，对纠偏后的第二图像进行图像剪裁去污，去掉第二图像中非目标凭证信息，得到仅包括目标凭证信息的第三图像。

图像锐化模块，对第三图像进行锐化，得到第四图像。

背景图像生成模块，按照第一图像的尺寸生成白色背景图像。

图像拼接模块，将第四图像按比例缩小，并置于白色背景图像上方，得到高清晰度数字化财会档案。

本发明的优点和积极效果：本发明的纸质财会档案高清晰度数字化转换方法及系统，对包括多个凭证的财会档案信息，通过逐一对目标凭证进行局部框选、剪切、纠偏、去污，得到仅包括目标凭证信息的图像，再对该图像进行锐化处理，提高图像的清晰度，最后将锐化后的目标凭证图像置于白色背景图像上方，最终得到高清晰度数字化财会档案。显著提高了纸质财会档案数字化后图像的清晰度，又能保持高效工作流程和成本效益。

4. 附图说明

为了更清楚地说明本发明实施例或现有技术中的技术方案，下面将对实施例或现有技术描述中所需要使用的附图作以简单地介绍，显而易见地，下面描述中的附图是本发明的一些实施例，对于本领域普通技术人员来讲，在不付出创造性劳动的前提下，还可以根据这些附图获得其他的附图。图4-4为本发明实施例中一种纸质财会档案高清晰度数字化转换方法的流程图，图4-5为本发明实施例中一种纸质财会档案高清晰度数字化转换系统的结构框图。

```
         ┌─────────────────────────────────┐ S1
         │ 通过高清摄像头对纸质财会档案进行图像 │
         │ 采集,得到第一图像                 │
         └─────────────────────────────────┘
                         ↓
         ┌─────────────────────────────────┐ S2
         │ 将第一图像中的一个凭证图像作为目标凭证图像,对目标凭证图像 │
         │ 进行局部框选                     │
         └─────────────────────────────────┘
                         ↓
         ┌─────────────────────────────────┐ S3
         │ 从第一图像中剪切局部框选出的目标凭证图像,得到第二图像 │
         └─────────────────────────────────┘
                         ↓
         ┌─────────────────────────────────┐ S4
         │ 以横纵向网格为辅助工具,对第二图像进行水平纠偏 │
         └─────────────────────────────────┘
                         ↓
         ┌─────────────────────────────────┐ S5
         │ 对纠偏后的第二图像进行图像剪裁去污,去掉第二图像中非目标凭 │
         │ 证信息,得到仅包括目标凭证信息的第三图像 │
         └─────────────────────────────────┘
                         ↓
         ┌─────────────────────────────────┐ S6
         │ 对第三图像进行锐化,得到第四图像  │
         └─────────────────────────────────┘
                         ↓
         ┌─────────────────────────────────┐ S7
         │ 按照第一图像的尺寸生成白色背景图像 │
         └─────────────────────────────────┘
                         ↓
         ┌─────────────────────────────────┐ S8
         │ 将第四图像按比例缩小,并置于白色背景图像上方,得到高清晰度 │
         │ 数字化财会档案                   │
         └─────────────────────────────────┘
```

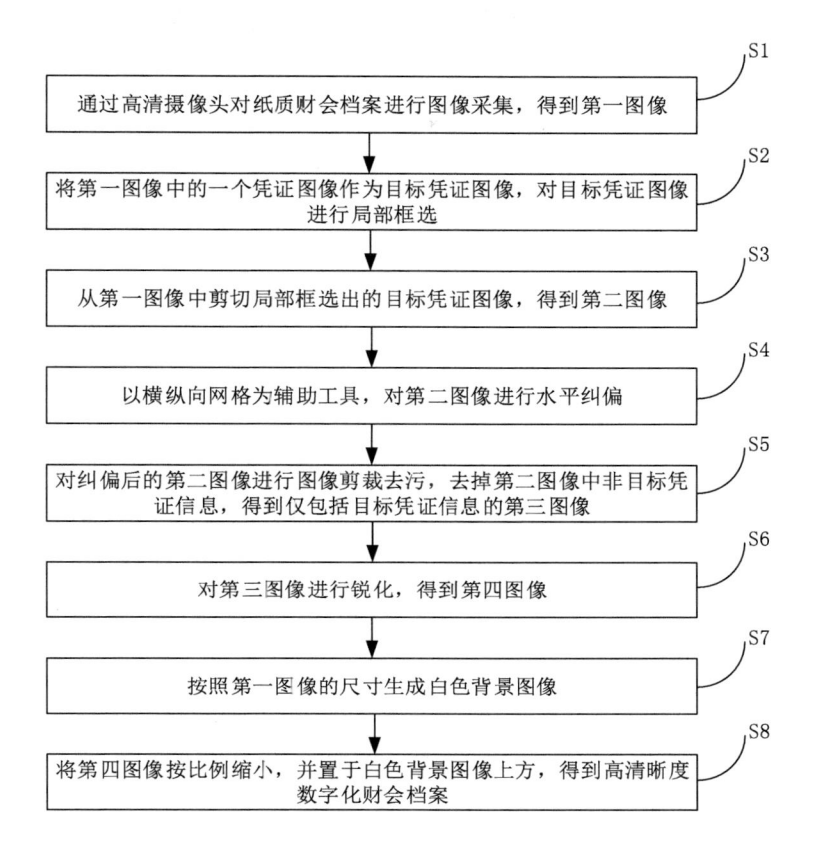

图 4-4 一种纸质财会档案高清晰度数字化转换方法流程图

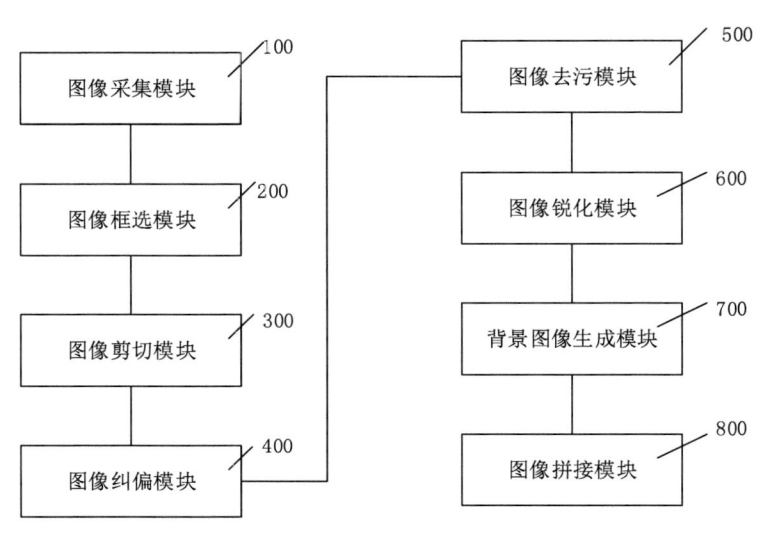

```
   ┌──────────────┐ 100          ┌──────────────┐ 500
   │ 图像采集模块 │              │ 图像去污模块 │
   └──────┬───────┘              └──────┬───────┘
          ↓                             ↓
   ┌──────────────┐ 200          ┌──────────────┐ 600
   │ 图像框选模块 │              │ 图像锐化模块 │
   └──────┬───────┘              └──────┬───────┘
          ↓                             ↓
   ┌──────────────┐ 300          ┌──────────────┐ 700
   │ 图像剪切模块 │              │ 背景图像生成模块 │
   └──────┬───────┘              └──────┬───────┘
          ↓                             ↓
   ┌──────────────┐ 400          ┌──────────────┐ 800
   │ 图像纠偏模块 │─────────────→│ 图像拼接模块 │
   └──────────────┘              └──────────────┘
```

图 4-5 一种纸质财会档案高清晰度数字化转换系统结构框图

5. 具体实施方式

为了使本技术领域的人员更好地理解本发明方案，下面将结合本发明实施例中的附图，对本发明实施例中的技术方案进行清楚、完整地描述，显然，所描述的实施例仅仅是本发明的一部分实施例，而不是全部的实施例。基于本发明中的实施例，本领域普通技术人员在没有作出创造性劳动前提下所获得的所有其他实施例，都应当属于本发明保护的范围。

需要说明的是，本发明的说明书和权利要求书及上述附图中的术语"第一""第二"等是用于区别类似的对象，而不必用于描述特定的顺序或先后次序。

应该理解这样使用的数据在适当情况下可以互换，以便这里描述的本发明的实施例能够以除了在这里图示或描述的那些以外的顺序实施。此外，术语"包括"和"具有"以及它们的任何变形，意图在于覆盖不排他的包含，例如，包含了一系列步骤或单元的过程、方法、系统、产品或设备不必限于清楚地列出的那些步骤或单元，而是可包括没有清楚地列出的或对于这些过程、方法、产品或设备固有的其他步骤或单元。

如图 4-4 所示，本发明实施例中一种纸质财会档案高清晰度数字化转换方法，具体包括以下步骤。

（1）通过高清摄像头对纸质财会档案进行图像采集，得到第一图像。

其中，第一图像包括财会档案信息以及非财会档案信息；财会档案信息包括：票据粘贴单以及附加在票据粘贴单上方的多个凭证（票据）。票据粘贴单可以有多种类型，每种类型的票据粘贴单具有不同的标准尺寸，常见的如 A4 大小。票据包括多种类型的票据，如火车票、发票、报销单等，每种类型的票据也具有不同的标准尺寸。一般地，票据的尺寸小于等于票据粘贴单的尺寸，一张票据粘贴单上一般粘贴有多张票据，上面的票据会完全或部分遮盖下面的票据。

通过使用高清摄像头进行图像采集，以及后续的一系列处理步骤，本发明能够获取更高清晰度的目标凭证图像。这确保了财会档案信息，包括复杂的票据粘贴单及其附加的多个凭证，被准确地数字化，极大地提高了图像的细节保留和识别率。

（2）将第一图像中的一个凭证图像作为目标凭证图像，对目标凭证图像进行局部框选。

按照目标凭证图像的尺寸在原始凭证票据尺寸边框库中选择边框，并利用边框选出目标凭证图像。

通过对第一图像中的目标凭证图像进行局部框选，本发明允许精确地提取所需的财会信息，排除了背景噪声和无关的非财会档案信息，从而提高了图像处理的准确性和效率。

（3）从第一图像中剪切局部框选出的目标凭证图像，得到第二图像。

为了方便后续图像处理，从第一图像中剪切局部框选出的目标凭证图像之后，还包括：对剪切出的目标凭证图像以固定长宽比进行等比例放大。

（4）以横纵向网格为辅助工具，对第二图像进行水平纠偏。

（5）对纠偏后的第二图像进行图像剪裁去污，去掉第二图像中非目标凭证信息，得到仅包括目标凭证信息的第三图像。

利用横纵向网格工具对第二图像进行水平纠偏，结合图像剪裁去污技术，有效地纠正了图像的歪斜并去除了不需要的信息，使得第三图像仅包括清晰、整洁的目标凭证信息。

（6）对第三图像进行锐化，得到第四图像。

通过对第三图像进行锐化处理，第四图像的清晰度得到显著提升，这为后续的财会数据识别和分析提供了高质量的图像基础。

（7）按照第一图像的尺寸生成白色背景图像。

（8）将第四图像按比例缩小，并置于白色背景图像上方，得到高清晰度数字化财会档案。

具体实施中，将按比例缩小的第四图像居中置于白色背景图像上方，得到高清晰度数字化财会档案。

其中，将第四图像按比例缩小，包括将第四图像根据凭证实际尺寸，对照白色背景图像实际尺寸，计算比例进行等比例缩小。

按照原始第一图像的尺寸生成白色背景图像，并将处理后的第四图像按比例缩小放置于其上，实现了高清晰度数字化财会档案的标准化输出，便于档案管理和未来使用。

上述实施例中，对于包括多个凭证的财会档案信息，通过逐一对目标凭证进行局部框选、剪切、纠偏、去污，得到仅包括目标凭证信息的图像，再对该图像进行锐化处理，提高图像的清晰度，最后将锐化后的目标凭证图像置于白色背景图像上方，最终得到高清晰度数字化财会档案。显著提高了纸质财会档案数字化后图像的清晰度，又能保持高效工作流程和成本效益。

如图 4-5 所示，本发明实施例中一种纸质财会档案高清晰度数字化转换系统，包括：

图像采集模块 100，通过高清摄像头对纸质财会档案进行图像采集，得到第一图像；第一图像包括财会档案信息以及非财会档案信息；财会档案信息包括票据粘贴单以及附加在票据粘贴单上方的多个凭证。

图像框选模块 200，将第一图像中的一个凭证图像作为目标凭证图像，对目标凭证图像进行局部框选。

图像剪切模块 300，从第一图像中剪切局部框选出的目标凭证图像，得到第二图像。

图像纠偏模块 400，以横纵向网格为辅助工具，对第二图像进行水平纠偏。

图像去污模块 500，对纠偏后的第二图像进行图像剪裁去污，去掉第二图像中非目标凭证信息，得到仅包括目标凭证信息的第三图像。

图像锐化模块 600，对第三图像进行锐化，得到第四图像。

背景图像生成模块 700，按照第一图像的尺寸生成白色背景图像。

图像拼接模块 800，将第四图像按比例缩小，并置于白色背景图像上方，得到高清晰度数字化财会档案。

上述实施例中，对于包括多个凭证的财会档案信息，通过逐一对目标凭证进行局部框选、剪切、纠偏、去污，得到仅包括目标凭证信息的图像，再对该图像进行锐化处理，提高图像的清晰度，最后将锐化后的目标凭证图像置于白色背景图像上方，最终得到高清晰度数字化财会档案。显著提高了纸质财会档案数字化后图像的清晰度，又能保持高效工作流程和成本效益。

最后应说明的是：以上各实施例仅用以说明本发明的技术方案，而非对其限制。尽管参照前述各实施例对本发明进行了详细的说明，本领域的普通技术人员应当理解：其依然可以对前述各实施例所记载的技术方案进行修改，或者对其中部分或者全部技术特征进行等同替换；而这些修改或者替换，并不使相应技术方案的本质脱离本发明各实施例技术方案的范围。

6. 专利应用实例

将精益创业理论融入专利技术"一种纸质财会档案标准数字化管理方法及系统"的图像处理环节，我们创新性地研发出了"一种纸质财会档案高清晰度数字化转换方法及系统"。此专利技术的图像处理流程涵盖了局部精准框选、图像精细放大、精确纠偏、高效去污、深度锐化以及精准拼接等多个环节，实现了对原始图像的全面、规范化处理。每一步骤都严格把控，确保了图像的高质量与清晰度，从而显著提升了图像的可读性。

将 A4 纸张尺寸大小作为纸质会计档案标准尺寸，图 4-6 以纸质火车票原始凭证为例，详细展示了该发明专利技术在实际应用中的具体操作流程。

S1：图像框选
对高清摄像头等设备获取的图像进行局部框选，框选区域囊括目标凭证的全部内容。

S6：图像拼接
将图像根据凭证尺寸并对照背景图像实际尺寸进行等比例缩小，居中与白色背景图像进行拼接。

S2：图像放大
将框选的目标凭证图像单独剪切出来，并将其进行适度等比例放大。

S5：图像锐化
对图像进行锐化处理，提高图片清晰度。

S3：图像纠偏
以横纵向网格为辅助工具，对图像进行纠偏。

S4：图像去污
对图像进行剪裁去污。

图 4-6　专利应用实例

第三节 一种纸质财会档案标准数字化设备

当前,纸质会计档案的标准化数字化进程仍旧高度依赖人工操作,这不仅导致了效率低下的问题,还易于引发错误。在具体的数字化流程中,往往需要多名工作人员共同参与,涵盖扫描、分类、数据录入等多个环节。特别是在固定纸质档案时,常见的方法是依靠多人徒手或使用重物进行临时按压,这种做法既耗时又费力,且人为错误的风险较高。此外,鉴于不同企业在会计档案管理方面的规定与格式可能存在的差异性,实际操作过程中还需进行大量的定制化调整工作,这无疑进一步加剧了工作的复杂性和实施难度。

结合专利技术"一种纸质财会档案标准数字化管理方法及系统"和"一种纸质财会档案高清晰度数字化转换方法及系统"的纸质会计档案标准数字化方法,从精简成本的角度考虑,笔者设计制造了纸质会计档案标准数字化原型机,并申请了国家发明专利"一种纸质财会档案标准数字化设备",(申请号 202410070439.5;申请公布号 CN 117939024 A)。该发明公开了一种纸质财会档案标准数字化设备,该设备包括:显示器、操作台以及机箱;显示器固定安装于操作台的一侧;操作台位于机箱上方;操作台中间为操作板,四周开设用于固定弹性固定绑带的条形栅栏;操作台上的一侧顶角位置安装有高清摄像头;机箱前部用于配置计算机主机及配件;机箱后部包括可抽拉托槽及储物箱;固定档案的配件包括:弹性固定绑带、合金镇纸锭和透明钢化玻璃;弹性固定绑带包括绑带及挂钩,中间是弹性绑带,两边是金属挂钩,用于钩挂在操作台的条形栅栏固定,并能够在条形栅栏内横纵向移动。该发明的设备能够实现一个人独立高效地完成纸质财会档案标准数字化作业,为财务档案数字化需求提供便捷实用的辅助操作设备。下面对该发明进行详细介绍。

一、权利要求书

(1)一种纸质财会档案标准数字化设备,其特征在于,所述设备包括:显示器、操作台以及机箱。

所述显示器固定安装于所述操作台的一侧。

操作台呈平板状，位于机箱上方，采用合金材料；操作台中间操作板面尺寸满足 A3 幅面大小纸张横纵翻转，四周开设用于固定弹性固定绑带的条形栅栏。

操作台上的一侧顶角位置安装有高清摄像头。

机箱呈箱体状，可落地放置；机箱包括前部和后部两部分，机箱前部用于配置计算机主机及配件；机箱后部包括可抽拉托槽及储物箱，所述可抽拉托槽内放置无线键鼠套装，所述可抽拉储物箱用于放置固定档案的配件；所述固定档案的配件至少包括：弹性固定绑带；所述弹性固定绑带包括绑带及挂钩，中间是弹性绑带，两边是金属挂钩，用于钩挂在所述操作台的条形栅栏固定，并能够在所述条形栅栏内横纵向移动。

（2）根据权利要求（1）所述的一种纸质财会档案标准数字化设备，其特征在于，所述显示器放置于合金操作台一侧的卡槽内。

（3）根据权利要求（1）所述的一种纸质财会档案标准数字化设备，其特征在于，所述弹性固定绑带包括大、中、小号三种不同宽度，大号宽度为 6 cm，中号宽度为 3 cm，小号宽度为 1 cm。

（4）根据权利要求（3）所述的一种纸质财会档案标准数字化设备，其特征在于，每种宽度的弹性固定绑带配置 6 条。

（5）根据权利要求（1）所述的一种纸质财会档案标准数字化设备，其特征在于，所述高清摄像头通过可塑性数据线缆与操作台连接。

（6）根据权利要求（1）所述的一种纸质财会档案标准数字化设备，其特征在于，所述固定档案的配件，还包括：合金镇纸锭。

（7）根据权利要求（1）所述的一种纸质财会档案标准数字化设备，其特征在于，所述固定档案的配件，还包括：透明钢化玻璃。

（8）根据权利要求（1）所述的一种纸质财会档案标准数字化设备，其特征在于，所述操作台上还安装有 LED 照明灯。

（9）根据权利要求（1）所述的一种纸质财会档案标准数字化设备，其特征在于，所述计算机主机中安装有纸质财会档案标准数字化软件，所述纸质财会档案标准数字化软件按照以下方法执行，包括以下步骤：

对各项待标准化的纸质财会档案进行整理、分类和编号，并建立目录数据库。

通过图像采集设备对纸质财会档案进行图像采集，得到第一图像；所述第一图像包括财会档案信息以及非财会档案信息；所述财会档案信息包括票据粘贴单以及附加在所述票据粘贴单上方的至少一张票据。

对所述第一图像进行图像纠偏，使所述第一图像旋转至水平位置。

按照所述第一图像中财会档案信息的类型对应的尺寸识别所述财会档案图像中的财会档案信息。

对纠偏后的图像进行图像剪裁，从已纠偏图像中剪裁掉非财会档案信息，得到仅包括所述财会档案信息的第二图像。

对所述第二图像进行图像填充，得到第三图像；所述第三图像的尺寸与所述第一图像的尺寸一致。

对所述第三图像中的目标票据图像进行框选，对所述第三图像进行框选图像的反向裁剪，得到仅包括所述目标票据图像的第四图像。

对所述第四图像进行图像质量检查。

按照所述目录数据库，存储通过图像质量检查的第四图像。

二、说明书

1. 技术领域

本发明涉及财务管理技术领域，特别是涉及一种纸质财会档案标准数字化设备。

2. 背景技术

在全球信息化日趋高速发展和逐步成熟的今天，档案数字化已成为国家的重大发展战略。财会档案在政府机关、事业单位以及大中小企业档案中占有较大比重。纸质财会档案又具有票据多样性和表单复杂性的特点。其中，票据包括：财政票据、增值税普通发票、增值税专用发票、火车票、飞机票、船票、长途汽车客票、过桥过路费票、出租车票、公交车票等。表单包括：税务报表、财会报表、统计报表、单位内部各类结算单等。无论是票据还是表单，都具有不同的幅面尺寸和装订方式，与常规的文字档案数字化相比，纸质财会档案数字化无疑是一项艰巨的工作。

然而，目前纸质财会档案标准数字化的过程仍然依赖于人工操作，这不仅效率低下，而且容易出现错误。

在现有的纸质财会档案数字化过程中，通常需要多个人员协同工作，包括扫描、分类、录入等环节，尤其是纸质档案固定时，多采用多人人手或重物临时按压完成。这种方式不仅耗时耗力，而且容易出现人为失误。此外，由于不同企业的财务档案管理规定和格式可能存在差异，因此在实际操作中还需要进行大量的定制化调整，进一步增加了工作量和难度。

3.发明内容

为了解决这一问题，本发明提出了一种纸质财会档案标准数字化设备。该设备目的是实现一个人独立高效地完成纸质财会档案标准数字化作业，为财务档案数字化需求提供便捷实用的辅助操作设备。通过使用这种设备，可以大大提高纸质财会档案数字化的效率和准确性，降低企业的运营成本，提高企业的竞争力。

为此，本发明提供了以下技术方案。

一方面，本发明提供了一种纸质财会档案标准数字化设备，所述设备包括：显示器、操作台以及机箱。

所述显示器固定安装于所述操作台的一侧。

操作台呈平板状，位于机箱上方，采用合金材料；操作台中间操作板面尺寸满足 A3 幅面大小纸张横纵翻转，四周开设用于固定弹性固定绑带的条形栅栏。

操作台上的一侧顶角位置安装有高清摄像头。

机箱呈箱体状，可落地放置；机箱包括前部和后部两部分，机箱前部用于配置计算机主机及配件；机箱后部包括可抽拉托槽及储物箱，所述可抽拉托槽内放置无线键鼠套装，所述可抽拉储物箱用于放置固定档案的配件；所述固定档案的配件至少包括弹性固定绑带；所述弹性固定绑带包括绑带及挂钩，中间是弹性绑带，两边是金属挂钩，用于钩挂在所述操作台的条形栅栏固定，并能够在所述条形栅栏内横纵向移动。

进一步地，所述显示器放置于合金操作台一侧的卡槽内。

进一步地，所述弹性固定绑带包括大、中、小号三种不同宽度，大号宽度为 6 cm，中号宽度为 3 cm，小号宽度为 1 cm。

进一步地，每种宽度的弹性固定绑带配置 6 条。

进一步地，所述高清摄像头通过可塑性数据线缆与操作台连接。

进一步地，所述固定档案的配件，还包括合金镇纸锭。

进一步地，所述固定档案的配件，还包括透明钢化玻璃。

进一步地，所述操作台上还安装有 LED 照明灯。

进一步地，所述计算机主机中安装有纸质财会档案标准数字化软件，所述纸质财会档案标准数字化软件按照以下方法执行，包括以下步骤。

对各项待标准化的纸质财会档案进行整理、分类和编号，并建立目录数据库。

通过图像采集设备对纸质财会档案进行图像采集，得到第一图像；所述第一图像包括财会档案信息以及非财会档案信息；所述财会档案信息包括：票据粘贴单以及附加在所述票据粘贴单上方的至少一张票据。

对所述第一图像进行图像纠偏，使所述第一图像旋转至水平位置。

按照所述第一图像中财会档案信息的类型对应的尺寸识别所述财会档案图像中的财会档案信息。

对纠偏后的图像进行图像剪裁，从已纠偏图像中剪裁掉非财会档案信息，得到仅包括所述财会档案信息的第二图像。

对所述第二图像进行图像填充，得到第三图像；所述第三图像的尺寸与所述第一图像的尺寸一致。

对所述第三图像中的目标票据图像进行框选，对所述第三图像进行框选图像的反向裁剪，得到仅包括所述目标票据图像的第四图像。

对所述第四图像进行图像质量检查。

按照所述目录数据库，存储通过图像质量检查的第四图像。

本发明的优点和积极效果：本发明提供了一种纸质财会档案标准数字化设备。该设备采用了先进的图像识别技术和自动化控制技术，能够快速准确地识别和处理纸质财会档案中的各种信息。同时，该设备还具备智能化的分类和归档功能，可以根据预设的规则自动将处理后的数据存储到相应的位置，大大减少了人工干预的需要。

4. 附图说明

为了更清楚地说明本发明实施例或现有技术中的技术方案，下面将对实施例或现有技术描述中所需要使用的附图作以简单地介绍，显而易见地，下面描述中的附图是本发明的一些实施例，对于本领域普通技术人员来讲，在不付出创造性劳动的前提下，还可以根据这些附图获得其他的附图。

5. 具体实施方式

为了使本技术领域的人员更好地理解本发明方案，下面将结合本发明实施例中的附图，对本发明实施例中的技术方案进行清楚、完整地描述，显然，所描述的实施例仅是本发明的一部分实施例，而不是全部的实施例。基于本发明中的实施例，本领域普通技术人员在没有作出创造性劳动前提下所获得的所有其他实施例，都应当属于本发明保护的范围。

需要说明的是，本发明的说明书和权利要求书及上述附图中的术语"第一""第二"等是用于区别类似的对象，而不必用于描述特定的顺序或先后次序。应该理解这样使用的数据在适当情况下可以互换，以便这里描述的本发明的实施例能够以除了在这里图示或描述的那些以外的顺序实施。此外，术语"包括"和"具有"以及它们的任何变形，意图在于覆盖不排他的包含，例如，包含了一系列步骤或单元的过程、方法、系统、产品或设备不必限于清楚地列出的那些步骤或单元，而是可包括没有清楚地列出的或对于这些过程、方法、产品或设备固有的其他步骤或单元。

如图 4-7 所示，本发明实施例中一种纸质财会档案标准数字化设备，包括：

显示器、操作台以及机箱。

显示器，固定安装于操作台一侧。具体实施中，为保障设备的一体化特性，显示器放置于合金操作台一侧的卡槽内。

操作台呈平板状，位于机箱上方。采用合金材料打造，保障操作台的耐用性和轻便性。操作台中间为操作板面，尺寸满足 A3 幅面大小纸张横纵翻转，四周通过线切割技术开设条形栅栏，方便使用弹性固定绑带钩挂固定。弹性固定绑带由绑带及挂钩组成，中间是弹性绑带，两边金属挂钩用于钩挂在操作台的条形栅栏固定，并可以在栅栏内横纵向移动。根据财会档案厚度，配置大、中、小号三种不同宽度的弹性固定绑带，大号宽度 6 cm，中号宽度 3 cm，小号宽度 1 cm。每种宽度的弹性固定绑带配置 6 条，方便钩挂固定和损坏替换。

操作台的一角安装有摄像头，为保障图像采集的清晰度，配置高清摄像头。具体实施中，摄像头通过可塑性数据线缆与操作台连接，方便图像采集时根据需求进行摄像头移动。可塑性数据线缆具有可塑性和延展性，可以实现摄像头图像采集的位置变换和位置固定，为确保操作的方便性，根据个人左右手惯用习惯，可将可塑性数据线缆配置于合金操作台的左右两侧顶角位置。

机箱呈箱体状，可落地放置。机箱包括前部和后部两部分，机箱前部用于配置计算机主机配件，配件配置满足高清图像处理及存储所需的 CPU、内存、主板、硬盘、显卡及网卡的要求；机箱后部由可抽拉托槽及储物箱组成，可抽拉托槽内放置无线键鼠套装，可抽拉储物箱用于放置档案固定配件，如弹性固定绑带、合金镇纸锭以及透明钢化玻璃等。其中合金镇纸锭用于放压固定较厚的财会档案；透明钢化玻璃用于放压固定较大的财会档案并确保图像采集的清晰度。

图 4-7　一种纸质财会档案标准数字化设备的结构图

计算机主机中安装有纸质财会档案标准数字化软件，该软件按照以下方法进行纸质财会档案标准数字化管理，具体包括以下步骤：

（1）对各项待标准化的纸质财会档案进行整理、分类和编号，并建立目录数据库。

针对已有纸质财会档案目录，通过以下步骤生成数字化目录数据库：①目录图像获取。通过高清摄像头等数码设备获取财会档案目录图像。②图像文字识别。应用自动化图像文字识别功能，将目录图像转换为电子文字目录。③文字校验修正。人工校验电子文字目录内容，并对错误文字进行修改和补充。④目录数据库生成。依据修正定稿的电子文字目录生成财会档案目录数据库。

（2）通过图像采集设备对纸质财会档案进行图像采集，得到第一图像。

在具体实施中，所述图像采集设备可以为高清摄像头。

其中，所述第一图像包括财会档案信息以及非财会档案信息；所述财会档案信息包括：票据粘贴单以及附加在所述票据粘贴单上方的至少一张票据。票据粘贴单可以有多种类型，每种类型的票据粘贴单具有不同的标准尺寸，常见的如 A4 大小。票据包括多种类型的票据，如火车票、发票、报销单等，每种类型的票据也具有不同的标准尺寸。一般地，票据的尺寸小于等于票据粘贴单的尺寸，一张票据粘贴单上一般粘贴有多张票据，上面的票据会完全或部分遮盖下面的票据。

（3）对所述第一图像进行图像纠偏，使所述第一图像旋转至水平位置。

（4）按照所述第一图像中财会档案信息的类型对应的尺寸识别所述财会档案图像中的财会档案信息。

（5）对纠偏后的图像进行图像剪裁，从已纠偏图像中剪裁掉非财会档案信息，得到仅包括所述财会档案信息的第二图像。

（6）对所述第二图像进行图像填充，得到第三图像；所述第三图像的尺寸与所述第一图像的尺寸一致。

（7）对所述第三图像中的目标票据图像进行框选，对所述第三图像进行框选图像的反向裁剪，得到仅包括所述目标票据图像的第四图像。

（2）～（7）为财会档案图像获取及标准化处理的步骤，针对已有纸质财会档案，通过以下步骤进行图像采集及标准化处理。①图像获取。通过高清摄像头等数码设备获取纸张平整、内容完整的财会档案图像。②图像纠偏。以横纵向辅助网格为参照，对图像进行旋转至财会档案图像水平。③图像剪裁。通过可缩放财会档案尺寸选取边框（默认 A4 纸张幅面尺寸，可通过自定义模板自行进行财会档案尺寸设置），对获取的已纠偏图像进行框选，选取财会凭证/报表图像后进行剪裁。④图像填充。以整体图像尺寸为参照，对剪裁的财会凭证/报表图像进行宽高等比例缩放，填充满财会凭证/报表尺寸边界。⑤图像去污。在原始凭证票据尺寸边框库选取边框，并在财会凭证图像中框选出目标票据图像，通过反向裁剪去除无用图像。

（8）对所述第四图像进行图像质量检查。

针对以上经标准化处理的图像，通过以下步骤进行图像质量检查：①分辨率检查。通过图片分辨率像素计算，根据图片分辨率像素标准要求不低于 300DPI，判断图片像素是否达到标准。②人工检查。通过人工肉眼判别经标准化处理的图像是否清晰、完整。③重新获取。对于经图像质量检查不合格的图像，重新执行图像获取和标准化过程。

（9）按照所述目录数据库，存储通过图像质量检查的第四图像。

对于经图像质量检查合格的图像，以 JPEG 格式文件通过以下步骤进行存储。

①本地存储。根据建立的数字化档案文件命名规则，存储到本地磁盘，并与财会档案目录数据库建立链接。②异地传输。对于已有档案管理系统，并已与其通过接口建立连接的，将 JPEG 格式文件传输至档案管理系统数据库。

上述纸质财会档案标准数字化软件执行的纸质财会档案标准数字化管理方法中，首先对纸质财会档案进行拍照，进行图像纠偏、图像剪裁和图像填充，得到标准尺寸的财会档案图像，然后对目标票据进行框选以及反向裁剪，得到仅包括目标票据且尺寸标准的财会档案图像，最后还对得到的财会档案图像进行了质量检查，确保图像质量符合要求。相比现有技术中只进行图像校正/纠偏、图像质量处理（图像亮度、分辨率、像素、干扰物去除）的纸质财会档案数字化管理方案，该方法对纸质财会档案进行了标准化处理，能够得到尺寸、质量、清晰度等各方面均为标准化的财会档案图像。

在另一实施例中，操作台上还安装有 LED 照明灯，当亮度不够时可使用照明灯增亮，保证拍摄的图像质量。

为了便于理解，下面对利用上述实施例中的设备进行纸质财会档案标准数字化的具体操作过程进行说明。

纸质财会档案标准数据化的具体操作过程，包括：

第一步，将纸质财会档案放置于操作台便于操作的位置。

具体地，习惯于使用右手的操作员放置于右侧，习惯于使用左手的操作员放置于左侧。

其中，纸质财会档案可以是一页，该页面上粘贴有一张或多张票据；也可以是多页，每页上粘贴有一张或多张票据；在页面上粘贴有多张票据的情况，票据之间可能有遮挡。

第二步，将纸质财会档案翻页至需要数字化的页面，利用弹性固定绑带对其进行固定。

具体地，将绑带两边的金属挂钩钩挂在合金操作台上下两侧的条形栅栏内完成固定。一般情况下采取左中右位置进行绑带固定，左右两侧使用中号绑带固定，中间位置使用小号绑带固定，翻页背面部分位置可以使用大号绑带固定。对于较厚档案，在使用大号绑带固定的同时可以在绑带上加压合金镇纸锭；对于采集图像页面出现上卷等不平整情况时，可以加压透明钢化玻璃。

第三步，纸质财会档案固定好后，调整高清摄像头至采集页面上方采集图像。

如遇夜间或亮度不够情况,可打开LED照明灯增加亮度,保证采集图像的清晰度。

第四步,调用计算机主机中安装的纸质财会档案标准数字化软件完成纸质财会档案标准数字化,并进行本地和异地存储。

第五步,翻页或调整纸质财会档案页面至能够采集下一张凭证状态,重复第二步至第四步。

上述实施例中提供了一种纸质财会档案标准数字化设备。该设备采用了先进的图像识别技术和自动化控制技术,能够快速准确地识别和处理纸质财会档案中的各种信息。同时,该设备还具备智能化的分类和归档功能,可以根据预设的规则自动将处理后的数据存储到相应的位置,大大减少了人工干预的需要。

最后应说明的是:以上各实施例仅用以说明本发明的技术方案,而非对其限制;尽管参照前述各实施例对本发明进行了详细的说明,本领域的普通技术人员应当理解:其依然可以对前述各实施例所记载的技术方案进行修改,或者对其中部分或者全部技术特征进行等同替换;而这些修改或者替换,并不使相应技术方案的本质脱离本发明各实施例技术方案的范围。

第五章 纸质会计档案数字化存在的问题及其应对方法和前景展望

第一节 纸质会计档案数字化存在的问题及其应对方法

一、纸质会计档案数字化存在的问题

纸质会计档案数字化在我国面临着多重挑战，其中包括数据丢失问题、安全性问题、利用和管理难度大问题、技术问题、文化和习惯问题、法律合规问题，以及资源投入问题。

（一）数据丢失问题

在纸质会计档案转换为数字档案的过程中，数据丢失是一个不容忽视的问题。这一过程的复杂性使得多个环节都可能成为数据丢失的潜在源头。

图像采集设备的质量对数字档案的清晰度与完整性有着直接的影响。如果图像采集设备的质量不高，那么采集到的图像可能会模糊，文字也可能无法被准确识别。这种情况下，即使原始纸质档案上的信息是完整的，转换后的数字档案也可能因为图像质量的问题而丢失部分数据。

操作人员的技能水平也是决定数据完整性的关键因素。如果操作人员不熟练，他们可能会在扫描过程中遗漏部分页面，或者没有按照规定的格式进行文件命名，导致后续的数据整理和检索工作变得困难。这些问题都可能间接导致数据的丢失，

因为无法准确地将纸质档案上的信息完整地转换到数字格式上。

文件处理软件的兼容性问题也可能在数据转换过程中导致数据丢失。特别是在处理大量、多样式的纸质档案时，如果软件无法准确识别并转换所有信息，那么部分数据就可能在转换过程中被遗漏或错误地处理。这种问题可能更加难以察觉，因为即使数据丢失了，也可能无法在转换后的数字档案上留下明显的痕迹。

（二）安全性问题

数字化档案在存储和传输方面带来了极大的便利，但同时也面临着严峻的安全性威胁。这些威胁主要来自黑客攻击、病毒感染等网络安全事件，它们可能对数字档案造成严重的甚至不可逆转的损害。

黑客利用各种技术手段，如恶意软件、网络钓鱼、漏洞利用等，试图非法访问数字档案系统，以窃取、篡改或删除敏感信息。一旦黑客攻击成功，数字档案可能面临被恶意修改、删除或泄露的风险，这将导致数据的完整性和机密性受到严重破坏。

病毒感染也是数字化档案安全的一大威胁。恶意软件，如病毒、蠕虫和木马等，可以通过网络传播，潜入数字档案系统，并对档案文件进行破坏。这些恶意软件可能删除、损坏或加密档案文件，使其无法被正常访问和使用。此外，它们还可能通过占用系统资源、干扰正常操作等方式，影响数字档案系统的稳定性和可用性。

更为严重的是，这些安全威胁不仅可能损坏数字档案本身，还可能对原始纸质档案的安全构成威胁。例如，黑客或恶意软件可能通过窃取或篡改数字化信息，破坏纸质档案的完整性使其与原始纸质档案不一致，或者删除某些关键信息，导致纸质档案的真实性和可信度受到质疑。

（三）利用和管理难度大问题

数字化档案的高效检索、利用和管理确实是一个复杂的挑战。随着企业和机构日益依赖数字化存储，数字档案的数量迅速增长，格式也变得越来越多样。这种多样性和庞大的数量使得快速准确地找到所需信息成了一项艰巨的任务。用户不仅需要能够迅速地定位到特定的档案，还需要能够以多种方式检索信息，如通过关键词、日期、作者或其他元数据等。

与此同时，确保数字化档案的真实性和完整性也是至关重要的。在数字化过程中，原始档案可能经历各种转换和处理，这增加了数据丢失或篡改的风险。因此，建立严格的数据校验和存储机制是必不可少的。这包括使用先进的加密技术来保护数据不被未经授权的访问或篡改，以及实施定期的数据完整性检查来确保档案在存储和传输过程中没有被损坏。

此外，随着技术的不断发展，数字化档案的管理还需要不断更新和优化。新的存储格式、更高效的检索算法和更先进的安全措施不断涌现，要求数字化档案的管理系统能够适应这些变化。这意味着企业和机构需要定期评估其数字化档案管理系统，确保其能够满足当前的业务需求，并能够灵活地扩展到未来的需求。数字化档案的高效检索、利用和管理是一个多维度的挑战，需要综合考虑信息检索的便捷性、数据的安全性和完整性，以及系统的可扩展性和适应性。

（四）技术问题

档案数字化是一个复杂且技术密集型的过程，它依赖于先进的技术手段和设备支持。为了实现高质量的数字化，组织需要配备高质量的扫描仪，以确保纸质档案能够被准确、清晰地转换为数字格式。同时，专业的文件处理软件也是必不可少的，它能够帮助组织有效地处理、管理和检索数字档案。而稳定的存储系统则是保障数字档案长期保存和访问的关键。

然而，这些先进的技术和设备往往伴随着较高的成本。高质量的扫描仪、专业的文件处理软件以及稳定的存储系统都需要组织投入大量的资金进行购买和维护。此外，这些技术的操作也相对复杂，需要专业的技术人员进行操作和维护，以确保数字化过程的顺利进行和数字档案的质量。

对于缺乏技术资源和专业人员的组织来说，技术难题可能成为档案数字化转型的瓶颈。他们可能无法承担高昂的技术成本，也可能无法找到合适的技术人员来操作和维护这些设备。这种情况下，组织可能会面临数字化进程缓慢、数字档案质量不高或无法有效管理和利用数字档案等问题。

（五）文化和习惯问题

档案数字化转型是当代信息管理中一个至关重要的议题，它不仅关乎技术层面的革新，它更触及了工作文化和习惯的根本性变革。

档案数字化转型首先是一项技术任务，它要求机构或企业采用先进的数字技术和系统来替代传统的纸质档案管理方式。这包括引入数字化存储解决方案、实施电子档案管理系统,以及利用云计算和大数据技术来提升档案管理的效率和安全性。然而,技术的引入只是转型的冰山一角。更深层次的变革发生在工作文化和习惯上。员工需要适应全新的工作方式,学会使用数字工具来执行日常档案管理任务,如文档的创建、存储、检索和分享。这种转变要求员工具备新的技能集,同时也需要他们接受并适应一种更加依赖技术和数据的工作环境。

尽管数字化转型带来了诸多益处,但它也可能遭遇来自员工的抵触情绪。这种抵触往往源于对新技术的不熟悉、对改变原有工作习惯的抗拒,以及对新技术可能带来的不确定性的担忧。对于那些长期习惯于传统纸质档案管理方式的员工来说,数字化可能被视为一种威胁,因为它要求他们放弃熟悉的工作流程,转而采用一种全新的、可能更加复杂的工作方式。

(六)法律合规问题

会计档案作为企业财务活动的核心记录,其中包含了大量的敏感信息,如财务数据、客户信息、供应商资料以及可能的商业机密等。这些信息不仅关乎企业的运营状况和经济利益,还直接涉及客户的隐私权和数据保护权益。因此,这些信息受到相关法律法规和隐私保护政策的严格保护,目的是确保数据的合法、合规使用,防止数据泄露和滥用。

在档案数字化转型的过程中,组织必须面对的一个重要挑战就是如何确保这一过程的合法性和合规性。数字化转型意味着会计档案将以电子形式存储、处理和传输,这增加了数据泄露、黑客攻击、未经授权的访问等风险。因此,组织必须遵守相关的法律法规和隐私保护政策,如欧盟的通用数据保护条例(GDPR)和中国的个人信息保护法(CCPA)等。GDPR 是一项严格的数据保护法规,它要求组织在处理欧盟居民的个人数据时,必须获得明确的同意,并采取适当的技术和组织措施来保护这些数据。违反 GDPR 可能会导致严重的法律后果,包括高额的罚款和声誉损失。同样,中国的个人信息保护法也要求组织在收集、使用、存储和传输个人信息时,必须遵守相关的法律法规,并采取必要的安全措施来保护这些信息。违反 CCPA 同样可能面临法律制裁。

(七)资源投入问题

档案数字化转型是一项庞大而复杂的任务,它不仅仅涉及技术层面的革新,更是一个需要大量资源投入的过程。除了显而易见的技术设备和专业人员的成本，实际上还有诸多其他方面的资源需求。

首先，档案整理是数字化转型的基础性工作，但也是一项极为烦琐和耗时的任务。大量的纸质档案需要被逐一梳理、分类、编号，并确保每一份档案的完整性和准确性。这一过程不仅需要大量的人员投入，还需要工作人员有细致入微的工作态度和高度的责任心。

其次，数字化处理是档案数字化转型的核心环节。这一环节需要将整理好的纸质档案通过扫描、识别等技术手段转化为数字形式，并进行存储和管理。这一过程同样需要大量的人力、财力和技术投入，特别是当档案数量庞大、种类繁多时，所需的资源投入更是成倍增长。

最后，数字化转型并不是一蹴而就的，后续的系统维护和升级也是必不可少的。随着技术的不断发展和业务需求的不断变化，档案管理系统也需要不断地进行更新和优化。这一过程同样需要持续的资源和资金投入。

对于资金有限的组织来说，面临如此庞大的资源需求，确实可能感到力不从心。有限的预算往往使得组织难以承担全面的数字化转型任务，甚至可能在转型过程中因为资源不足而导致项目中断或失败。

二、纸质会计档案数字化存在问题的应对方法

应对纸质会计档案数字化存在的问题需要综合考虑多个方面，包括提升硬件和软件设备性能、加强网络安全管理、优化管理流程、加强人员培训、建立完善的质量控制体系、制定长期保存策略以及强化合作与交流。通过这些方法的实施，可以有效地解决数字化过程中遇到的问题，提高数字化档案的管理水平和利用效率。

（一）提升硬件和软件设备性能

提升硬件和软件设备是确保纸质会计档案数字化工作顺利进行的关键步骤。首先，硬件设备的选择至关重要。扫描仪作为数字化过程中的核心设备，其质量和性能直接影响到数字化档案的质量。因此，我们必须确保所选用的扫描仪具有高分辨率、良好的色彩还原能力和稳定的运行性能，以减少在扫描过程中出现的错误和失真。其次，软件设备的更新与优化同样重要。随着技术的不断进步，新的软件版本不断

涌现，它们往往带来了更高效的处理算法和更丰富的功能。因此，我们需要定期关注软件市场的动态，及时更新和优化所使用的文件处理软件，以确保其始终保持在最佳状态。此外，操作人员的技能培训也是提升数字化工作质量的关键环节。数字化工作不仅仅是一项技术活，更是一项需要细心和耐心的工作。因此，我们必须加强对操作人员的技能培训，使他们能够熟练掌握设备的使用方法和技巧。这包括如何正确操作扫描仪、如何调整扫描参数以获得最佳效果、如何使用文件处理软件进行图像处理和文件转换等。通过加强技能培训，我们可以提高操作人员的专业素养和工作能力，使他们能够更好地应对数字化工作中遇到的各种问题和挑战。同时，这也有助于提高数字化工作的效率和质量，减少因操作不当而导致的错误和失真。

（二）加强网络安全管理

加强网络安全管理是保障纸质会计档案数字化过程中信息安全的重要环节。首先，建立完善的网络安全防护体系是至关重要的。这一体系应包含多个层面，以确保系统的全面安全。安装最新的杀毒软件是其中的基础步骤，它可以有效检测和清除潜在的恶意软件，防止它们对系统造成损害。同时，定期进行系统更新也是必不可少的，这可以确保系统软件和应用程序始终包含最新的安全补丁和防护措施，从而抵御已知的网络威胁。其次，对重要的数字档案进行备份是防范数据丢失和损坏的关键措施。备份数据应存储在安全可靠的位置，可以是本地服务器、外部硬盘或云存储服务。无论选择哪种存储方式，都需要确保备份数据的安全性和可用性。这意味着备份数据应受到严格的访问控制，并且能够在需要时迅速恢复。在发生意外情况时，如系统崩溃、黑客攻击或自然灾害，备份数据的可用性将变得至关重要。一个完善的备份和恢复计划可以确保在关键时刻能够及时恢复数据，从而最大程度地减少损失。这包括定期测试备份数据的完整性，以确保在需要时能够顺利恢复，并制定明确的恢复流程和时间表。

（三）优化管理流程

优化管理流程对于确保纸质会计档案数字化工作的有序、高效进行至关重要。首先，制定详细的数字化档案管理制度是优化管理流程的基础。这一制度应涵盖数字化档案的全生命周期，包括存储、备份、检索和利用等各个环节。通过明确各个环节的规则和要求，可以确保数字化档案的管理工作有章可循，减少混乱和失误的可能性。在存储方面,制度应规定数字化档案的存储格式、存储位置以及存储期限等。这有助于确保数字化档案的长期保存和可访问性。同时,为了防范数据丢失和损坏,制度还应规定定期备份的要求和流程。在检索和利用方面,制度应明确数字化档案的检索方式、利用权限以及利用流程等。这可以确保用户在需要时能够迅速找到所需的数字化档案,并且在使用过程中能够遵守相关的权限和规定。其次,通过制度化管理,可以确保数字化档案的真实性和完整性。制度应规定对数字化档案进行定期检查和验证的要求,以确保档案内容未被篡改或损坏。此外,制度还应规定对数字化档案进行加密和签名等安全措施的要求,以防止未经授权的访问和修改。为了实施这些制度,组织需要建立相应的管理机制和监督机制。管理机制可以确保制度的执行和落实,而监督机制则可以对制度的执行情况进行定期检查和评估。通过这些机制的建立,可以确保数字化档案的管理工作始终保持在有序、高效的状态。

(四)加强人员培训

加强人员培训是提升纸质会计档案数字化管理水平的关键环节。首先,要认识到档案管理人员在数字化工作中的重要性。他们是数字化工作的直接执行者,其专业水平和技能直接影响到数字化工作的质量和效率。因此,必须重视对他们的培训和教育。为了实现这一目标,组织需要制定一个系统的培训计划。这个计划应该包括定期的培训课程,以确保档案管理人员能够不断更新他们的专业知识。培训内容可以涵盖会计档案的基础知识、数字化技术的基本原理、相关软件工具的使用技巧等。除专业知识外,培训还应该注重提升档案管理人员对新技术、新方法的掌握能力。随着科技的不断发展,新的数字化技术和工具层出不穷。档案管理人员需要不断学习和掌握这些新技术,以便更好地应对数字化工作的挑战。通过培训,我们期望档案管理人员能够更好地适应数字化工作的需求。这意味着他们需要具备使用数字化工具进行档案管理的能力,能够理解和应用相关的数字化标准,以及能够在数字化环境中有效地进行沟通和协作。可以说,加强人员培训的目的是提高整体管理水平。通过提升档案管理人员的专业素质和技能水平,他们将能够更准确地处理数字化档案,更有效地管理数字化工作流程,从而为组织的财务管理和决策提供更有力的支持。

(五)建立完善的质量控制体系

建立完善的质量控制体系是确保纸质会计档案数字化工作质量的核心环节。首先，质量控制体系应覆盖数字化过程的每一个环节，从档案的预处理、扫描、图像处理、数据转换到最终的存储和利用，都不能有遗漏。在每个环节，都需要设定明确的质量标准和检查流程，以确保数字化档案的完整性和准确性。具体来说，在预处理环节，要对纸质会计档案进行仔细的检查和整理，确保档案的完整性和顺序性。在扫描环节，要选择合适的扫描参数和分辨率，以减少图像失真和模糊。在图像处理环节，要对扫描后的图像进行去噪、增强、校正等处理，以提高图像质量。在数据转换环节，要确保数字化数据的准确性和一致性，避免出现数据错误或丢失。其次，质量控制体系还应包括定期的质量检查和评估。通过定期的质量检查，可以及时发现数字化过程中的错误和失真，并采取相应的纠正措施。同时，通过对数字化档案的质量评估，可以了解数字化工作的整体质量水平，并为后续的改进提供依据。再次，为了提高数字化档案的质量，质量控制体系还应注重持续改进和创新。通过对数字化过程的不断分析和优化，可以找出影响数字化质量的关键因素，并提出相应的改进措施。最后，还可以积极引入新的技术和方法，以提高数字化档案的质量和效率。

（六）制定长期保存策略

制定长期保存策略对于确保纸质会计档案数字化后的可持续性和可访问性至关重要。首先，要认识到数字化档案并非一劳永逸的解决方案，而是需要持续关注和管理的资源。因此，必须建立定期检查和维护的机制，以确保档案的长期保存和可用性。这包括定期对数字化档案进行完整性校验，确保档案内容未被篡改或损坏；对存储介质进行健康检查，预防潜在的硬件故障；更新和优化档案管理系统，以适应不断变化的技术环境。其次，技术和设备的更新换代是不可避免的，这可能对数字化档案的长期保存带来挑战。为了应对这一问题，需要制定相应的迁移和转换策略。这意味着在新技术或新设备出现时，能够有计划地将数字化档案迁移到更先进、更稳定的存储平台上，或者将档案转换为更通用、更持久的文件格式。通过这样的策略，可以确保数字化档案能够跨越技术变革的鸿沟，实现长期、稳定的保存。再次，在制定长期保存策略时，还需要考虑法律法规和政策的变化。数字化档案可能受到版权法、隐私法或其他相关法律法规的约束。因此，策略中应包含对法律法规变化的监测和响应机制，以确保数字化档案的合法性和合规性。从次，长期保存策略的成功实施还需要得到组织的支持和投入。组织应提供必要的资金、人力和技术资源，以确保策略的有效执行。最后，组织还应建立相应的监督和评估机制，定期对长期

保存策略的执行情况进行检查和评估,及时发现问题并进行改进。

(七)强化合作与交流

强化合作与交流在推动纸质会计档案数字化工作中扮演着至关重要的角色。首先,与相关部门和专业机构的合作是不可或缺的。在数字化过程中,我们难免会遇到各种技术和管理上的挑战。与相关部门,如信息技术部门、法律部门等,以及专业机构,如档案馆、数字化服务提供商等,建立紧密的合作关系,可以共同解决这些难题。他们可能拥有我们缺乏的专业知识、技术工具或实践经验,通过与他们合作,我们可以更快地找到问题的解决方案,提高数字化工作的效率和质量。其次,合作与交流也是分享经验和资源的重要途径。每个组织在数字化过程中都会积累一定的经验和资源,包括成功的案例、失败的教训、有效的工具和方法等。通过与其他组织或机构的交流,可以互相学习,借鉴彼此的经验和做法,避免重复劳动和走弯路。同时,通过共享一些资源,如数字化设备、软件工具、专业培训等,可以降低数字化工作的成本和风险。此外,通过强化合作与交流,我们可以不断提高数字化档案管理的整体水平。合作可以促进知识和技术的传播和应用,推动数字化工作的创新和发展。交流则可以增进不同组织或机构之间的理解和信任,形成共同的目标和价值观,从而推动整个会计档案数字化工作的持续发展。

第二节 纸质会计档案数字化前景展望

纸质会计档案数字化发展的前景非常广阔。随着信息技术的飞速发展和数字化转型的深入推进，纸质会计档案向数字化转型已成为不可逆转的趋势。随着市场需求、政策支持、技术进步和产业链协同等多方面因素的共同推动，纸质会计档案数字化将迎来更加美好的发展前景。同时，也需要关注信息安全和隐私保护等问题，确保数字化工作的顺利进行和档案信息的有效利用。

一、市场需求持续增长

市场需求持续增长是纸质会计档案数字化发展的重要驱动力。随着信息化建设的不断加速和无纸化办公的日益普及，数字化档案加工市场需求呈现出持续增长的态势。这一趋势体现出政府、企业及学校等机构对档案信息化建设的高度重视。这些机构逐渐认识到，将纸质档案转化为电子化档案，可以极大地提高档案的查询和利用效率，进而提升整体的工作效率和管理水平。

特别是对于会计档案而言，由于其重要性和法律效力的特殊性，数字化需求显得更为迫切。会计档案是企业财务管理的重要组成部分，记录了企业的经济活动和财务状况。因此，确保会计档案的准确、完整和可追溯性对于企业的合规运营和风险管理至关重要。而数字化正是实现这一目标的有效手段。

二、政策支持与法规完善

随着信息技术的飞速发展和数字化转型的深入，电子会计档案的管理和应用变得越来越重要。为了更好地指导电子会计档案的建设和管理，国家已经出台了一系列相关政策法规，但这些法规仍需要不断细化和完善。未来，国家必将继续出台更加具体、更具操作性的政策法规，以进一步支持和规范电子会计档案管理，纸质会计档案数字化也将得到更有力的支持。

电子会计档案在法律上被明确赋予与纸质会计档案同等的地位，这一规定为电子会计档案在司法实践中的广泛应用奠定了坚实的法律基础。为了进一步规范和推动电子会计档案的发展，未来可能会出台一系列更加细化和完善的法规。这些新法规将涵盖电子会计档案的全生命周期管理，包括其形成、收集、整理、归档、保管、利用、鉴定和处置等各个环节，以确保电子会计档案的完整性和安全性。同时，为了促进电子会计档案的互操作性和长期可读性，法规还将明确电子会计档案的技术标准和存储格式，如推荐使用 OFD 格式等。针对电子会计档案在传递和存储过程中可能面临的安全风险，新法规也将强调采取可靠的安全防护技术和措施，以确保电子会计档案的真实性、完整性、可用性和安全性。

此外，为了强化电子会计档案的应用与推广，未来法规可能会鼓励和支持单位实现电子会计凭证的全流程无纸化、自动化处理，并明确电子会计档案在财务、税务、审计等多个领域的应用要求，推动其在更多场景下的广泛应用。为了确保电子会计档案管理的有效实施，新法规还将建立健全的监管机制，明确监管部门的职责和权限，并加强对电子会计档案管理的监督和指导。同时，为了提升单位对电子会计档案管理的认识和能力，法规也可能会要求相关部门加强对单位的培训和指导，推广先进的电子会计档案管理经验和做法。

三、技术驱动创新发展

技术驱动创新发展理念在纸质会计档案数字化的进程中得到了充分体现。技术的不断进步和革新，如同强大的引擎，持续推动着纸质会计档案向数字化、智能化的方向迈进。其中，大数据、云计算、人工智能等先进技术成了这一变革中的核心驱动力。这些技术的应用，不仅提升了数字化档案的处理效率，更在管理水平上实现了质的飞跃。

以 OCR 技术为例，它能够实现纸质档案的自动扫描和识别，将原本需要人工逐页翻阅、逐字录入的烦琐工作，转化为机器自动完成的高效流程。这一技术的应用，极大地减轻了档案管理人员的工作负担，提高了档案数字化的速度和准确性。而智能分析技术则更进一步，它能够对档案数据进行深度挖掘和利用。

通过算法模型的分析和预测，可以从海量的档案数据中提炼出有价值的信息和规律，为企业的决策提供有力支持。这种对档案数据的深度利用，不仅提升了档案的价值，也进一步提高了档案的利用率。

四、增强数据分析能力

增强数据分析能力是企业数字化转型过程中的一个重要目标，特别是对于财务领域而言。数字化会计档案为企业积累了海量的财务数据，这些数据中蕴含着丰富的业务信息和市场趋势，通过增强数据分析能力，企业可以更好地利用这些数据为财务决策提供支持。

大数据分析是增强数据分析能力的关键手段之一。数字化会计档案中的财务数据是大数据的重要组成部分，利用大数据分析工具，企业可以对这些数据进行深度挖掘和分析。这种分析不仅局限于表面的数据汇总和统计，而是深入数据内部，发现数据背后的规律和趋势。例如，企业可以利用大数据分析来识别销售收入的季节性变化、成本结构的变动趋势以及客户支付行为的模式等。这些信息对于制定财务策略、优化成本结构和提高资金使用效率具有重要意义。

除了大数据分析，多维度分析也是增强数据分析能力的重要途径。传统的财务报表分析主要关注企业的财务状况、经营成果和现金流量等方面，而多维度分析则打破了这种局限。数字化技术使得企业可以从多个维度、多个角度对数据进行切片、切块分析。例如，企业可以按照产品线、地区、客户群体或时间周期等维度对数据进行分割和分析。这种多维度分析有助于企业更全面地了解业务状况和市场环境，发现潜在的增长机会和风险点。

通过增强数据分析能力，企业可以在多个方面获得显著收益。首先，基于历史数据和实时数据的深入分析，企业能够更准确地预测未来的财务状况和经营成果，这为制定预算和计划提供了坚实的数据支撑，有助于企业作出更加明智的战略选择。其次，数据分析使企业能够发现资源配置的不合理之处，通过优化调整，提高资源使用效率，进而增强企业的盈利能力。再次，数据分析还帮助企业识别潜在的风险点，使企业能够及时采取相应的防范措施和应对策略，有效降低风险对企业运营的影响。最后，基于全面的数据分析和深入洞察，企业能够制定更加科学合理的财务决策，这不仅提升了企业的财务管理水平，还为企业的可持续发展奠定了坚实基础。

五、支持智能化决策

支持智能化决策是当前企业数字化转型的重要方向，尤其在财务管理领域，其重要性愈发凸显。智能化决策的核心在于利用先进的人工智能技术和大数据分析工具，对海量数据进行深度挖掘和智能处理，从而为管理层提供前瞻性的决策支持和科学合理的决策依据。

智能预测与预警是智能化决策的重要组成部分。基于历史数据和实时数据，企业可以运用人工智能技术建立精确的预测模型，对财务状况进行准确预测和及时预警。例如，预测模型可以应用于企业的现金流状况预测，通过模型分析，管理层可以清晰地了解企业未来一段时间内的现金流入流出情况，从而作出更加明智的资金调度和投资决策。同样，预测模型还可以对企业的盈利能力进行预测，帮助管理层把握市场趋势，制定更加有效的盈利提升策略。这种前瞻性的决策支持，使企业能够在激烈的市场竞争中保持领先地位。

除了智能预测与预警，智能化决策还体现在辅助决策制定方面。数字化会计档案和智能化分析工具的结合，使得财务部门能够以前所未有的速度生成各类财务报告和分析结果。这些报告和结果不仅及时、准确，而且富含深度洞察，为管理层提供了宝贵的决策依据。同时，智能化的分析工具还具备强大的数据可视化功能，可以帮助管理层更加直观地理解数据背后的含义和趋势。这种直观、深入的数据洞察，使管理层能够更加科学合理地制定决策，从而推动企业的可持续发展。

六、产业链协同发展

产业链协同发展在纸质会计档案数字化的进程中扮演着至关重要的角色。这一进程不仅涉及档案整理、扫描、数据转换、系统管理及安全保密等多个环节，还横跨了多个行业领域，需要各方力量的紧密合作与协同推进。随着数字化进程的加速，纸质会计档案数字化的相关产业链也在不断完善和发展。从最初的档案整理、扫描识别，到后续的数据转换、系统管理，再到安全保密等各个环节，都形成了专业化的分工和合作。这种分工合作不仅提高了工作效率，还降低了成本，推动了整个产业链的协同发展。

在这一进程中，国有企业、民营企业、外资企业以及高校和科研机构等各方力量都积极参与其中,共同推动纸质会计档案数字化的市场竞争。他们通过技术创新和服务升级,不断提升自身的核心竞争力,同时也为整个产业链的发展注入了新的活力。

国有企业凭借其雄厚的实力和丰富的资源,在推动纸质会计档案数字化方面发挥着引领作用,不仅投入大量资金进行技术研发和系统建设,还积极与民营企业、外资企业等合作,共同推动产业链的协同发展;民营企业则以其灵活的经营机制和敏锐的市场洞察力,在纸质会计档案数字化进程中占据重要地位,通过不断创新服务模式和技术手段,为市场提供更加高效、便捷的数字化服务,推动了整个产业链的升级和发展;外资企业则凭借其先进的技术和管理经验,为纸质会计档案数字化进程带来了新的理念和模式,通过与国内企业的合作和交流,共同推动技术创新和服务升级,为产业链的发展注入了新的动力;高校和科研机构作为技术创新的重要源泉,也在纸质会计档案数字化进程中发挥着不可替代的作用,通过深入研究和探索新的技术和方法,为产业链的发展提供了有力的技术支撑和人才保障。

产业链协同发展是纸质会计档案数字化进程中的重要特征。在各方力量的共同参与和推动下,相关产业链将不断完善和发展,形成协同发展的良好态势,为企业的财务管理和决策提供更加便捷、高效的服务。

七、跨界融合拓展服务领域

跨界融合拓展服务领域是数字化档案加工行业未来发展的一个重要趋势。随着技术的不断进步和应用场景的拓宽,数字化档案加工将不再局限于传统的档案处理范畴,而是会与其他领域实现更深度的跨界融合,共同推动文化传承与利用的发展。

其中,与图书馆、博物馆、文化馆等机构的合作是一个重要的方向。这些机构拥有丰富的文化资源和深厚的文化底蕴,通过与数字化档案加工行业的合作,可以将这些宝贵的文化资源转化为数字化的档案信息资源,为公众提供更加多元、丰富的文化体验。例如,图书馆可以将珍贵的古籍文献进行数字化处理,让读者能够更加方便地查阅和研究;博物馆可以将展品的历史背景和相关信息进行数字化整理,为参观者提供更加全面的了解。

在会计档案领域,数字化服务也将与财务管理、审计监督等环节紧密结合。传统的会计档案管理往往依赖于纸质文档和手工操作,不仅效率低下,而且容易出现错误和遗漏。而通过数字化服务，可以将会计档案进行电子化存储和管理，实现与财务管理系统的无缝对接，提高财务管理的效率和准确性。同时，数字化会计档案还可以为审计监督提供更加便捷、高效的数据支持，帮助审计人员更加准确地发现和解决问题。

八、注重信息安全与隐私保护

在数字化过程中，信息安全和隐私保护确实是至关重要且不可忽视的问题。随着数字化档案的不断增加和利用范围的持续扩大，确保档案信息的真实性、完整性、可用性和安全性已经成了一项重大的挑战。

为了确保数字化档案的安全，建立完善的信息安全管理制度是至关重要的。这一制度应当涵盖档案的收集、存储、处理、传输和共享等各个环节，明确各个环节的安全要求和责任，确保档案信息的全生命周期管理都得到有效的安全保障。

除了管理制度，技术防护体系也是不可或缺的。我们需要采用先进的信息安全技术，如加密技术、访问控制技术、数据备份与恢复技术等，来增强数字化档案的安全性。这些技术可以有效地防止未经授权的访问、篡改和删除，确保档案信息的真实性和完整性。

同时，加强对数字化档案的监控和审计也是保障信息安全的重要手段。我们应当建立实时的监控机制，对档案信息的访问和使用情况进行跟踪和记录，以便及时发现和应对潜在的安全威胁。此外，定期的审计和检查也是必要的，它们可以帮助我们发现并纠正安全管理制度和技术防护体系中存在的问题和漏洞。

结　语

纸质会计档案的数字化进程无疑是一个具有里程碑意义的发展，它不仅将对档案行业产生深远而广泛的影响，同时也将为会计行业带来重大变革。

对于档案行业而言，纸质会计档案的数字化将极大地改变传统的档案管理方式。数字化后的会计档案可以更加便捷地进行存储、检索和共享，大大提高了档案管理的效率。同时，数字化还有助于保护原始纸质档案，减少因频繁翻阅和岁月侵蚀而造成的损坏风险。此外，数字化档案还可以实现远程访问，使得用户无须亲自前往档案室即可查阅所需资料，进一步提升了档案的利用价值。

而对于会计行业来说，纸质会计档案的数字化同样会给其带来前所未有的变革。这一变革不仅体现在纸质会计档案数字化及电子会计档案等技术层面的更新，而且深刻地影响着会计师的角色与职能，以及整个行业的竞争格局与发展空间。

在数字化转型的推动下，会计师的角色正在经历从传统数据记录和报表编制者向现代数据分析者和企业决策支持者的深刻转变。这一转变不仅要求会计师具备扎实的会计专业知识，以确保工作的准确性和合规性，还需要他们掌握数据分析、数据挖掘、机器学习等数字化技能，以便对海量数据进行深度分析，提取有价值的信息，为企业的决策提供有力的数据支持。同时，会计师还需要增强沟通能力和业务理解能力，与业务部门紧密合作，将数据分析结果转化为实际的业务行动。这一系列的转变使得会计师逐渐蜕变为企业的"数据科学家"和"决策顾问"，在战略制定、业务优化和风险控制等方面发挥重要作用。

数字化转型的浪潮不仅重塑了会计师的角色和职能，而且为整个会计行业注入了新的活力，带来了创新的可能性和竞争优势。在这一变革中，那些积极推进会计档案数字化的企业脱颖而出，展现出更强的竞争力。它们通过采用自动化流程、智能数据分析等数字化手段，实现了会计业务的高效处理，大大节省了时间和人力成本，提高了工作效率。同时，数字化会计档案减少了纸质文件的存储和管理需求，进一步降低了企业的运营成本。除了成本效益，数字化会计档案还显著增强了信息的安全性，通过加密技术、权限管理等手段有效防止了未经授权的访问和数据泄露，降低了数据丢失和损坏的风险，使得数字化企业在客户心中树立起更加可信赖的形象，使它们在吸引客户和拓展业务方面更具有优势，赢得更多的业务机会和市场份额。更重要的是，数字化转型为会计行业带来了更多的创新机会，基于大数据和人工智能的技术应用不断涌现，如财务预测、风险管理、成本控制等创新工具和方法，这些创新应用不仅提升了会计工作的准确性和效率，还为会计行业开辟了新的发展空间，使会计师能够为企业提供更深入、更全面的财务分析，帮助企业作出更明智的决策。

会计行业的发展前景极为广阔，随着科技与数字化转型的不断深入，会计师的角色与职能正经历着深刻的转变，行业将迎来前所未有的创新机遇与广阔的发展空间。数字化技术的应用将在确保数据准确高效、实现分析全面深入、推动决策科学合理、促进业务显著优化以及实现风险精准控制等方面发挥举足轻重的作用，进一步引领会计行业迈向更高效、更智能、更具战略价值的新发展阶段。